A AUSÊNCIA QUE SEREMOS

HÉCTOR ABAD

A ausência que seremos

Tradução
Rubia Prates Goldoni e
Sérgio Molina

1ª reimpressão

Copyright © 2006 by Héctor Abad Faciolince
Publicado mediante acordo com Literarische Agentur Mertin Inh.
Nicole Witt e K., Frankfurt am Main, Alemanha

Grafia atualizada segundo o Acordo Ortográfico da Língua Portuguesa de 1990, que entrou em vigor no Brasil em 2009.

Obra publicada com apoio da Dirección General del Libro, Archivos y Bibliotecas do Ministério da Cultura da Espanha

Título original
El olvido que seremos

Capa
Mariana Newlands

Foto de capa
© H. Armstrong Roberts/ Corbis (DC)/ LatinStock

Preparação
Cecília Ramos

Revisão
Luciane Helena Gomide
Isabel Jorge Cury

Dados Internacionais de Catalogação na Publicação (CIP)
(Câmara Brasileira do Livro, SP, Brasil)

    Abad, Héctor
    A ausência que seremos / Héctor Abad ; tradução Rubia Prates Goldoni, e Sérgio Molina. — São Paulo : Companhia das Letras, 2011.

    Título original: El olvido que seremos.
    ISBN 978-85-359-1897-7

    1. Abad Faciolince, Héctor, 1958- 2. Memórias autobiográficas
I. Título.

11-05353   CDD-920

Índice para catálogo sistemático:
1. Escritores colombianos : Memórias autobiográficas 920

[2021]
Todos os direitos desta edição reservados à
EDITORA SCHWARCZ S.A.
Rua Bandeira Paulista, 702, cj. 32
04532-002 — São Paulo — SP
Telefone (11) 3707 3500
www.companhiadasletras.com.br
www.blogdacompanhia.com.br
facebook.com/companhiadasletras
instagram.com/companhiadasletras
twitter.com/cialetras

*Para Alberto Aguirre e Carlos Gaviria,
sobreviventes.*

E por amor à memória trago no rosto o rosto de meu pai.
YEHUDA AMICHAI

UM MENINO PELA MÃO DO PAI

1.

Em casa moravam dez mulheres, um menino e um senhor. As mulheres eram Tatá, que fora babá de minha avó, tinha quase cem anos e estava meio surda e meio cega; duas empregadas — Emma e Teresa —; minhas cinco irmãs — Maryluz, Clara, Eva, Marta, Sol —; minha mãe e uma freira. O menino, eu, amava o senhor, seu pai, sobre todas as coisas. Amava-o mais que a Deus. Um dia tive que escolher entre Deus e meu pai, e escolhi meu pai. Foi a primeira discussão teológica da minha vida, e a mantive com a irmã Josefa, a freirinha que cuidava da Sol e de mim, os irmãos mais novos. Fechando os olhos, ainda posso ouvir sua voz áspera, grossa, enfrentando minha voz infantil. Era uma manhã clara e estávamos no quintal, ao sol, olhando os beija-flores fazerem sua ronda. De repente a irmã disse:

— Seu pai vai para o Inferno.
— Por quê? — perguntei.
— Porque ele não vai à missa.
— E eu?
— Você vai para o Céu, porque toda noite reza comigo.

De noite, enquanto a irmã Josefa trocava de roupa atrás do biombo dos unicórnios, nós rezávamos pai-nossos e ave-marias. No fim, antes de dormir, rezávamos o credo: "Creio em Deus Pai, Todo-Poderoso, Criador do Céu e da Terra, de todas as coisas visíveis e invisíveis...". Ela tirava o hábito atrás do biombo para que não víssemos seu cabelo; tinha-nos advertido que ver o cabelo de uma freira era pecado mortal. Eu, que demoro um pouco para entender as coisas, mas as entendo bem, fiquei o dia inteiro me imaginando no Céu sem meu pai (espiava por uma janela do Paraíso e o via lá embaixo, pedindo socorro, enquanto queimava nas chamas do Inferno), e naquela noite, quando ela começou a recitar as orações, falei:

— Não vou mais rezar.

— Ah, não? — repreendeu-me.

— Não. Não quero mais ir para o Céu. Não gosto do Céu sem meu pai. Prefiro ir com ele para o Inferno.

A irmã Josefa pôs a cabeça para fora do biombo (foi a única vez que a vimos sem véu, quer dizer, a única vez que cometemos o pecado de ver suas madeixas sem graça) e gritou: "Quieto!". Depois se benzeu.

Eu amava meu pai com um amor que só voltei a sentir por meus próprios filhos. Quando eles nasceram, logo o reconheci, porque é um amor tão intenso quanto o outro, embora diferente e, em certo sentido, até oposto. Eu sentia que nada de mau podia me acontecer se estivesse com meu pai. E sinto que nada de mau pode acontecer aos meus filhos se eles estiverem comigo. Quer dizer, eu sei que seria capaz de morrer, sem vacilar um instante sequer, para defender os meus filhos. E sei que meu pai também teria sido capaz de morrer, sem vacilar um instante sequer, para me defender. Quando eu era criança, não havia nada mais insuportável para mim do que imaginar que meu pai podia morrer, por isso decidi que, se isso acontecesse, eu me jogaria no rio

Medellín. Sei também que existe uma possibilidade muito pior do que a minha própria morte: a morte de um filho meu. Tudo isso é uma coisa muito primitiva, ancestral, que se sente no mais fundo da consciência, num lugar anterior ao pensamento. É uma coisa que não se pensa, mas que simplesmente é assim, sem atenuantes, pois não vem da cabeça, e sim das entranhas.

Eu amava meu pai com um amor animal. Gostava do cheiro dele, e também da lembrança do cheiro dele na cama quando ia viajar, e pedia às empregadas e à minha mãe que não trocassem seus lençóis nem sua fronha. Gostava da voz dele, gostava das suas mãos, da elegância de suas roupas e da meticulosa limpeza do seu corpo. Quando tinha medo, de noite, ia para sua cama, e ele sempre deixava um lugar a seu lado para eu me deitar. Nunca disse não. Minha mãe protestava, dizia que ele estava me educando mal, mas meu pai deslizava até a beirada do colchão e me deixava ficar. Eu sentia pelo meu pai a mesma coisa que meus amigos diziam sentir pela mãe. Sentia o cheiro do meu pai, passava o braço por cima dele, punha o dedão na boca e dormia profundamente até o barulho dos cascos dos cavalos e a sineta da carroça de leite anunciarem o amanhecer.

2.

Meu pai me deixava fazer tudo o que eu queria. Dizer *tudo* é um exagero. Não podia fazer porcarias, como enfiar o dedo no nariz ou comer terra; não podia bater na minha irmã mais nova nem-com-uma-rosa; não podia sair sem avisar nem atravessar a rua sem olhar para os dois lados; tinha que tratar a Emma e a Teresa — ou qualquer das outras empregadas que tivemos naquela época: a Mariela, a Rosa, a Margarida — com mais respeito do que qualquer visita ou parente; tinha que tomar banho todos os dias, lavar as mãos antes de comer e escovar os dentes depois, e manter as unhas limpas... Mas, como eu era de índole mansa, aprendi essas coisas elementares muito depressa. Quando digo *tudo*, refiro-me, por exemplo, a eu poder pegar seus livros ou seus discos, sem nenhuma restrição, e mexer em todas as suas coisas (o pincel de barba, os lenços, o vidro de água-de-colônia, o toca-discos, a máquina de escrever, a caneta) sem pedir permissão. Também não precisava pedir dinheiro. Ele me explicara o seguinte:

— Tudo que é meu é teu. Minha carteira está aí, pega o quanto precisar.

E estava lá, sempre, no bolso de trás da calça. Eu pegava a carteira do meu pai e contava o dinheiro. Nunca sabia se pegava um peso, dois pesos ou cinco pesos. Pensava um pouco e resolvia não pegar nada. Minha mãe nos alertou muitas vezes:

— Meninas!

Sempre dizia "meninas", porque as meninas eram maioria, e então aquela regra gramatical (um homem entre mil mulheres leva tudo para o masculino) para ela não valia.

— Meninas! Os professores são muito mal pagos neste país, não ganham quase nada. Não abusem do seu pai, que ele é bobo e dá tudo o que vocês pedem, mesmo sem poder.

Eu achava que podia pegar todo o dinheiro da carteira dele. Às vezes, quando estava mais cheia, no início do mês, pegava uma nota de vinte pesos, enquanto meu pai dormia a sesta, e a levava para o meu quarto. Brincava um pouco com ela, sabendo que era minha, e fazia de conta que comprava coisas (uma bicicleta, uma bola de futebol, um autorama, um microscópio, um telescópio, um cavalo), como se tivesse ganhado na loteria. Mas depois a punha de volta no lugar. Quase nunca havia muitas notas, e no fim do mês, às vezes, não havia nenhuma, já que não éramos ricos, embora parecesse, porque tínhamos sítio, carro, empregadas e até uma freira de companhia. Quando perguntávamos à minha mãe se éramos ricos ou pobres, ela sempre respondia o mesmo: "Nem uma coisa nem outra, meninas, somos remediados". Muitas vezes meu pai me dava dinheiro sem eu pedir, e aí eu não tinha nenhum pudor em aceitar.

Minha mãe dizia, com razão, que meu pai era incapaz de entender a economia doméstica. A certa altura ela resolveu ir trabalhar num pequeno escritório no centro — contra a vontade do marido —, porque o salário de professor nunca durava até o fim do mês, e não tínhamos reservas a que recorrer, já que meu pai nunca teve a menor noção de poupança. Quando chegavam as contas, ou quando minha mãe lhe dizia que precisava pagar o pedreiro, porque havia encontrado umas goteiras, ou o eletricista, que tinha consertado um curto-circuito, meu pai ficava de mau humor e se trancava na biblioteca para ler e ouvir música clássica no último volume, e assim se acalmar. Ele mesmo contratava o pedreiro, mas sempre se esquecia de perguntar, antes, quanto iam cobrar pelo trabalho, então no fim cobravam o que bem entendiam. Quando era minha mãe que contratava o serviço, ao contrário, ela pedia dois orçamentos, regateava, e nunca havia surpresas no final.

O salário do meu pai era sempre insuficiente porque ele vivia dando ou emprestando dinheiro a qualquer um que lhe pedisse, fosse parente, conhecido, estranho ou mendigo. Os alunos da faculdade se aproveitavam dele. E também abusava dele o caseiro do sítio, *don* Dionisio, um iugoslavo descarado que obrigava meu pai a lhe dar adiantamentos, iludindo-o com umas maçãs, umas peras e uns figos mediterrâneos que nunca chegaram a brotar no pomar. No fim conseguiu fazer os morangos e as verduras vingarem, montou um negócio à parte, numa terra que comprou com os adiantamentos que meu pai lhe dera, e prosperou um bocado. Então meu pai contratou como caseiros *don* Feliciano e *doña* Rosa, os pais de Teresa, a empregada, que estavam morrendo de fome num povoado do nordeste chamado Amalfi. Só que *don* Feliciano tinha quase oitenta anos, estava com artrite e não podia trabalhar na horta, por isso as verduras e os morangos de *don* Dionisio estragaram, e dali a seis meses o sítio era puro mato. Mas não íamos deixar *doña* Rosa e *don* Feliciano morrerem de fome, porque isso teria sido pior. Tínhamos que esperar que morressem de velhos para contratar outros caseiros, e assim foi. Depois vieram Edilso e Belén, que estão lá há trinta anos, com um contrato muito estranho que meu pai inventou: a terra é nossa, mas as vacas e o leite são deles.

Eu sabia que os alunos lhe pediam dinheiro emprestado porque muitas vezes o acompanhava à universidade, e sua sala parecia um local de peregrinação. Os estudantes faziam fila na porta; alguns para consultá-lo sobre questões acadêmicas ou pessoais, mas a maioria para lhe pedir dinheiro emprestado. Sempre que eu ia lá, via meu pai abrir a carteira e entregar aos alunos notas que eles nunca devolviam, e por isso sempre havia um enxame de pidões em volta dele.

— Pobres rapazes — dizia —, não têm nem para o almoço; e com fome é impossível estudar.

3.

Antes de ir para o jardim de infância, eu não gostava de ficar todo dia em casa com a Sol e a freira. Quando minhas brincadeiras de menino solitário se acabavam (fantasias pelo chão, com castelos e soldados), a coisa mais divertida que irmã Josefa conseguia inventar, além de rezar, era ir até o quintal olhar os beija-flores ou dar uma volta pelo bairro empurrando um carrinho de bebê, onde ela sentava minha irmã, que logo pegava no sono, e onde eu ia em pé, apoiado nas varetas de trás, quando me cansava de andar. Como essa rotina diária me chateava, eu pedia a meu pai que me levasse com ele ao trabalho.

Ele dava aulas na faculdade de medicina, ao lado do hospital de São Vicente de Paulo, no departamento de Saúde Pública e Medicina Preventiva. Mesmo nos dias em que eu não podia acompanhá-lo porque ele estava muito ocupado, pelo menos me levava para dar uma volta de carro no quarteirão. Sentava-me no seu colo, e eu dirigia, vigiado por ele. Era um Plymouth, um velho paquiderme, grande, barulhento, azul-celeste, hidramático, que fervia e começava a soltar fumaça pela frente na primeira ladeira que encontrava. Quando podia, pelo menos uma vez por semana, meu pai me levava à universidade. Ao entrar, passávamos pela porta do anfiteatro onde eram dadas as aulas de anatomia, e eu lhe pedia que me mostrasse os cadáveres. Ele sempre respondia: "Não. Ainda não". Toda semana era a mesma coisa:

— Papai, deixa eu ver um morto?
— Não. Ainda não.

Uma vez, como ele sabia que não havia aula, nem morto, entramos no anfiteatro, que era muito antigo, daqueles com galerias em volta para os alunos poderem assistir com boa visão à dissecção dos cadáveres. No centro havia uma mesa de mármore, onde era colocado o protagonista da aula, como no quadro de Rembrandt. Mas naquele dia o anfiteatro estava vazio de cadáver, de alunos e de professor de anatomia. Nesse vazio, no entanto, pairava certo cheiro de morte, como uma impalpável presença fantasmagórica que me fez ter consciência, naquele exato instante, de que em meu peito batia um coração.

Enquanto meu pai dava suas aulas, eu o esperava sentado em sua mesa, desenhando, ou diante de sua máquina de escrever, fingindo que escrevia como ele, com o indicador das duas mãos. De longe, Gilma Eusse, a secretária, olhava para mim sorrindo com malícia. Por que sorria, não sei. Ela tinha um porta-retratos com uma foto de seu casamento, onde aparecia vestida de noiva casando-se com meu pai. Eu sempre lhe perguntava por que tinha se casado com meu pai, e ela explicava, sorrindo, que se casara por procuração com um mexicano, Iván Restrepo, contando com meu pai como representante na igreja. Enquanto falava desse casamento para mim incompreensível (tão incompreensível quanto o de meus próprios pais, que também se casaram por procuração, e nas únicas fotografias da cerimônia minha mãe aparece casando-se com meu tio Bernardo), Gilma Eusse sorria e não parava de sorrir, com a cara mais alegre e cordial que se possa imaginar. Parecia a mulher mais feliz do mundo, até que um dia, sem deixar de sorrir, deu um tiro na boca, e ninguém soube por quê. Mas naquelas manhãs da minha infância ela me ajudava a pôr o papel no cilindro da máquina de escrever. Eu não sabia escrever, mas escrevia assim mesmo, e quando meu pai voltava da aula logo lhe mostrava o resultado.

— Olha o que eu escrevi.

Eram umas poucas linhas cheias de garatujas:

Jasiewiokkejjmdero
jikemehoqpicñq.zkc
ollq2"sa9lokjdoooo

— Muito bem! — dizia meu pai com uma gargalhada de satisfação, e me dava os parabéns estalando um beijo no meu rosto, perto da orelha. Seus beijos, grandes e ruidosos, nos deixavam aturdidos e ficavam retumbando no tímpano por muito tempo, como uma lembrança dolorosa e feliz. Dali a uma semana, antes de sair para sua aula, ele me passou como tarefa uma página de vogais: primeiro o A, depois o E, e assim por diante, e ao longo das semanas seguintes foi acrescentando as consoantes, primeiro as mais comuns, o C, o P, o T, e depois todas, até o X e o H, que, embora fosse mudo e pouco usado, era muito importante por ser a inicial do nosso nome. Por isso, quando entrei na escola, eu já conhecia todas as letras do alfabeto, não pelo nome, mas pelo som, e quando a professora do primeiro ano, Lyda Ruth Espinosa, nos ensinou a ler e escrever, aprendi num instante, e logo entendi o mecanismo, como por encanto, como se eu tivesse nascido lendo.

Havia uma palavra, no entanto, que não entrava na minha cabeça, e que eu levaria anos para aprender a ler corretamente. Sempre que ela aparecia num texto (e ainda bem que era pouco usada), eu tinha um bloqueio mental, minha voz não saía. Quando topava com ela, começava a tremer, certo de que não seria capaz de pronunciá-la direito: era a palavra *párroco*. Eu não sabia onde pôr o acento, e quase sempre, por absurdo que possa parecer, em vez de colocá-lo numa vogal (que, de resto, era sempre um o), punha toda a ênfase no r: *parrrrrroco*. E saía paroxítona, *parróco*, ou oxítona, *parrocó*, mas nunca proparoxítona. Minha irmã Clara vivia caçoando de mim por causa desse bloqueio e, sempre que podia, escrevia a palavra num papel e perguntava, com um sorriso radiante: "Gordo, o que está escrito aqui?". Bastava eu ver aquela sequência de letras que ficava vermelho e não conseguia ler.

Anos depois me aconteceu exatamente a mesma coisa com a dança. Minhas irmãs eram todas grandes dançarinas, e eu também tinha bom ouvido, como elas, pelo menos para cantar, mas quando me tiravam para dançar eu sempre marcava o compasso no tempo errado, completamente fora do ritmo, ou no ritmo das risadas delas quando me viam mexer os pés. E se é verdade que um dia, afinal, consegui ler *párroco* sem errar, os passos de dança, ao contrário, ficaram-me eternamente vedados. Ter uma mãe já é difícil; ter seis, então, nem se diga.

Acho que meu pai não levou muito tempo para perceber que caçoar de mim era o jeito mais fácil e seguro de evitar que eu fizesse alguma coisa. Quando eu notava que o que estava fazendo podia parecer ridículo, risível, nunca mais voltava a tentá-lo. Talvez por isso ele festejasse até as garatujas sem sentido dos meus primeiros escritos, ensinando-me com muita calma o modo como as letras representam os sons, para que meus erros iniciais não fossem motivo de chacota. Graças à sua paciência, aprendi, brincando com a máquina de escrever, o alfabeto inteiro, os números e os sinais de pontuação. Talvez por isso, um teclado — muito mais do que um lápis ou uma caneta — é para mim a representação mais fiel da escrita. Esse modo de ir apertando sons, como num piano, para transformar as ideias em letras e em palavras desde o primeiro momento me pareceu — e continua parecendo — uma das mágicas mais incríveis do mundo.

Além disso, com essa espantosa habilidade linguística que as mulheres têm, minhas irmãs nunca me deixavam falar. Mal eu abria a boca para tentar dizer alguma coisa, elas já tinham dito, mais e muito melhor, com mais graça e mais inteligência. Acho que tive que aprender a escrever para poder me comunicar de vez em quando, e desde muito pequeno mandava cartas a meu pai, que as festejava como se fossem epístolas de Sêneca ou obras-primas da literatura.

Quando vejo como meu talento para escrever é limitado (raras vezes consigo que as palavras no papel soem tão claras quanto as ideias no pensamento; o resultado me parece um balbucio pobre e canhestro perto do que minhas irmãs poderiam ter dito), recordo a confiança que meu pai tinha em mim. Então levanto a cabeça e sigo em frente. Se ele gostava até das minhas linhas de garatujas, que importa se o que escrevo não me satisfaz por completo? Acho que o único motivo que, nesses anos todos, me levou a continuar escrevendo e a publicar meus escritos foi a certeza de que meu pai, mais do que ninguém, teria gostado muito de ler essas páginas que ele não pôde ler. Que nunca lerá. Esse é um dos paradoxos mais tristes da minha vida: quase tudo o que tenho escrito, foi escrito para alguém que não me pode ler, e mesmo este livro não passa de uma carta para uma sombra.

4.

Meus amigos e meus colegas viviam rindo de mim por causa de um costume da minha família que, apesar de suas gozações, eles não conseguiram extirpar. Sempre que eu chegava em casa, meu pai me abraçava, me beijava, dizia um monte de frases carinhosas e, para terminar, soltava uma sonora gargalhada. Da primeira vez que eles riram desse "cumprimento de mariquinha e de menino mimado", levei um susto, pois até então achava que esse fosse o jeito normal de os pais cumprimentarem os filhos. Acontece que em Antioquia não era assim. O cumprimento entre machos, pai e filho, tinha que ser distante, seco e sem demonstrações de afeto.

Durante certo tempo, evitei aquelas efusões quando havia estranhos por perto, porque me davam vergonha e não queria que caçoassem de mim. O problema era que, mesmo acompanhado, eu sentia falta daqueles cumprimentos, da segurança que eles me transmitiam, e assim, depois de uma temporada fingindo, resolvi deixar que meu pai voltasse a me cumprimentar como sempre, sem me importar com que meus colegas rissem e dissessem o que bem entendessem. Afinal de contas, aquele cumprimento carinhoso era uma coisa dele, não minha, e a única coisa que eu fazia era aceitá-lo. Mas nem tudo o que vinha dos meus colegas era zombaria; lembro que um dia, já quase no fim da adolescência, um amigo me confessou: "Olha, eu sempre tive inveja de você por ter um pai assim. O meu nunca na vida me deu um beijo".

— Você só escreve porque foi um menino mimado, um *spoiled child* — comentou uma vez um sujeito que dizia ser meu amigo. Falou assim, em inglês, para me humilhar ainda mais, e, apesar da raiva que senti, acho que ele tinha razão.

Meu pai sempre pensou que a melhor forma de educar os filhos era mimando-os, e eu concordo com ele e procuro imitá-lo. Num caderno de anotações (que, depois de sua morte, reuni sob o título de *Manual de tolerância*), ele escreveu o seguinte: "Se você quiser que seu filho seja bom, faça-o feliz. Se quiser que ele seja melhor, faça-o mais feliz ainda. Nós fazemos nossos filhos felizes para que eles sejam bons e para que, depois, essa bondade aumente sua felicidade". É possível que ninguém consiga fazer uma pessoa completamente feliz, nem mesmo os pais a seus filhos. Mas eles podem, sem dúvida, fazê-los muito infelizes. O meu nunca bateu, nem de leve, em nenhum de nós, correspondendo com isso ao que em Medellín recebe o nome de *alcahueta*, ou seja, uma pessoa muito permissiva. A única crítica que eu poderia lhe fazer é ter manifestado e demonstrado um amor excessivo por mim, se é que no amor se pode falar de excesso. Talvez sim, pois existem amores doentios, e em casa sempre se repetiu, em tom de brincadeira, uma das primeiras frases que eu disse na vida, quando ainda mal sabia falar:

— Papai: não me adore tanto!

Quando, muitos anos mais tarde, eu li a *Carta ao pai*, de Kafka, achei que poderia escrever uma parecida, mas, ao contrário, só com antônimos e situações opostas. Eu não tinha medo do meu pai, confiava nele; ele não era um déspota, e sim tolerante comigo; não fazia que eu me sentisse fraco, mas forte; não achava que eu era tolo, mas brilhante. Como ele sabia meu segredo, vivia dizendo a todo mundo que eu era escritor, mesmo sem nunca ter lido nem sequer um conto meu, que dirá um livro, e chegava a me dar raiva que ele desse como certo o que era apenas um sonho. Quantas pessoas podem dizer que, se nascessem de novo, queriam ter o mesmo pai? Eu posso.

Acho que o único segredo para suportar a dureza da vida ao longo dos anos é receber muito amor dos pais durante a infância. Sem esse amor exagerado que meu pai me deu, eu certamente teria sido uma pessoa muito menos feliz.

Muita gente se queixa dos pais que tem. Na minha cidade circula um dito horrível: "Mãe só tem uma, mas pai é qualquer filho da puta". Eu poderia, talvez, concordar com a primeira parte da frase, tirada de algum tango, se bem que eu, como já expliquei, na verdade tive meia dúzia de mães. A segunda parte, em compensação, é absolutamente inaceitável para mim. Pelo contrário, acho que tive até pai demais. Ele era, e em parte continua sendo, uma presença constante em minha vida. Eu lhe obedeço até hoje, se bem que nem sempre (ele também me ensinou a desobedecer, se necessário). Quando preciso avaliar alguma coisa que fiz ou que vou fazer, procuro imaginar qual seria a opinião do meu pai. Já resolvi muitos dilemas morais simplesmente apelando à recordação de sua atitude diante da vida, do seu exemplo, das coisas que ele dizia.

Isso não quer dizer que nunca nos repreendesse. Quando se zangava, tinha uma voz de trovão e, se derrubávamos alguma coisa ou dizíamos alguma bobagem durante a refeição, chegava a esmurrar a mesa. Em geral, era muito indulgente com as nossas fraquezas, quando as considerava irremediáveis como uma doença. Mas não era nada condescendente quando achava que podíamos nos emendar. Como era sanitarista, não suportava nos ver com qualquer sujeira no corpo e nos obrigava a lavar as mãos e a limpar as unhas num ritual que parecia quase pré-operatório. Detestava, acima de tudo, que não tivéssemos consciência social e não percebêssemos em que país vivíamos. Um dia em que não pôde ir dar aula porque estava doente, lamentou que muitos alunos pagassem, à toa, o ônibus até a faculdade. Então, eu lhe disse:

— Por que você não liga para eles e avisa que não vai ter aula?

Ficou fulo de raiva:

— Onde você pensa que está? Na Europa? No Japão? Ou acha que todo mundo mora como nós aqui, em Laureles? Não sabe que Medellín tem bairros sem água encanada, que dirá então telefone?

Lembro-me muito bem de outro acesso de fúria do meu pai, que foi para mim uma lição tão dura quanto inesquecível. Acompanhando um grupo de crianças que moravam perto de casa (eu devia ter uns dez ou doze anos), sem saber como, me envolvi algumas vezes numa espécie de expedição de vandalismo, uma "noite dos cristais" em miniatura. Numa travessa da nossa rua vivia uma família judia, os Manevich, e o líder da nossa turma, um garoto grandalhão que já começava a ter buço, nos mandava ir até a frente da casa dos judeus para atirar pedras e gritar insultos. Eu me juntei ao grupo. As pedras não eram muito grandes, não passavam de pedacinhos de cascalho recolhidos do meio-fio que mal faziam barulho ao bater nos vidros, sem quebrá-los, e enquanto as jogávamos gritávamos uma frase que eu nunca entendi de onde saiu: "Os hebreus comem pão! Os hebreus comem pão!". Imagino que fosse um resgate cultural da *arepa*.* Estávamos nisso, um dia, quando meu pai chegou do trabalho e viu o que estávamos fazendo. Desceu do carro furioso, me agarrou pelo braço com uma violência nunca vista e me levou até a porta dos Manevich.

— Isso não se faz! Nunca! Agora nós vamos chamar o senhor Manevich e você vai lhe pedir desculpas.

Tocou a campainha e uma garota mais velha, linda e altiva, abriu a porta. Por fim apareceu o senhor César Manevich, carrancudo, arisco.

— Meu filho veio lhe pedir desculpas, e garanto que isso nunca mais vai voltar a acontecer — disse meu pai.

Ele apertou meu braço, e eu falei, olhando para o chão: "Desculpe, senhor Manevich". "Mais alto!", insistiu meu pai, e eu repeti mais alto: "Desculpe, senhor Manevich!". O senhor Manevich fez um gesto com a cabeça, apertou a mão do meu pai e fechou a porta. Essa foi a única vez que fiquei com uma marca no corpo, um arranhão no braço, por causa de um castigo do meu pai, e é um sinal que mereço e que ainda hoje me envergonha, por tudo o que ele me contou, depois, sobre os judeus, e também porque não cometi aquele ato idiota e brutal por decisão própria nem por pensar nada de bom ou de mau sobre esse povo, mas por puro espírito gregário. Talvez seja por isso que, depois de adulto, fujo de grupos, partidos, associações e manifestações públicas; de todo e qualquer tipo de ajuntamento que possa me levar a pensar, não como indivíduo, mas como massa, e a tomar decisões, não por reflexão e avaliação pessoal, e sim por essa fraqueza que vem da vontade de pertencer a uma manada ou a um bando.

Quando voltamos da casa dos Manevich, meu pai — como sempre fazia nos momentos importantes — se trancou comigo na

---

* Pão redondo de milho, tradicional da Colômbia e da Venezuela. (N. T.)

biblioteca. Olhou nos meus olhos e disse que o mundo ainda estava cheio de uma praga chamada antissemitismo. Contou-me o que os nazistas tinham feito com os judeus havia apenas vinte e cinco anos, e que tudo começara, exatamente, com pedras atiradas contra suas vitrines, na terrível *Kristallnacht*, ou Noite dos Cristais. Depois me mostrou umas imagens terríveis dos campos de concentração. Disse que sua melhor amiga e colega de classe, Klara Glottman, a primeira médica graduada na Universidade de Antioquia, era judia, e que nos últimos cem anos os hebreus haviam dado à humanidade alguns dos maiores gênios da ciência, da medicina e da literatura. Que se não fosse por eles haveria muito mais sofrimento e menos alegria neste mundo. Lembrou que o próprio Jesus era judeu, e que muitos antioquinos — talvez até nós mesmos — tinham sangue judeu, porque na Espanha foram obrigados a se converter; e que eu tinha obrigação de respeitar todos eles e tratá-los como a qualquer outro ser humano, ou até melhor, pois o povo hebreu — assim como os índios, os negros e os ciganos — tinha sofrido as piores injustiças da história nos últimos séculos. E que, se meus amigos teimassem em repetir aquele ato de barbárie, eu nunca mais poderia brincar com eles na rua. Mas meus vizinhos, que assistiram à cena do outro lado da calçada, ao verem "a fúria do doutor Abad", nunca mais voltaram a atirar pedras nem a gritar insultos nas janelas dos Manevich.

5.

Quando entrei no jardim de infância, as rígidas regras da escola fizeram que me sentisse abandonado e maltratado. Como se me tivessem posto na cadeia sem ter cometido crime algum. Eu detestava ir ao colégio: as filas, as carteiras, o sinal, os horários, as ameaças das irmãs diante do menor sinal de alegria ou de qualquer aceno de liberdade. Minha primeira escola, La Presentación — a mesma em que minha mãe tinha começado seus estudos e onde todas as minhas irmãs estudavam na época —, também era de freiras. Era um colégio só para meninas, mas nos dois anos do jardim, antes do primário, aceitavam meninos, que formavam uma espécie rara e minoritária. Na verdade, não lembro que entre minhas colegas houvesse um único menino, e portanto esse colégio era para mim como uma extensão da minha casa: mulheres, mulheres e mais mulheres, com a única exceção do ônibus, onde havia o motorista e outro menino. O ônibus era o único lugar em que eu sentava ao lado de outro garoto. Íamos os dois num dos bancos do fundo, de camisa branca e calção azul-marinho, e lembro que, assim que ele subia, tirava o pinto por um dos lados da calça e, durante todo o trajeto até a escola, não fazia outra coisa além de alisar, coçar e puxar o pirulito. Na volta, a mesma coisa, desde o colégio até que o ônibus o deixava em casa. Eu o olhava atônito, sem coragem de dizer nada, porque nunca entendi aquele gesto, como aliás não entendo até hoje, embora não o esqueça.

Todos os dias de manhã eu esperava o ônibus da escola na porta de casa, mas, quando ele apontava na esquina, meu coração disparava e eu voltava para dentro apavorado.

— Aonde você pensa que vai? — gritava a irmã Josefa, furiosa, tentando me segurar pela camisa.

— Vou falar tchau para o meu pai e já volto — respondia, já na escada.

Subia até o quarto dele, entrava no banheiro (era a hora em que se barbeava), abraçava suas pernas, começava a beijá-lo e, supostamente, a me despedir dele. A cerimônia do adeus durava tanto tempo que o motorista se cansava de buzinar e de esperar. Quando eu descia, o ônibus já tinha ido embora, e eu não precisava mais me apresentar em La Presentación. Era mais um dia de trégua. A irmã Josefa ficava indignada, dizia que esse menino nunca seria ninguém se continuassem a educá-lo assim, mas meu pai respondia com uma gargalhada.

— Calma, irmã, que tudo tem seu tempo.

Essa cena se repetiu tantas vezes que, por fim, meu pai se fechou comigo na biblioteca, olhou nos meus olhos e me perguntou, muito sério, se eu ainda não queria mesmo ir à escola. Eu disse que não, e minha entrada no colégio foi imediatamente adiada por mais um ano. Foi maravilhoso, um alívio tão grande que, ainda hoje, quarenta anos depois, quando o recordo, sinto uma grande leveza. Será que ele agiu mal? O que posso dizer é que, no ano seguinte, eu não quis ficar em casa um único dia, só faltava à escola quando ficava doente, e nunca, no primário, no secundário ou na universidade, fui reprovado numa matéria. "O melhor método de educação é a felicidade", repetia meu pai, talvez com um excesso de otimismo, mas se o dizia era porque acreditava realmente nisso.

Se naquele meu primeiro e truncado ano letivo quase nunca o ônibus da escola me recolheu, por minha própria culpa, no ano seguinte isso não aconteceu nem uma vez. Ou melhor, aconteceu uma única vez, sim, da qual nunca vou me esquecer. Lembro que poucas semanas depois de eu entrar naquele mesmo colégio de freiras, na minha segunda tentativa de desmame, um dia me distraí saboreando a gema de um ovo frito, e o ônibus partiu sem mim. Eu cheguei a ver quando dobrou a esquina e, apesar de eu ter corrido atrás dele aos gritos, não me ouviram. Como ninguém percebeu o que tinha acontecido e eu não queria voltar para casa, resolvi ir à escola a pé. O Colegio de las Hermanas de La Presentación, onde eu fazia o jardim de infância, ficava no centro, na rua Ayacucho, perto da igreja de São José, onde hoje fica o comando da polícia. Eu segui até a avenida 33 pela rua 79, onde morávamos, e daí peguei para os lados do centro, com uma vaga ideia da direção.

Atravessei a rotatória de Bulerías entre carros buzinando, e quase fui atropelado por um táxi, que só não me pegou porque deu uma freada de cantar os pneus. Eu seguia com minha pasta a tiracolo, coberto de suor, caminhando o mais rápido possível, pelo canto da rua. A rotatória de Bulerías foi um obstáculo quase intransponível, mas consegui vencê-lo e segui em frente em direção ao rio Medellín, por onde eu achava que o ônibus passava. Quando ia atravessando a ponte junto ao cerro Nutibara, parei um pouco para descansar e olhar a corrente por entre as barras de proteção. Aquele era o rio onde eu pensava me atirar se meu pai morresse, e era a primeira vez que o via tão de perto, tão sujo, tão agourento. Já estava quase sem fôlego, mas retomei a caminhada, sempre pelo canto da rua. Nesse exato instante, parece que ainda escuto o barulho, ouvi uma brecada bem do meu lado. Seria outro táxi a ponto de me atropelar? Não. Era um Volkswagen dirigido por um sujeito, que se apresentou como René Botero, gritando pela janela: "Menino, que é que tá fazendo aqui? Pronde que o senhor vai?". "Estou indo para a escola", respondi, e ele devolveu, furioso: "Suba que eu levo, antes que seje atropelado ou assaltado!". O colégio ainda estava bem longe, e, nos quinze minutos que a viagem durou, não trocamos uma única palavra.

Naquela tarde, depois que o senhor Botero contou à minha mãe o que tinha acontecido, levei uma tremenda bronca dela. Disse que só sendo louco para querer ir sozinho até o centro, sem saber o caminho. "Se você tivesse atravessado o rio", me alertou, "ia cair no Barrio Triste, e aí sim que ia se perder de verdade; se não fosse nosso vizinho René Botero, você não estaria aqui para contar a história." Mais tarde, meu pai, em vez de me repreender, me disse o seguinte:

— Se alguma vez você voltar a perder o ônibus, seja quando for, pelo motivo que for, e mesmo que por sua culpa, é só me pedir que eu te levo. Sempre. E, se por acaso nesse dia eu não puder te levar, você não vai à escola e fica em casa. Não tem a menor importância; você fica aqui lendo, que aprende mais.

Desmamar-me de casa foi um processo longuíssimo. Aos vinte e oito anos, quando mataram meu pai, de vez em quando eu ainda recebia ajuda dele ou da minha mãe, mesmo com cinco anos de casado e com uma filha que já dava seus primeiros passinhos. Antes disso, quando eu tinha vinte e três e fui estudar em Turim, para ficar perto da Bárbara, minha namorada italiana, escrevi uma carta para o meu pai, preocupado por ainda depender economicamente dele. Ainda guardo sua resposta, com data de 30 de junho de 1982 (eu tinha ido para a Europa quinze dias antes), que diz assim:

"Tua preocupação com *a dependência econômica* prolongada me lembrou as minhas aulas de antropologia, nas quais aprendi que, quanto mais avançada é uma espécie animal, mais longo é seu período de infância e adolescência. E acho que a nossa *espécie familiar* é muito avançada em todos os sentidos. Eu também fui *dependente* até os vinte e seis anos, mas, para ser bem sincero, nunca me preocupei com isso. Pode ter certeza de que, enquanto você continuar estudando e trabalhando como tem feito, sua *dependência* não será um peso para nós, e sim uma agradabilíssima obrigação que assumimos com o maior orgulho e prazer."

6.

Meu pai e eu tínhamos um afeto mútuo (e físico também) que para boa parte dos nossos era um escândalo que beirava a doença. Alguns parentes diziam que, de tão mimado pelo meu pai, eu viraria um maricas. E minha mãe, talvez para compensar, concentrava suas preferências nas minhas cinco irmãs e me tratava com rigor justiceiro (nunca injusto, para o bem e para o mal, sempre imparcial), dedicando muito mais tempo e atenção a elas do que a mim. Talvez o fato de eu ser o único filho homem, e o quinto do casal, tenha provocado a predileção do meu pai por mim; ou talvez o contrário, minha predileção por ele é que o tenha levado a me preferir. Porque os pais, por mais que disfarcem, não gostam de todos os filhos do mesmo jeito, preferindo, em geral, justamente os que mais gostam deles, quer dizer, os que, no fundo, mais precisam deles. Além disso (nunca vou dizer que ele era perfeito), com sua preferência por mim, sobretudo por me dedicar muito mais tempo de conversa séria e de orientação, cometia uma injustiça profundamente machista contra minhas irmãs.

O resto dos parentes tendia a ver tudo isso com maus olhos,

embora eu duvide de que dessem maior importância ao assunto. O quarteirão onde morávamos tinha sido colonizado pela família Abad. Nós morávamos na esquina da rua 34-A com a 79; quase pegada, a casa do tio Bernardo; em seguida, a do tio Antonio e, na outra esquina, na rua 78, ficava a casa dos nossos avós paternos, Antonio e Eva, que moravam com uma filha viúva, a tia Inés, e outra solteira, a tia Merce, mais outros parentes distantes que passavam temporadas com eles: o primo Martín Alonso, um artista *hippie* e maconheiro que morava em Pereira e mais tarde escreveu dois romances ligeiros; o tio Darío, quando foi abandonado pela mulher; os primos Lyda e Raúl, antes de se casarem; os primos Bernardo, Olga Cecilia e Alonso, que eram órfãos, e outros mais.

Nem meus tios nem meu avô — que eu me lembre — beijavam os filhos homens, ou só muito raramente, porque isso não era coisa que se fizesse nestas duras e austeras montanhas de Antioquia, onde nem a paisagem é suave. Meu avô criou meu pai sem demonstrações de carinho, "no relho e com mão dura", e meus tios fizeram o mesmo com meus primos homens (com as mulheres eram um pouco menos ríspidos). Meu pai nunca se esqueceu do dia em que meu avô deu dez vezes nele, com as rédeas do mesmo cavalo que o derrubara, "para aprender a montar como homem"; nem de quando o mandava buscar os animais no estábulo, no meio da noite, e trazê-los para casa, sem nenhuma necessidade, só para ele perder o medo do escuro "e fortalecer seu caráter". Entre todos eles não havia carinho nem carícias, nem uma ponta de condescendência, e as únicas eventuais expressões de afeto fraterno eram reservadas para o último dia do ano, depois da matança do porco, da *fritanga** e de uma

---

* Prato típico vastamente sortido, em parte frito, em parte assado, que inclui diversos embutidos, miúdos de boi, costelas de porco, batatas, mandioca, banana, variando de região para região. (N. T.)

rodada de aguardente tão longa que até amolecia o coração. Todos se tratavam de "senhor", e havia uma espécie de distância cerimonial no seu modo de falar. Qualquer manifestação de afeto entre homens entrava no terreno da afetação e da frescura, e o máximo que se aceitava eram grandes tapas e murros. Vovó Eva dizia que era "absolutamente impossível educar as crianças sem o relho e o Diabo", e dizia isso à minha mãe, que não usava nem uma coisa nem outra. Meu avô às vezes comentava a meu respeito: "Esse garoto precisa é de mão dura". Mas meu pai respondia: "De dura já basta a vida, que acaba dando muito o que sofrer a todo mundo, e eu é que não vou ajudá-la".

Pensando bem, acho que o vovô Antonio não era menos mimado do que eu, por mais que falasse de mim. Às vezes, nas tardes de domingo ou segunda, eu ia até a casa dele para pegar a "remessa", uma trouxa de produtos de sua fazenda em Suroeste que ele trazia para cada um dos filhos, contendo mandiocas, limões, ovos, queijinhos embrulhados em folhas de caeté e, acima de tudo, pomelos, montes de pomelos, que meu avô chamava de pamplemussas e aos quais atribuía poderes milagrosos e, principalmente — como eu soube mais tarde —, afrodisíacos. Quando eu chegava para pegar a tal remessa, muitas vezes encontrava minha avó Eva ajoelhada na frente dele, tirando seus sapatos. Ela sempre fazia a mesma coisa, de manhã e de tarde, quando ele voltava da feira de gado, onde trabalhava como intermediário, ou do seu escritório de pecuarista: ajoelhava-se aos pés dele, tirava seus sapatos e lhe calçava as pantufas, como num ritual diário de submissão. Vovó Eva também tinha que separar sua roupa de manhã e estendê-la sobre a cama, na ordem em que o vovô se vestia: cuecas, meias, camisa, calças, cinto, gravata, paletó e lenço branco. E se algum dia ela se esquecia de fazer isso — ou colocava a roupa na ordem errada —, o vovô se enfurecia e ficava lá pelado gritando que é que ele ia vestir, caralho, que é que ele podia esperar de uma mulher que não sabia nem separar sua roupa.

Todos os filhos e netos sentíamos pelo vovô Antonio um misto de respeito e medo. Ele media perto de um metro e oitenta e cinco e era a pessoa mais rica, mais alta e mais branca da família. Era chamado de "El Mono" Abad, porque era loiro de olhos azuis. A única pessoa que não tinha medo dele e respondia às suas frases terminantes era meu pai, talvez por ser o filho mais velho, e também o que mais se destacara nos estudos e no trabalho. Os dois mantinham uma relação distante, como se, no passado, alguma coisa tivesse se rompido entre eles. E mais: eu acho que na forma perfeita como meu pai nos tratava havia um protesto mudo pelo tratamento que ele tinha recebido do vovô e, ao mesmo tempo, o propósito deliberado de nunca tratar os filhos daquele jeito. Nas tardes em que eu ia pegar a remessa na casa dele, quando já ia saindo com a trouxa de mandioca, queijinhos e pomelos, o vovô me chamava, "Vem cá, filho", tirava um porta-moedas de couro do bolso, começava a bufar com os lábios apertados, procurando meticulosamente o troco mais miúdo, para por fim me entregar duas ou três moedinhas, dizendo, sem deixar de bufar com uma respiração angustiada: "Pra você comprar alguma coisa, filho; ou melhor, pra você guardar". Meu avô passara a vida guardando seu dinheiro e tinha feito certa fortuna com sua fazenda de gado em Suroeste e com os animais que arrendava para engorda em vários latifúndios na região da Costa. Quando atingiu a marca de mil novilhos, deu uma grande festa com muito feijão, aguardente e torresmo, aberta a quem quisesse participar. Quando ele morreu, nunca descobrimos onde estavam aqueles mil novilhos de engorda; meus tios pecuaristas, que trabalhavam com ele na feira de gado, disseram que não eram tantos assim.

Três ou quatro vezes por ano, eu acompanhava meu avô até La Inés, a fazenda de gado que ele herdara dos pais, em Suroeste, entre Puente Iglesias e La Pintada. Saíamos de madrugada, numa caminhonete Ford vermelha, com tio Antonio ao volante, eu no meio e meu avô na janela. Ele levava uma capanga de pele de lontra feita em Jericó, o povoado em que ele e meu pai nasceram, e a certa altura do trajeto sempre me mostrava um revólver de seis balas que guardava ali dentro, "por via das dúvidas". A capanga também tinha um bolso secreto onde ele escondia um maço de notas para pagar a quinzena do administrador e dos peões. Essa era outra diferença entre meu avô e meu pai, pois, enquanto *don* Antonio andava sempre armado, meu pai detestava armas e nunca na vida quis tocar numa. Quando em casa, à noite, havia barulho de ladrões, meu pai ia até o banheiro, pegava um cortador de unhas e saía gritando: "Quem está aí? Atenção! Quem está aí? Atenção!". O dinheiro também parecia queimar no seu bolso, e nunca vi em seu poder um maço de notas como aquele. Dele herdei, ou aprendi, a mesma aversão pelas armas e a mesma dificuldade para guardar dinheiro, embora por razões mais egoístas do que sua necessidade de doar, já que eu prefiro gastá-lo a oferecê-lo aos outros. Na casa do meu avô costumava-se dizer que existiam dois tipos de inteligência: a "boa" e "a outra", que ninguém dizia, mas era implicitamente dada como ruim, pois, enquanto a inteligência "boa" (como a de alguns dos meus tios e primos) era a que servia para ganhar dinheiro, "a outra" servia apenas para complicar as coisas e atrapalhar a vida.

Para chegar à sede de La Inés, levávamos meia hora a cavalo, e os peões nos esperavam na beira da estrada, ao lado de um barracão que eles chamavam de "as garagens" — porque era lá que guardavam as carroças —, com uma tropa de mulas, um boi de carga e uma junta de animais selados. Eles sabiam que deviam estar lá, toda quinta-feira, a partir das dez da manhã. Quando meu avô não ia, mandava avisar pela rádio Santa Bárbara: "Informamos o administrador de La Inés, em Palermo, que nesta quinta-feira não precisa ir à estrada, porque *don* Antonio não virá". Durante a viagem, eu perguntava ao vovô Antonio que cavalo eu iria montar, e ele respondia sempre a mesma coisa:

— O Toquetoque, filho, o Toquetoque.

Eu achava esquisito que o tal Toquetoque tivesse sempre uma cor e um passo diferente, e só fui entender o que meu avô queria dizer muito tempo depois, quando meu primo Bernardo, que era um pouco mais velho e muito menos ingênuo que eu, me explicou:

— O Toquetoque não existe, seu bobo! O vovô quer dizer que as crianças não podem escolher, mas têm que montar o cavalo que lhes toque.

Ficávamos em La Inés até sábado à tarde, e de dia eu era feliz, ordenhando, andando a cavalo, contando os animais com a ponta do chicote, vendo castrarem os bezerros e os potros, darem banho de imersão no gado para tirar os carrapatos, untarem de azul de metileno as tetas inchadas das vacas ou marcarem os novilhos com ferro em brasa. Eu também tomava banho, sem inseticida, na bica da quebrada, uma cascata de cerca de dois metros, que chamavam de "bica de Papai Félix". Papai Félix era o avô do meu avô, e a cascata recebera seu nome porque, segundo a lenda, ele vinha de Jericó, na Semana Santa e no Natal, para lá tomar seus dois únicos banhos anuais.

Eu adorava todas essas diversões diurnas, mas no fim da tarde, quando começava a escurecer, me invadia uma tristeza imensa, uma espécie de saudade do mundo inteiro, menos de La Inés. Então eu me deitava numa rede para ver o pôr do sol, ouvir o canto desolador das cigarras e chorar em silêncio, pensando no meu pai, com uma melancolia que me inundava o corpo inteiro, ao mesmo tempo que meu avô ligava o rádio numa estação de notícias que, com sua ladainha devastadora (o *Repórter Esso*, a *Cavalgada Esportiva Gillette*), parecia atrair a escuridão, e bufava de calor sentado numa cadeira na varanda da casa, balançando-se interminavelmente ao compasso do meu desespero.

Quando anoitecia, meu avô mandava ligar o gerador elétrico, um Pelton que funcionava com a energia produzida pela cascata. Esse tambor de ritmo monótono e constante, que bastava apenas para dar às lâmpadas uma luz trêmula e mortiça, era para mim mais uma imagem da tristeza e do abandono. Na minha cidade, essa terrível doença das crianças que sentem falta dos pais era chamada de *mamite*, mas eu, secretamente, lhe dava o nome de *papite*, muito mais preciso no meu caso. Na verdade, a única pessoa que me fazia falta na vida, a ponto de me fazer chorar, naqueles longos e tristes crepúsculos de La Inés, era meu pai.

Quando voltávamos a Medellín, no final da tarde de sábado, meu pai já estava à minha espera na casa do vovô Antonio. Recebia-me com grandes gargalhadas, exclamações, beijos ruidosos e abraços sufocantes. Depois de me cumprimentar, ficava de cócoras, punha as mãos nos meus ombros, me olhava nos olhos e fazia a pergunta que mais raiva podia dar ao meu avô:

— Bom, meu amor, agora me conta: como é que o vovô se comportou?

Não perguntava ao pai dele como eu tinha me comportado, mas fazia de mim o juiz daqueles passeios. Eu respondia sempre a mesma coisa: "Muito bem", e isso atenuava a indignação do meu avô. Mas, uma vez, eu — um menino de sete anos — estendi a mão à frente do meu corpo e a virei de um lado para o outro, fazendo aquele gesto que indica "mais ou menos".

— Mais ou menos? Por quê? — perguntou meu pai, arregalando os olhos, entre assustado e divertido.

— Porque ele me obrigou a comer *mazamorra*.*

---

* Sobremesa à base de milho semelhante à canjica. (N. T.)

Meu avô bufou, indignado, e disse uma verdade que sou obrigado a reconhecer, pois a vida inteira foi um dos meus piores defeitos: "Mal-agradecido!". Mas meu pai não ligou: soltou uma gargalhada feliz, me pegou pela mão e, em vez de irmos direto para casa ler na biblioteca, me levou até El Múltiple para eu tomar um sorvete de baunilha com passas, "que vai tirar o gosto da *mazamorra*". Na volta, mostrou às minhas irmãs o gesto que eu tinha feito para meu avô, virando a mão estendida de um lado para o outro, rindo às gargalhadas da cara de indignação de *don* Antonio. Meus pais nunca me obrigaram a comer nada, e hoje em dia eu como de tudo. Tudo menos *mazamorra*.

UM MÉDICO CONTRA A DOR E O FANATISMO

7.

Meu primeiro contato com o sofrimento não foi com o meu próprio, nem com o da minha família, mas com o dos outros. Isso porque meu pai fazia questão de que nós, seus filhos, soubéssemos que nem todo mundo era tão feliz e favorecido pela sorte, mostrando-nos, desde pequenos, a penúria de muitos colombianos, quase sempre causada por calamidades e doenças ligadas à pobreza. Alguns fins de semana, como não havia aulas na universidade, ele os dedicava ao trabalho social nos bairros pobres de Medellín. Lembro que, em algum momento remoto da minha infância, apareceu em casa um gringo alto, velho, de cabelo branco, encantador. Era o doutor Richard Saunders, que viera implantar com meu pai um programa que ele já havia desenvolvido em outros países da África e da América Latina, o Future for the Children, ou Futuro para a Infância. Esse gringo bom aparecia de seis em seis meses e, quando entrava em casa (onde se hospedava por algumas semanas), eu punha o hino dos Estados Unidos para ele ouvir. Nós tínhamos um disco com os hinos nacionais mais importantes, todos orquestrados, desde A *bandeira estrelada* e *A internacional* até o hino da Colômbia, que era o mais feio de todos, embora na escola dissessem que era o segundo mais bonito do mundo, depois de *A marselhesa*.

Na minha casa, o quarto de hóspedes era conhecido como "o quarto do doutor Saunders", e os melhores lençóis, parece que ainda os vejo, uns lençóis azul pastel, eram "os lençóis do doutor Saunders", porque só saíam do guarda-roupa para a cama dele. Quando o doutor Saunders vinha, usávamos a louça boa, de porcelana, os guardanapos e as toalhas de linho bordadas pela minha avó e os talheres de prata: "a louça do doutor Saunders", "a toalha do doutor Saunders" e "os talheres do doutor Saunders".

O doutor Saunders e meu pai falavam em inglês, e eu ficava ouvindo os dois, maravilhado com aqueles sons e aquelas palavras incompreensíveis. A primeira expressão que aprendi nessa língua foi *it stinks*, quando a ouvi bem nítida da boca do doutor Saunders, lembro como se fosse hoje, ao atravessarmos o rio Medellín pela ponte da rua San Juan. Ele a disse num murmúrio cheio de indignação dirigido a um ônibus que soltava uma baforada espessa e nojenta de fumaça preta, bem no nosso nariz.

— O que quer dizer *it stinks*? — perguntei. Eles deram risada, e o doutor Saunders se desculpou, porque, segundo ele, era um palavrão.

— Alguma coisa como "fétido" — respondeu meu pai.

E assim aprendi duas palavras de uma só vez, uma em inglês e outra na minha própria língua.

Meu pai nos levava aos bairros mais miseráveis da periferia de Medellín, junto com o doutor Saunders — e muitas vezes também sem ele, depois que voltava para sua casa em Albuquerque, nos Estados Unidos. Lá chegando, reuniam os líderes do bairro, e meu pai se fazia de intérprete das propostas de trabalho comunitário para melhorar as condições de vida no local. Reuniam-se numa esquina, ou na casa paroquial, quando o padre autorizava (nem todos gostavam desse tipo de trabalho social), e o americano fazia muitas perguntas, falava com eles sobre seus problemas e suas necessidades básicas, enquanto meu pai anotava tudo num caderninho. Deviam se organizar, acima de tudo, para conseguir pelo menos água encanada, pois as crianças morriam de disenteria e desnutrição. Eu devia ter cinco ou seis anos, e meu pai me media comparado com meninos da minha idade, ou até mais velhos, para mostrar aos líderes do bairro que alguns de seus filhos estavam magros, baixos demais, desnutridos, e assim não conseguiriam estudar. Não os humilhava, mas os incitava a reagir. Media o perímetro encefálico dos recém-nascidos, transcrevia os números em umas tabelas e tirava fotos das crianças com vermes, magras e barrigudas, para depois mostrá-las em suas aulas na universidade. Também pedia para ver os cachorros e os porcos, pois, se os animais estivessem magros, com os ossos salientes, queria dizer que passavam fome porque nas casas não sobrava nada. "Sem alimentação, deixa até de ser verdade que todos nascemos iguais, porque essas crianças já vêm ao mundo em desvantagem", dizia.

Às vezes íamos mais longe, a alguns lugarejos distantes, e eventualmente vinha conosco o decano de arquitetura da Universidade Pontifícia, o doutor Antonio Mesa Jaramillo, que ensinava os moradores a construírem caixas-d'água com a técnica apropriada e a levarem o encanamento até suas casas, porque a prioridade era a água tratada. Depois, vinham as latrinas ("para a adequada deposição dos excrementos", dizia meu pai, muito técnico) ou, quando possível, a instalação do esgoto, que se fazia nos fins de semana, em mutirão. Feito isso, começavam as campanhas de vacinação e os cursos de higiene e primeiros socorros domésticos, segundo um programa criado por meu pai, reunindo as mulheres mais inteligentes e receptivas de cada local, e que mais tarde seria implantado em toda a Colômbia com o nome de "promotoras rurais de saúde". De vez em quando um ônibus da universidade vinha nos buscar para irmos com todos os seus alunos, porque ele queria que eles aprendessem ajudando: "Medicina não se aprende só nos hospitais e laboratórios, examinando pacientes e estudando células, mas também na rua, nas vilas, entendendo por que e do que as pessoas adoecem", dizia, muito sério, empunhando um microfone, na primeira fileira do ônibus.

Uma vez fizeram uma campanha contra parasitas intestinais em toda a zona urbana de Santo Domingo, e deu tão certo que as lombrigas que os camponeses expeliram num único dia chegaram a entupir o esgoto do povoado. Em casa guardava-se a foto de uma tubulação tapada por um bolo de lombrigas que parecia uma maçaroca de macarrão entre roxo e preto.

A água limpa foi uma das primeiras obsessões na vida do meu pai, e ela o acompanharia até o final. Ainda durante a graduação, fez uma campanha de saúde pública num jornal estudantil que fundara em agosto de 1945 e dirigiu até outubro de 1946, quando deixou de publicá-lo, talvez porque, se continuasse, não conseguiria se formar. Era um tabloide mensal e tinha um nome futurista: *U-235*. Num de seus números, o de maio de 1946, ele denunciou a contaminação da água e do leite na cidade: "O município de Medellín, uma vergonha nacional", dizia a manchete da primeira página. E o subtítulo acrescentava: "Nossa rede de água distribui bacilos de tifo. O leite é impróprio para consumo. O município não tem hospital". Por causa dessas denúncias, baseadas em estatísticas e exames de laboratório, meu pai foi convocado para uma audiência pública na Câmara de Vereadores de Medellín. Pela primeira vez, um simples estudante era autorizado a expor suas denúncias num debate aberto, frente a frente com os funcionários públicos. Lá, diante do secretário da Saúde e por duas noites consecutivas, ele fez uma exposição sóbria, científica, que o político, incapaz de refutar, tentou desqualificar com insultos pessoais e argumentação inconsistente. Mas seu triunfo intelectual foi inegável e, assim, apenas com a palavra e uma série de dados precisos, conseguiu que pouco depois fossem iniciadas as obras de instalação de uma rede de água decente para toda a cidade (a semente da que utilizamos até hoje), com tratamento adequado e tubulações modernas, isoladas das águas negras, porque a rede de esgoto era velha, de barro poroso, e portanto contaminava a água potável.

O outro debate aberto pelo jornal, logo ampliado a partir do seu trabalho de conclusão de curso, foi sobre a qualidade do leite e dos refrigerantes. Quando meu pai fez essas denúncias, a hepatite e o tifo ainda eram comuns em Medellín. Dois tios da minha mãe tinham morrido de tifo por causa da água contaminada, minha avó também teve essa doença e o pai do vovô Antonio morrera do mesmo mal em Jericó. Talvez viesse daí a obsessão do meu pai pelo saneamento básico; era uma questão de vida ou morte, um modo de livrar-se pelo menos de uma dor evitável, neste mundo tão cheio de dores fatais. Mas o fato detonador de sua luta pela água foi a morte, também de febre tifoide, de um de seus colegas da faculdade. Meu pai o viu agonizar e morrer, um rapaz com os mesmos sonhos que ele, e decidiu que uma coisa dessas não deveria voltar a acontecer em Medellín. Suas denúncias apaixonadas no jornal estudantil e o discurso inflamado na Câmara, que alguns chamaram de incendiário, não eram uma jogada política, como disseram, mas um profundo ato de compaixão pelo sofrimento humano e de indignação pelos males que podiam ser evitados com apenas um pouco de ativismo social. Foi assim que meu pai contou sua experiência ao historiador da medicina Tiberio Álvarez:

"Comecei a pensar em medicina social ao ver muitas crianças morrerem de difteria no hospital e constatar que não havia campanhas públicas de vacinação; pensei em medicina social quando um colega nosso, Enrique Lopera, morreu de tifo, causado pelo não uso do cloro na rede de abastecimento. Muita gente do bairro de Buenos Aires, com suas moças tão lindas, muitas delas nossas amigas, também morria de febre tifoide, e eu sabia que a doença podia ser evitada com a cloração da água. [...] Eu me rebelei nesse jornal, o *U-235*, e na audiência pública chamei os vereadores de *criminosos*, porque deixavam o povo morrer de tifo por falta de uma boa rede de água. Tudo isso deu frutos, pois logo houve uma grande mobilização pela qualidade da água, a Campanha H_2O, que teve como resultado a melhoria e a expansão da rede de abastecimento."

Lendo alguns editoriais do *U-235*, salta aos olhos quanto havia de romantismo nos sonhos daquele jovem estudante de medicina. Cada número lançava uma campanha por uma causa tão importante quanto irrealizável para um rapaz do interior, recém-chegado à capital do departamento. O jornal, porém, não era apenas um instrumento de sua própria vontade de lutar por ideais que transcendiam o egoísmo (ou que respondiam a esse outro egoísmo, talvez mais profundo, que consiste em querer transformar-se em herói romântico da entrega e do sacrifício), mas também abria suas páginas a escritores que incentivassem os leitores a trilhar um caminho semelhante.

Talvez o artigo mais importante publicado no *U-235* tenha sido um dos que integraram seu primeiro número. Era assinado por Fernando González, o maior filósofo, e talvez o único digno desse nome, que nossa região já teve. Meu pai contava que lia o pensador de Otraparte desde muito jovem, tendo que esconder seus livros embaixo do colchão, depois que minha avó o apanhara lendo e os jogara no lixo. Ele foi pessoalmente a Envigado pedir ao mestre que escrevesse um artigo sobre a profissão, para estampar no primeiro número do seu jornal. González aceitou o convite, e acho que as recomendações que fez aos médicos naquela ocasião ficaram para sempre gravadas na memória do meu pai. São tudo que meu pai tentou — e conseguiu — praticar a vida inteira:

"O médico-professor deve andar por aí pelos caminhos, observando, remexendo, vendo, ouvindo, tocando, pelejando para curar com sua esteira de aprendizes que o chamam pelo nome dos nomes: Mestre! [...] Isso mesmo, doutorzinhos: não é para serem bonitos, cobrarem caro e venderem pílulas de geleia [...] É para mandá-los a todos os lugares para curar, inventar e, numa palavra, servir."

8.

Para meu pai, o médico devia pesquisar, entender a relação entre as condições econômicas e a saúde, deixar de ser um bruxo para se transformar em ativista social e cientista. Em seu trabalho de fim de curso, censurou os médicos-magos: "Para eles, o médico deve continuar sendo o sumo pontífice, adorado e poderoso, que distribui conselhos familiares e consolo como se fossem uma bênção divina, que pratica a caridade com os necessitados com uma vaga aura de sacerdote que baixa do céu, que sabe dizer as frases certas na hora irremediável da morte e os termos gregos para dissimular sua impotência". Enfurecia-se com quem queria simplesmente "aplicar tratamentos" contra o tifo, em vez de preveni-lo com medidas sanitárias. Exasperava-se ao saber das "curas milagrosas" e das "novas injeções" que os médicos reservavam à "clientela particular", que podia pagar bem pelas consultas. E sentia a mesma revolta interior diante daqueles que "curavam" crianças, em vez de intervir nas verdadeiras causas de suas doenças, que eram sociais.

Eu não me lembro, mas minhas irmãs mais velhas contam que, às vezes, meu pai as levava ao hospital São Vicente de

Paulo. Maryluz, a mais velha, nunca se esqueceu do dia em que ele a levou ao hospital infantil e a fez percorrer as alas, visitando, uma por uma, as crianças doentes. Segundo ela, parecia um louco, um desvairado, pois parava na frente de quase todos os pacientes e perguntava: "O que esta criança tem?". E ele mesmo respondia: "Fome". E logo adiante: "O que esta criança tem? Fome. O que esta criança tem? A mesma coisa: fome. E esta outra? Nada. Fome. A única coisa que todas estas crianças têm é fome, e bastaria um ovo e um copo de leite por dia para não estarem aqui. Mas nem isso somos capazes de dar a elas: um ovo e um copo de leite! Nem isso, nem isso! É o cúmulo!".

Graças à sua compaixão, e a essa ideia fixa por uma higiene que só depende de educação e obras públicas, também conseguiu, ainda no seu tempo de estudante e apesar da resistência dos produtores, que achavam que a medida lhes causaria prejuízos, tornar obrigatória a devida pasteurização de todo o leite antes de ser distribuído, pois nos exames de laboratório que fizera com o produto vendido em Medellín e nas localidades vizinhas encontrara amebas, bacilos de Koch e fezes. Dizia que água tratada e leite esterilizado salvavam mais vidas que a medicina curativa individual, a única que a maioria de seus colegas queria praticar, em parte para enriquecer, em parte para aumentar seu prestígio de pajés da tribo. Dizia, também, que os centros cirúrgicos, as grandes operações, as mais sofisticadas técnicas de diagnóstico (às quais poucas pessoas tinham acesso), os especialistas de todo tipo e os próprios antibióticos — por mais maravilhosos que fossem — salvavam menos vidas que a água limpa. Defendia a ideia elementar — mas revolucionária, por beneficiar a todos e não a alguns poucos — de que a prioridade era a água, e os recursos não deveriam ser gastos em outras coisas enquanto todos não tivessem garantido o acesso à água tratada. "A epidemiologia salvou mais vidas que todas as terapêuticas juntas", escreveu em seu trabalho de conclusão de curso. E muitos médicos o detestavam por defender essas ideias contrárias a seus grandes projetos de clínicas particulares, laboratórios, altas técnicas de diagnóstico e exames especializados. Era um ódio profundo, e até explicável, já que o governo sempre tinha dúvidas sobre onde aplicar os recursos, que eram poucos, e, se os utilizasse no saneamento básico, sobraria menos para a compra de equipamentos sofisticados e a construção de hospitais.

Mas ele não era odiado apenas pelos médicos. Em geral, sua maneira de trabalhar não era bem-vista na cidade. Seus colegas diziam que, "para fazer o que esse 'médico' faz, não é preciso diploma", pois para eles a medicina se resumia a tratar doentes em seus consultórios particulares. Os mais ricos achavam que, com sua mania de igualdade e de consciência social, ele estava organizando os pobres para fazerem a revolução. Quando saía a campo e incentivava os trabalhadores a organizarem mutirões para fazerem eles próprios as melhorias necessárias, seus críticos na cidade diziam que ele falava muito em direitos, e pouco em deveres. Onde já se viu os pobres erguerem a voz para reclamar? Um político muito importante, Gonzalo Restrepo Jaramillo, disse no Club Unión — o mais exclusivo de Medellín — que Abad Gómez era o marxista mais bem estruturado da cidade, e um perigoso esquerdista cujas asas deviam ser cortadas, para que não alçasse voo. Meu pai se formou numa escola pragmática norte-americana (na Universidade de Minnesota), nunca tinha lido Marx e confundia Hegel com Engels. Para saber exatamente do que o acusavam, resolveu ler esses autores, e nem tudo lhe pareceu disparatado: em parte, e pouco a pouco ao longo da vida, acabou virando algo não muito diferente do militante esquerdista que naquela época o acusavam de ser. No fim dos seus dias, costumava dizer que sua ideologia era um híbrido: cristão em religião, pela figura amável de Jesus e sua evidente preferência pelos mais fracos; marxista em economia, porque detestava a exploração econômica e os infames abusos dos capitalistas; e liberal em política, porque não suportava a falta de liberdade e as ditaduras, nem mesmo a do proletariado, pois os pobres no poder, ao deixarem de ser pobres, não eram menos tirânicos e desumanos que os ricos.

— Sei: um híbrido de cavalo e vaca, que não trota nem dá leite — diria em tom de brincadeira Alberto Echavarría, um hematologista, colega do meu pai na faculdade, pai de Daniel, meu melhor amigo, e de Elsa, minha primeira namorada.

Na universidade também sofria muitas críticas e vivia se esquivando das rasteiras de quem queria vê-lo pelas costas. Dependendo do reitor ou do decano do turno, podia trabalhar sossegado ou em meio a mil queixas e cartas de recriminação, sobressaltado pela ameaça velada de destituição de sua cátedra. Por mais que tentasse anular, ou pelo menos esquecer, todos esses ataques com gargalhadas, chegou um momento em que mesmo elas já não bastaram para esconjurá-los.

Dos muitos ataques que recebeu, minha mãe se lembra de um em especial: o de um colega da universidade, chefe da cátedra de cirurgia cardiovascular, Tuerto Jaramillo. Uma vez, numa reunião social em que meus pais estavam presentes, Tuerto disse, com toda a ênfase: "Não vou dormir sossegado enquanto não vir o Héctor pendurado numa árvore da Universidade de Antioquia". Poucas semanas depois de, afinal, matarem meu pai, como tantos e por tanto tempo haviam desejado, minha mãe encontrou o eminente professor num supermercado, escolhendo umas bandejinhas de carne. Ela se aproximou e lhe disse, bem devagar e olhando-o nos olhos: "E agora, doutor Jaramillo, o senhor já está dormindo sossegado?". Tuerto ficou branco e, sem saber o que dizer, deu meia-volta e se afastou empurrando seu carrinho.

Alguns padres também viviam obcecados por atacá-lo permanentemente. Havia um em particular, Fernando Gómez Mejía, que o detestava de todo o coração, com uma fidelidade e uma perseverança no ódio de fazer inveja ao próprio amor. Seu ódio por meu pai se convertera para ele numa paixão irrefreável. Esse fanático provocador (discípulo do bispo reacionário de Santa Rosa de Osos, monsenhor Builes) tinha uma coluna fixa no jornal conservador *El Colombiano* e um programa de rádio dominical, *La Hora Católica*. Em tudo ele via pecados da carne e despejava anátemas a torto e a direito numa ladainha atrabiliária tão esganiçada e repetitiva que seu programa ficou conhecido como *"la lora católica"*.*
Ele reservava várias colunas por mês e pelo menos quinze minutos do programa para desancar aquele perigoso "médico comunista" que estava infectando a consciência das pessoas nos bairros populares da cidade. Segundo ele, meu pai, pelo simples fato de fazê-los enxergar sua miséria e seus direitos, "inoculava na mente simples dos pobres o veneno do ódio, do rancor e da inveja". Minha mãe sofria muito com esses ataques, e, embora meu pai sempre respondesse com uma gargalhada, no fundo acusava o golpe. Uma vez, ele não riu. Foi quando o padre leu pelo rádio um comunicado contra meu pai em nome da arquidiocese de Medellín, assinado pelo próprio arcebispo.

---

* Literalmente, a loura (papagaia) católica. (N. T.)

9.

Minha mãe era filha do arcebispo de Medellín, Joaquín García Benítez. Sei que essa frase pode parecer blasfema, pois os padres católicos — pelo menos naquela época — observavam o celibato, e o arcebispo era o mais celibatário e rigoroso de todos. Na verdade, minha mãe não era filha, e sim sobrinha do arcebispo, mas, como ficou órfã de pai e de padrasto, foi criada por ele durante boa parte da infância e da adolescência, e sempre dizia que tio Joaquín tinha sido um pai para ela. Nós morávamos numa casa normal no bairro de Laureles, mas minha mãe havia sido criada "em Palácio" com tio Joaquín, na maior e mais suntuosa casa do centro da cidade, o Palácio Amador, sobrenome do rico comerciante que a construíra para seu filho, no início do século, trazendo os materiais da Itália e os móveis de Paris. Um casarão que fora comprado pela cúria, quando o rico herdeiro morreu, e rebatizado como "Palácio Episcopal". Tio Joaquín era gordo e pachorrento como um boi manso, falava com um "r" gutural, à francesa, e sua barriga era tão imensa que tiveram que fazer um corte circular na cabeceira da mesa, onde se sentava, para que não se apertasse ao fazer suas refeições.

Havia em seu passado uma história lendária, do tempo em que trabalhara no México, nos anos 1920, quando fundou um seminário em Xalapa, onde assumiria o superiorato e lecionaria teologia, latim e castelhano. Segundo o que se contava em casa, durante a Guerra Cristera — travada entre o governo do México e milhares de católicos recalcitrantes incitados pelo Vaticano contra a Constituição de 1917 —, o tio Joaquín fugira do seminário (onde algumas freiras haviam sido ultrajadas) e se refugiara em Papantla. Lá foi preso e condenado à morte, mas, diante do pelotão de fuzilamento, teve sua pena comutada para vinte anos de prisão, por ser estrangeiro. Não se sabe ao certo como ele conseguiu fugir da cadeia, mas, ainda em Papantla, voltou a ser preso, agora pelo general Gabriel Gaviria, seguidor de Pancho Villa, e levado para uma penitenciária. De lá, com a ajuda de umas devotas, teria fugido para Havana, onde seu irmão era cônsul, num barco do qual se apossou em Veracruz, junto com outros padres perseguidos. Segundo a lenda, eles atravessaram o golfo do México a remo, vencendo as ondas bravias do mar do Caribe só com a força de seus braços.

Quando se referia ao palácio e a seu tio, minha mãe suprimia os artigos e dizia sempre "Palácio" (a gente chegava a escutar as maiúsculas), e "Tio Joaquín". Por exemplo, quando ela e Emma, a cozinheira, faziam algo de especial na cozinha, digamos um complicadíssimo sorvete de sapota-do-peru, uns eternos *tamales** santanderianos, umas trabalhosas saladas de aspargos com molho de maracujá-banana, ou um elaborado licor de tan-

---

* Iguaria à base de farinha de milho, semelhante à pamonha, à qual se acrescenta uma grande variedade de recheios. A variante típica do departamento de Santander leva carne de porco, de boi e de frango. (N. T.)

gerina que devia ser enterrado em potes de barro por quatro meses, minha mãe dizia: "Esta é uma receita de Palácio". Meu pai caçoava dela:

— Por que será que, quando éramos namorados e você morava no Palácio Episcopal, a coisa mais sofisticada que me serviram lá foi doce de amora com leite? — e soltava sua gargalhada de sempre.

No fim da vida, o arcebispo foi, aos poucos, perdendo a memória. Às vezes, na catedral, com a cabeça nas nuvens, pulava partes da missa ou, pior ainda, depois da elevação, tinha um branco e, sem perceber, voltava atrás e começava tudo de novo: *In nomine Patris et filii...* Naquele tempo o celebrante ainda rezava a missa em latim e de costas para os fiéis, porque o Concílio ainda não tinha reformado o ritual. Alguns paroquianos sofriam por seu pastor e outros riam dele. Os padres que o ajudavam na arquidiocese se aproveitavam de seus lapsos. Uma vez, um secretário, que também detestava meu pai, deu uma carta para ele assinar. Tio Joaquín assinou o papel sem ler, porque confiava em seu auxiliar e achava que se tratava de um documento de rotina. Na verdade, era um comunicado que atacava meu pai por suas atividades, claramente socialistas, nos bairros de Medellín e por seus artigos "incendiários" nos jornais, "cheios de máximas irreligiosas e contrárias aos bons costumes, aptas a destruir a moral em mentes ainda carentes de julgamento, venenos mortais e ímpios que, com seu espírito revoltoso, incitam à sublevação do povo e à desordem da nação".

Quando minha mãe escutou o comunicado pelo rádio, em *La Hora Católica*, começou a tremer, num misto de raiva e temor. Telefonou imediatamente para o tio, perguntando por que ele tinha assinado aquele ataque tão duro e injusto contra seu marido. Tio Joaquín não tinha a mais remota ideia do que havia assinado. Embora nunca tivesse concordado com o que meu pai dizia ou escrevia, pois era um bispo à moda antiga e muito intransigente em todas as matérias (proibia filmes que mostrassem um tornozelo e vetava a visita de atrizes e cantores à cidade, sob pena de excomunhão), não ia cometer a impertinência de censurar publicamente alguém que, de certo modo, era seu genro.

Ao ver sua assinatura estampada no tal comunicado (com o qual estava de acordo, embora não quisesse reconhecê-lo em público), ele se sentiu traído e ficou tão indignado que, poucos dias depois, escreveu sua carta de renúncia da arquidiocese. O papa demorou alguns meses em responder, e, quando a carta de aceitação afinal chegou de Roma, meu tio se retirou para a casa de minha avó, com uma profunda sensação de fracasso e tristeza. Deixou a arquidiocese com os bolsos vazios, pois era um dos poucos bispos que praticavam a sério os votos, não só de castidade, mas também de pobreza, e por isso teve de ir morar com a irmã, até que um grupo de pessoas ricas de Medellín comprou uma casa para ele na rua Bolivia, onde foi morar com o tio Luis, seu irmão e secretário. E lá, aos poucos, foi se esquecendo de tudo, até do próprio nome. Deixou de falar, seu cérebro parou de funcionar, e depois de vários meses de absoluto silêncio, exatamente um mês antes de eu nascer, ele morreu.

No dia de sua morte, minha avó entregou ao meu pai o relógio de bolso do senhor arcebispo, de ouro maciço, marca Ferrocarril de Antioquia, mas fabricado na Suíça; o mesmo que minha mãe me deu no dia em que mataram meu pai, que conservo até hoje e que passará ao meu filho, como um testemunho e um estandarte (embora eu não saiba do quê), no dia em que eu morrer.

10.

Graças ao arcebispo, ou melhor, graças à memória que se tinha dele, em casa podíamos contar com uma freira de companhia, um luxo a que só as famílias mais ricas de Medellín podiam se dar. Meu tio Joaquín apoiara a criação de uma nova ordem religiosa, a das Irmãzinhas da Anunciação, dedicada ao cuidado das crianças no lar, e em agradecimento por esse apoio inicial, a madre Berenice, fundadora e superiora do convento, mandara a irmã Josefa para, sem custos, ajudar minha mãe a tomar conta dos filhos menores enquanto montava seu escritório.

Minha mãe e a madre Berenice eram amicíssimas. Diziam que a madre Berenice fazia milagres. Quando íamos ao convento, como minha mãe sofria de enxaqueca, a madre lhe impunha as mãos e as deixava por algum tempo sobre sua cabeça, ao mesmo tempo que murmurava uns conjuros incompreensíveis. Minha irmã mais nova e eu assistíamos a essa cerimônia assustados, num canto da sala, com medo de que, de uma hora para outra, jorrassem faíscas de seus dedos. Por alguns dias, minha mãe ficava livre da enxaqueca, ou pelo menos era o que ela dizia.

Anos mais tarde, quando a madre Berenice morreu, em cheiro de santidade, minha mãe foi chamada a testemunhar essas curas milagrosas em seu processo de beatificação. Muito antes disso, a Sol e eu passávamos alguns fins de semana no convento das Irmãzinhas da Anunciação; lembro das galerias intermináveis, enceradas e brilhantes, da horta, das figueiras e das roseiras, das rezas eternas e hipnóticas na capela, do cheiro acre de incenso e de espermacete de círios que ardia no nariz. Lá minha irmãzinha, que tinha três ou quatro anos e parecia um anjo renascentista, com seus cachinhos loiros e seus olhos verde-azulados, era vestida de freira e levada até a capela, para cantar uma canção chamada "Estando un día solita", que falava do momento do chamado celestial à vocação religiosa. Quarenta anos depois, ela ainda pode repeti-la de cor:

Estando um dia sozinha
Em santa contemplação
Ouvi uma voz que dizia
Entra em nossa religião.

Apesar desse apostolado precoce, minha irmã Sol não virou freira — embora tenha um pouco disso em suas superstições piedosas e seus fervores repentinos —, mas médica, e epidemiologista. Às vezes, quando a escuto falar, parece que volto a ouvir o meu pai, pois ela continua com aquela mesma arenga sobre água tratada, vacinas, prevenção, alimentação básica, como se a história fosse cíclica e este, um país de surdos em que as crianças continuam a morrer de diarreia e desnutrição.

Tenho outra lembrança médica associada a esse convento. Um conhecido do meu pai da faculdade de medicina, ginecologista, montou um grande negócio graças aos conventos de Medellín. Segundo uma teoria mais ou menos peregrina inventada por ele, os úteros não usados para a gestação produzem tumores: "A mulher que não pare filhos pare miomas". E então ele se dedicou a extirpar o útero de todas as freiras da cidade, tivessem ou não miomas. Meu pai, com uma malícia que nem minha mãe, nem o arcebispo, nem a madre Berenice aprovavam, dizia que esse médico na verdade não fazia isso por negócio, coisa nenhuma, mas para evitar problemas com as anunciações dos anjos ou do Espírito Santo. E soltava uma gargalhada blasfema, enquanto recitava uma cantiga famosa de Ñito Restrepo:

Diz que uma freira embuchou
Com água benta da pia
E depois desembuchou
Uma bonita freirinha.

Antigamente, sem que ninguém soubesse como nem quando, vez por outra alguma freira — até mesmo das Clarissas, que eram de clausura — ficava grávida, e não do Espírito Santo. Sem um único útero de freira disponível em todo o departamento, esse problema nunca voltou a acontecer, e a castidade monacal — ao menos a aparente — ficou para sempre garantida. Não sei se esse método anticoncepcional, muito mais drástico que todos os que a Igreja proíbe, continua sendo aplicado em algum convento.

11.

Quando minha mãe se convenceu de que com o salário de professor do meu pai, corroído por sua generosidade sem limites e sob a permanente ameaça de demissão sumária, era impossível sustentar a casa, pelo menos dentro dos padrões de bom gosto e boa mesa que ela adquirira "em Palácio", a madre Berenice resolveu ajudá-la, oferecendo-lhe de graça uma auxiliar extra para as tarefas domésticas, de modo que ela pudesse ir trabalhar despreocupada: aquela babá freira, a irmã Josefa, que passou a tomar conta da Sol e de mim durante a semana, de segunda a sexta, enquanto minha mãe se dedicava às suas novas atividades, até que nós dois, os filhos mais novos, começamos a ir à escola. Meu pai, com o irremediável ranço machista de sua educação, não queria que minha mãe trabalhasse fora e pudesse assim obter a independência física e mental que o ganho do próprio dinheiro proporciona, mas ela conseguiu dobrá-lo, com sua persistência e sua firmeza de caráter, aliadas a uma inabalável alegria, que a acompanha até hoje e faz dela uma pessoa imune ao rancor e à mágoa duradouros. Lutar contra sua determinação revestida de alegria sempre foi inútil.

Às vezes minha mãe também me levava com ela ao trabalho. Como não tinha carro, íamos de ônibus, ou meu pai, a caminho da universidade, nos deixava na esquina da Junín com La Playa. Ela havia instalado seu escritório num cubículo de um prédio novo, o edifício La Ceiba, que na época era o mais alto de Medellín, e nos parecia gigantesco. O prédio ficava, e ainda fica, no centro, no final da avenida La Playa, pegado ao edifício Coltejer. Subíamos quase até o topo naqueles grandes elevadores Otis, de hospital, que eram operados por umas ascensoristas negras lindíssimas, sempre vestidas de um branco imaculado, como enfermeiras dedicadas a uma tarefa mecânica. Eu gostava tanto delas que às vezes passava horas a fio nos elevadores, enquanto minha mãe trabalhava, subindo e descendo ao lado daquelas ascensoristas cheirando a um perfume barato que, ainda hoje, nas raras ocasiões em que volto a senti-lo, desperta em mim uma espécie de melancólico erotismo infantil.

O escritório da minha mãe ocupava um canto do depósito de material de limpeza do edifício. A saleta tinha um cheiro penetrante de sabão e desodorizante de banheiro, umas pastilhas cor-de-rosa brilhantes, com cheiro de cânfora, que eram colocadas no fundo dos mictórios. Empilhadas a um lado, havia também caixas repletas de sabão para chão, água sanitária, cabos de vassoura, esfregões e fardos de papel higiênico barato.

Sobre uma mesa de metal, minha mãe controlava a contabilidade do edifício, escrevendo sempre à mão, com um lápis amarelo muito bem apontado, num imenso livro-caixa de capa dura e verde. Também cabia a ela registrar as atas das reuniões de condomínio, coisa que fazia no estilo antiquado que aprendera com o tio Luis, o irmão do arcebispo, secretário perpétuo da Academia de História. "Com a palavra o ilustre fazendeiro senhor *don* Floro Castaño, que aponta a necessidade de maior parcimônia no uso do papel higiênico, de modo a não acrescer desnecessariamente as despesas ordinárias do condomínio. A senhora síndica, *doña* Cecilia Faciolince de Abad, comenta que, embora *don* Floro esteja coberto de razão, é inevitável, por motivos fisiológicos, um mínimo gasto com esse item. Não obstante, informa aos senhores presentes que um dos condôminos, o doutor John Quevedo, que se mudou para seu escritório, usando-o impropriamente como residência, costuma servir-se durante a madrugada dos toaletes femininos do sexto andar, onde toma banho e, carecendo de toalha, enxuga o corpo com grandes quantidades de papel higiênico, o qual, depois de usado, deixa pelo chão, razão pela qual..."

Minha mãe era exímia datilógrafa e taquígrafa (transcrevia falas a uma velocidade incrível, com uns garranchos maravilhosos e indecifráveis que pareciam ideogramas chineses), pois tinha feito um curso de secretariado na Escola Remington para Moças e, antes de se casar, chegara a trabalhar como secretária do gerente da Avianca em Medellín, o doutor Bernardo Maya. E mais: costumava contar que, como aquele seu patrão era perdidamente apaixonado por ela, tinha decidido que se casaria com ele caso meu pai, que então estava fazendo o mestrado nos Estados Unidos, não cumprisse sua promessa de casamento. Nas raras ocasiões em que minha mãe e meu pai brigavam e deixavam de se falar por uma tarde, minhas irmãs lhe perguntavam, em tom de brincadeira:

— Você preferia ter casado com o Bernardo Maya, mamãe?

Uma das minhas mais sérias preocupações, quando criança, era essa pergunta insolúvel, ou mal formulada: se eu teria nascido, ou não, e de que maneira, se minha mãe tivesse se casado não com meu pai, mas com Bernardo Maya. A anulação da minha vida era para mim inconcebível, por isso tentava imaginar que, na segunda hipótese, eu não me pareceria com meu pai, e sim com o doutor Maya. Mas a conclusão era terrível, pois, nesse caso, se não me parecesse com meu pai, e sim com Bernardo Maya, eu já não seria eu, mas outra pessoa muito diferente de mim mesmo, deixando assim de ser o que era, o que equivalia a não ser nada. O doutor Maya morava bem perto de casa, a uns dois quarteirões virando a esquina, e não tinha filhos, o que acirrava meu terror metafísico de nunca ter sido, pois ele talvez fosse estéril. Eu o olhava com medo e desconfiança. Às vezes o encontrávamos na missa, carrancudo como um céu de trovoada, e ele cumprimentava minha mãe com um aceno nostálgico e dissimulado, que parecia vir de muito longe. E como meu pai não ia à missa, eu achava que a igreja era o local onde minha mãe e o doutor Maya cometiam o terrível pecado de se cumprimentarem, como se cada vaivém daquela mão despeitada fosse um signo secreto do que não era e do que podia ter sido.

Pouco depois, o escritório recebia a primeira ajudante de minha mãe, que tinha um nome mais do que apropriado, dadas as circunstâncias: Socorro. E com ela chegaram a primeira calculadora, uma maquininha à manivela que me deixou atônito, por resolver com alguns movimentos do braço todas as operações aritméticas que eu levava horas para destrinchar nas minhas lições de casa. Com o passar dos anos, aos poucos, iriam entrando mais e mais funcionárias naquele escritório, sempre mulheres, só mulheres, nunca homens, incluindo minhas três irmãs mais velhas, até abrigar setenta funcionárias, tornando-se a maior administradora de condomínios de Medellín. Do depósito de material de limpeza do edifício La Ceiba, minha mãe logo se mudou para um escritório de verdade no segundo andar do mesmo edifício, que acabou comprando, e daí em diante sua empresa foi crescendo e passando para sedes melhores. Hoje ocupa um casarão de dois andares aonde minha mãe, nos seus oitenta anos bem vividos, continua indo todos os dias, das oito às seis, dirigindo seu carro hidramático com a mesma desenvoltura e a mesma autoridade com que empunha sua bengala, como um báculo de bispo, e quase com o mesmo ímpeto com que há meio século preenchia seus cadernos de taquigrafia, com aquela espécie de velozes e misteriosos ideogramas chineses.

Alguns raros funcionários homens foram exceção no escritório de minha mãe, e, assim como em casa, acho que fui o primeiro a infringir essa regra não escrita, mas muito sábia, segundo a qual o mundo funcionaria muito melhor se fosse governado só por mulheres. O fato é que, durante as férias escolares, apesar de eu ser homem, minha mãe me contratava para ajudá-la na redação de cartas, relatórios e atas, num fictício "Departamento de Relatórios e Correspondência". Foi lá, escrevendo cartas comerciais, redigindo circulares de reuniões e reclamações, lidando com assuntos escabrosos (excrementos de cães, adultérios descobertos, bebedeiras musicais, exibição de órgãos eretos em elevadores e janelas, *mariachis* às quatro da manhã, mafiosos farristas em investidas conquistadoras, assaltantes filhos de gente rica e filhos drogados de pais puritanos), burilando notas de condolências e cartas de demissão, que eu tive o mais longo e árduo treino no meu ofício de escrevinhador. Algumas amigas e amigos meus (Esteban Carlos Mejía, Maryluz Vallejo, Diana Yepes, Carlos Framb), que depois também escreveriam seus livros, passaram por essa espécie de noviciado no "Departamento de Relatórios e Correspondência" da empresa de minha mãe, que ela, com seu pendor feminista, quis registrar sob o nome de Faciolince & Hijas, mas que meu pai exigiu que se chamasse Abad Faciolince Ltda., para que nem ele nem eu ficássemos de fora, como parecia ser o plano das mulheres da casa.

12.

Poucos anos depois da morte do arcebispo, na mesma época em que eu acompanhava meu pai e o doutor Saunders nas visitas de trabalho social aos bairros mais pobres de Medellín, A Grande Missão fez sua solene e aparatosa entrada na cidade. Esse movimento representava outro estilo de trabalho social, o de tipo piedoso; uma espécie de Reconquista Católica da América patrocinada pelo caudilho da Espanha, Generalíssimo dos exércitos imperiais e apóstolo da cristandade, Sua Excelência Francisco Franco Bahamonde. A Grande Missão era dirigida por um jesuíta espanhol, o padre Huelin, homem soturno, seco, de aparência ascética, rosto chupado e com fundas olheiras, como o fundador da Companhia de Jesus, mas dono de uma inteligência vivaz, fanática e cortante. Suas opiniões eram inclementes e irrefutáveis, como as de um familiar da Inquisição, e foi recebido em Medellín com grande fervor coletivo, como se fosse um emissário do além enviado para corrigir os desmandos do aquém por meio da devoção mariana.

Com os evangelizadores da Reconquista espanhola veio

uma pequena imagem de Nossa Senhora de Fátima. Por essa época, pretendia-se impor seu prestígio como o mais importante símbolo de devoção católica. Para salvar o mundo do Comunismo Ateu, o Santo Padre havia pedido a todos os fiéis das ex-colônias espanholas — e do mundo inteiro — que rezassem o Santo Rosário com maior fervor e frequência do que nunca. Era o tempo da Revolução Cubana e das míticas guerrilhas da América Latina, que ainda não tinham se transformado em bandos de criminosos dedicados ao sequestro e ao tráfico de drogas, e portanto conservavam certa aura de luta heroica, defendendo programas de reformas radicais e reivindicações sociais dos quais era difícil discordar.

Para fazer frente ao ímpeto dessas correntes desagregadoras, Nossa Senhora de Fátima era a ajuda sobrenatural que reconduziria as massas ao bom caminho da devoção, da verdade e da resignação cristã, ou da timidíssima "Doutrina Social da Igreja". A aparição da Virgem Santíssima em Portugal foi então elevada — acima da miséria, da água ou da reforma agrária — a assunto obrigatório das conversas em família, nas rodas de costura, nas barbearias e nos cafés. Boa parte das discussões era dedicada a tecer suposições e entabular longas disputas teológicas sobre os segredos revelados pela Virgem Santíssima aos três pastorinhos da Cova da Iria para os quais aparecera. O terceiro segredo, que era terrível e do conhecimento apenas da última pastorinha sobrevivente e do sumo pontífice, era o que mais atiçava a imaginação e, portanto, alimentava a veia fabuladora das pessoas. A hipótese mais popular, e que todos os padres insinuavam sub-repticiamente em seus sermões, era terrível: consistia na iminência da Terceira Guerra Mundial entre os Estados Unidos e a Rússia, ou seja, entre o Bem e o Mal, que não seria travada com fuzis nem canhões, mas com bombas atômicas, e seria como a batalha final entre Deus e Satanás. Todos devíamos estar preparados para o grande sacrifício, e enquanto isso rezar o terço todo santo dia e rogar pelas intenções dos bons para que a Rússia, essa inimiga de Deus e aliada do Inimigo, não tivesse chances de vencer. A identificação do terceiro segredo com o anúncio da Terceira Guerra Mundial, de resto, podia encontrar fundamentos em muitos indícios reais da história contemporânea, pois não é mentira que naquelas décadas da Guerra Fria estivemos várias vezes à beira de uma hecatombe, pelos motivos mais fúteis do orgulho humano e nacionalista, ou até por um simples acidente nuclear.

O propósito da Grande Missão era promover o culto de Nossa Senhora de Fátima na América Latina e recordar às massas as bênçãos da resignação cristã, pois no fim das contas Deus premiaria os pobres bem-aventurados no além, portanto não havia a menor urgência em buscar seu bem-estar no aquém. Junto com Nossa Senhora veio um grande e vigoroso plano para defender as verdades eternas da fé católica e reavivar os valores morais da única religião verdadeira. Como a Espanha já tinha pouca influência política sobre nossas nações, o Generalíssimo contava com a ajuda da Igreja para recuperar a importância perdida na região. Uma espécie de reconquista pela fé, com o apoio das velhas famílias brancas e bem-nascidas de cada local. O empurrão inicial consistia em várias semanas de cerimônias, sermões em igrejas, adoração da imagem trazida do Velho Mundo e abençoada pelo santo padre, reuniões e retiros com os católicos mais eminentes de cada cidade. E a mesma coisa com jovens, profissionais liberais, jornalistas, atletas, líderes políticos... Essa cruzada evangelizadora seria repetida em todos os países latino-americanos, também como uma comemoração da primeira evangelização realizada na América pelos conquistadores.

O ponto alto dessa campanha era a promoção da prática do Santo Terço da Aurora. Às quatro da madrugada, antes do amanhecer, um polpudo grupo de fiéis se reunia no adro da igreja e saía pelas ruas do bairro entoando hinos religiosos e recitando a oração à Santíssima Virgem. O bairro de Medellín escolhido pelo padre Huelin para rezar o Santo Terço da Aurora foi Laureles, onde morávamos, por concentrar a jovem burguesia emergente, os profissionais em ascensão, aqueles que no futuro poderiam ter mais influência e penetração social em todos os níveis. Os fiéis saíam às quatro da manhã com seus cânticos, tambores e círios, tudo para chamar a atenção. O padre Huelin caminhava à frente, junto à imagem, as bandeiras e os estandartes de cruzados ao vento, enquanto a procissão às suas costas rezava o Santo Rosário, aos brados. De mil a duas mil pessoas, mulheres e crianças em sua maioria, percorriam o bairro para despertar a fé na Virgem Santíssima, e de quebra despertar os tíbios que continuavam a dormir, entregues aos lençóis. Minha mãe, a irmã Josefa, as empregadas e minhas irmãs mais velhas seguiam essas procissões; meu pai e eu ficávamos em casa dormindo o sono dos justos.

O doutor Antonio Mesa Jaramillo, aquele decano da faculdade de arquitetura da Universidade Pontifícia que acompanhava meu pai e o doutor Saunders em suas andanças pelos bairros populares, foi a primeira vítima do Santo Terço da Aurora. Ele era um dos mestres da arquitetura de Medellín; tinha vivido na Suécia e trouxera de lá a paixão pelo design contemporâneo. Como aquela ruidosa ostentação de fé o incomodava (ele era um fiel sóbrio, que praticava sua religião na intimidade), escreveu um artigo em *El Diario*, o vespertino liberal, reclamando do barulho infernal que a tal procissão fazia. Seu protesto intitulava-se "Cristianismo de pandeiro" e era uma crítica furiosa ao catolicismo peninsular. "Por acaso Cristo foi um vociferador?", perguntava. E acrescentava: "Antes dessa invasão podíamos dormir; cair no nada, no vazio místico do sono. O hispano-catolicismo veio saquear os nossos nervos. O falangismo é isto: barulho vazio, baderna. Confundem a religião de Cristo com uma corrida de touros. Orgias matinais; gritos do século do obscurantismo". Meu pai concordava com esse ponto de vista e dizia, irônico, que o Pai Eterno não era surdo para ser interpelado aos berros, e mesmo que fosse, como às vezes parecia, sua surdez não era dos ouvidos, mas do coração.

Ipso facto, o monsenhor Félix Henao Botero, reitor da Universidade Pontifícia, destituiu o doutor Mesa Jaramillo do seu cargo de decano por ter escrito o que escreveu e o expulsou da faculdade de arquitetura pelos séculos dos séculos, amém. *El Colombiano* promoveu uma enquete sobre a questão junto a vários intelectuais da cidade. Todos apoiaram o reitor e condenaram duramente o artigo do decano. A única exceção foi meu pai, apresentado pelo jornal como "notório dirigente de esquerda", que apoiou a coragem do doutor Mesa Jaramillo e disse que, embora pudesse discordar dele em alguns pontos, como vivíamos num regime democrático, estava disposto a defender até com a própria vida o direito de todos à liberdade de expressão.

Na opinião do meu pai, que vivia relativamente à margem da Igreja, esse tipo de catolicismo espanhol retrógrado era muito prejudicial ao nosso país. De fato, seus hierarcas perseguiam padres e fiéis que se diferenciavam por buscar um catolicismo mais aberto e adaptado aos novos tempos. Ele sempre havia encontrado padres sensatos e preocupados com os problemas de sua comunidade, padres bons (maus segundo a Igreja), sobretudo nos bairros populares que visitávamos nos fins de semana, e costumava citar como exemplo o padre Gabriel Díaz, que era, este sim, uma alma de Deus, com um coração de ouro, e por isso os bispos não o deixavam trabalhar em paz e o transferiam de paróquia quando começava a ser muito querido e respeitado pelos fiéis. Todo aquele que trabalhasse pela conscientização e maior participação dos pobres era considerado um ativista perigoso, que punha em risco a imperturbável ordem da Igreja e da sociedade. Quando, anos mais tarde, os bairros pobres de Medellín se transformaram em palco de constantes chacinas e caldo de cultura de bandidos e matadores, a Igreja, assim como o Estado, já havia perdido o contato com essas comunidades. Pensaram que a melhor coisa a fazer era retirar-se dessas áreas problemáticas, que, entregues à própria sorte, logo foram tomadas por hordas selvagens de assassinos, que se espalharam como mato.

GUERRAS RELIGIOSAS E ANTÍDOTO ILUSTRADO

13.

Tempos atrás, um grande filósofo alemão anunciara a morte de Deus, mas a notícia levou décadas para chegar às remotas montanhas de Antioquia. Por fim, com um atraso de mais de meio século, Deus começava a agonizar também por aqui, ou alguns dos nossos jovens se rebelavam contra Ele e tentavam provar, com atos escandalosos (os poetas *nadaístas*,* por exemplo, colecionavam hóstias consagradas e queimavam fedentina nos congressos de escritores católicos), que o Onipotente pouco ligava para o que acontecia neste vale de lágrimas, pois os raios da sua ira não castigavam os réprobos nem os favores da sua graça choviam sempre sobre os bons.

Eu sentia como se dentro da minha própria família estivesse sendo travada uma guerra parecida entre duas concepções da

---

* Adeptos do *nadaísmo*, movimento literário colombiano, inspirado no dadaísmo, que se desenvolveu entre 1958 e 1964, tendo como principais centros as cidades de Medellín e Cali. Sua forte mensagem de contestação se resume no lema "não deixar uma fé intacta nem um ídolo em seu lugar". (N. T.)

vida, entre um furibundo Deus agonizante, que continuava a ser venerado com terror, e uma benévola razão incipiente. Ou melhor, entre os céticos, ameaçados pelo fogo do Inferno, e os crentes, que se diziam defensores do bem, mas que agiam e pensavam com uma fúria muitas vezes malévola. Essa guerra surda entre novas e velhas convicções, essa luta entre o humanismo e a divindade, vinha de longe, tanto na família da minha mãe como na do meu pai.

Minha avó materna descendia de uma estirpe de *godos** rançosos, de recatados costumes cristãos. O pai dela, José Joaquín García, que viveu entre meados do século XIX e início do XX, foi um mestre-escola que publicava artigos sob o pseudônimo de "Arturo" e escreveu as magníficas *Crónicas de Bucaramanga*, além de ter sido presidente do Partido Conservador, cônsul honorário na Bélgica e vice-cônsul na Espanha. Dois irmãos de minha avó eram sacerdotes — um bispo e o outro monsenhor. O terceiro, tio Jesús, foi ministro no tempo da Hegemonia Conservadora,** e o caçula foi, por décadas, cônsul plenipotenciário em Havana. Todos eles juraram fidelidade ao glorioso partido de seus antepassados, o da tradição, da família e da propriedade. Apesar dessas origens, ou talvez por causa delas, já que minha avó sempre detestou a excessiva rigidez moral dos irmãos, que se escandalizavam com qualquer inovação nos hábitos do mundo, ela se casou com Alberto Faciolince, um liberal de bom humor e mente aberta, com quem foi feliz por pouco tempo, pois, no quarto ano de casamento, quando minha mãe ainda estava aprendendo a falar, o liberal foi chamado à presença de

---

* Alcunha dos membros do Partido Conservador colombiano e, por extensão, dos conservadores de maneira geral. (N. T.)
** Período entre 1886 e 1930, durante o qual o Partido Conservador se manteve ininterruptamente no poder. (N. T.)

Deus (que ainda não tinha morrido) com uma morte súbita, acidental, numa estrada que, como engenheiro civil, ele estava construindo perto de Duitama, no distrito de Boyacá.

Fiel àquela nossa ascendência semita que não se manifesta nas crenças religiosas, mas sim nos costumes, pouco depois, um irmão de Alberto, Wenceslao Faciolince, tomou por esposa a viúva de seu irmão, o engenheiro. Esse Wenceslao era um advogado ranzinza, juiz na comarca de Girardota, que todo santo dia, ao acordar, pronunciava a seguinte frase: "Este é o despertar de um condenado à morte". Minha avó nunca foi feliz com ele, pois esse cunhado não se parecia em nada com seu adorado Alberto, nem na cama, nem na mesa, os dois lugares mais importantes de uma casa, e minha mãe (que desde então não suporta os advogados e me transmitiu esse preconceito) acabou matando seu tio-padrasto, sem querer querendo, ao lhe aplicar, por engano, uma injeção contraindicada para cardíacos.

Vinte anos mais tarde, minha mãe, apesar de ter sido educada pelo senhor arcebispo conforme as regras do mais rigoroso catecismo, repetiu a história da mãe dela, minha avó, como quem torna a romper as amarras na ânsia de se desvencilhar do velho jugo, casando-se ela também com um radical alegre, meu pai, num impulso de liberdade. Para boa parte da família dela, especialmente para o tio Jesús, o ministro, seu casamento era um absurdo, pois a união de uma moça de origem conservadora com um liberal daquele quilate era como uma aliança entre os Montecchio e os Capuleto.

Creio perceber na mente da minha avó Victoria, e também na da minha mãe, certa consciência atormentada pela contradição de suas vidas. Minha avó e minha mãe sempre foram, por temperamento, profundamente liberais, tolerantes, avançadas para a época, sem o menor rastro de carolice. Eram alegres e vivazes, adeptas de desfrutar a vida antes de servir de comida aos vermes, festeiras, vaidosas, mas tinham de ocultar esse espírito sob certos sinais exteriores de devoção católica e aparente puritanismo. Minha avó foi sufragista — em franca oposição a seus irmãos sacerdotes e políticos do Partido Conservador —, e até costumava dizer que um dos dias mais felizes de sua vida foi quando, em meados do século, um militar de suposta índole totalitária (prova de que contradição não atinge apenas as famílias, mas todo o país) instituiu o voto feminino. Mas, ao mesmo tempo, ela não conseguia se libertar de sua educação antiquada. Tentava então compensar seu liberalismo de temperamento com um excesso de mostras exteriores de fervor religioso e obediência à Igreja, como se pudesse salvar as aparências, e de quebra sua alma, rezando o terço todo dia e costurando para os jovens sacerdotes das paróquias pobres.

Algo muito parecido aconteceu com minha mãe, que se revelou uma feminista *avant la lettre*, e das mais militantes, não na teoria, e sim na prática cotidiana, como provou ao impor ao meu pai (liberal ideológico, mas conservador na velha concepção patriarcal do casamento) sua ideia de abrir um negócio próprio, contratando duas empregadas domésticas para ir trabalhar num escritório, longe da tutela econômica e dos olhos vigilantes do marido.

De resto, por aqueles anos, até mesmo a sólida rocha da unanimidade religiosa da família — aparentemente inabalável desde os tempos da Conquista — tinha se quebrado. Do mesmo modo que famílias inteiras abraçam a carreira militar, ou a jornalística e a política, e às vezes até a literária, a família de minha mãe tinha nas veias a vocação sacerdotal. Só que dois de seus primos-irmãos, René García e Luis Alejandro Currea, educados nos mais rígidos princípios do catolicismo tradicional, depois de se ordenarem conforme o costume de seus antepassados, logo se revelaram padres rebeldes, situando-se na extrema esquerda da Igreja, alinhados à

Teologia da Libertação. Como não podia deixar de ser, essa mesma geração também frutificou no extremo oposto, pois outro primo que seguiu o sacerdócio, Joaquín García Ordóñez, chegou a ser o pároco mais reacionário de toda a Colômbia, o que não é pouca coisa. Como prêmio por seu zelo retrógrado e sua furiosa oposição a qualquer mudança, e também como legado do monsenhor Builes (segundo o qual matar liberais era um "pecado venial"), foi nomeado bispo da diocese tradicionalmente mais conservadora do país, a de Santa Rosa de Osos.

Um desses dois padres rebeldes trabalhava numa fábrica, como operário, para despertar a consciência adormecida do proletariado, e o outro organizava invasões de terras na periferia de Bogotá, desobedecendo abertamente às diretrizes da Igreja. Eu me lembro de uma noite ter acompanhado minha mãe e meu pai até a prisão, para levar agasalhos a René e a Luis Alejandro, que tinham sido presos em La Ladera e estavam morrendo de frio numa cela esquálida, acusados de rebelião junto com outros padres do Grupo Golconda, um movimento ligado ao ideário de Camilo Torres, o padre guerrilheiro que levava a sério a recomendação do Concílio que aconselhava a opção preferencial pelos pobres. Por esses dias percebi que também dentro da Igreja estava sendo travada uma guerra surda e que, se em minha casa e minha cabeça havia muitos partidos em luta, fora delas as coisas não eram muito diferentes. Alguns desses padres rebeldes das comunidades de base, além de se oporem ao capitalismo selvagem, eram contra o celibato sacerdotal, a favor do aborto e do uso de preservativos, e mais tarde apoiariam a ordenação de mulheres e o casamento homossexual.

Na família do meu pai, a confusão não era menor. Meu avô Antonio, apesar de nascer no seio de uma família também *goda* e apegada à tradição, a de *don* Abad, um dos três pretensos brancos de Jericó (os únicos que tinham o direito de ostentar o título de *don*), ousara bandear-se para o lado liberal, o primeiro caso em mais de um século de história familiar. Essa opção o confrontou ao próprio sogro, Bernardo Gómez, que havia sido oficial do Exército Conservador durante a Guerra dos Mil Dias,* e mais tarde senador — e dos mais recalcitrantes — pelo mesmo partido. Quando coronel, lutara contra o general Tolosa, um liberal que a avó do meu pai dizia ser "tão ruim que matava os conservadores ainda na barriga da mãe".

Para fugir da órbita conservadora da família e da Igreja, meu avô entrara na maçonaria, que era um modo de filiar-se a uma associação de socorros mútuos alternativa à Igreja, que praticava o mesmo tipo de clientelismo com seus filiados. Por causa de umas disputas de terras com umas primas, e para escapar do falatório, das críticas e das fofocas da família, jurou tirar o próprio sangue, transfundir outro em seu lugar e mudar de sobrenome, trocando o Abad por Tangarife, que ele achava menos judeu e mais árabe (ameaça jocosa que nunca cumpriu).

Anos mais tarde, durante a Violência** de meados do século, meu avô seria ameaçado pelos *chulavitas*,*** que então dizimavam

---

* Guerra civil que assolou a Colômbia entre 1899 e 1902, confrontando liberais e conservadores em torno da Constituição — federalista ou centralista. Teve como resultado a secessão do Panamá, até então um departamento colombiano, e um saldo aproximado de 100 mil mortos. (N. T.)
** Conhece-se como "La Violencia" o período entre 1948 e 1954, quando o conflito entre liberais e conservadores colombianos voltou a assumir dimensões de guerra civil, fazendo centenas de milhares de vítimas. Seu estopim foi o assassinato do líder do Partido Liberal, Jorge Eliécer Gaitán, e a revolta popular que desencadeou, o chamado Bogotazo. (N. T.)
*** Grupo paramilitar de conservadores extremistas organizado em reação ao Bogotazo, com o objetivo de impor a ordem por meio da eliminação física de liberais, comunistas e maçons — declarados ou suspeitos. Seu núcleo inicial foi a polícia do distrito de Chulavita, que lhe empresta o nome, mas logo se espalhou por toda a Colômbia. (N. T.)

os liberais como ele no norte do vale. *Don* Antonio tinha se mudado, durante a crise econômica dos anos 1930, para o vilarejo andino de Sevilla, levando a família com ele. A travessia a cavalo, com *doña* Eva, minha avó, grávida, e ele próprio atormentado por uma úlcera péptica, fora um martírio de vários dias que meu pai recordava como um êxodo bíblico coroado com a feliz chegada à Terra Prometida, o vale do Cauca, uma região "onde não existia o Diabo". Lá meu avô, depois de muito sacrifício e suor do seu rosto, conseguiu chegar a tabelião e reunir novamente certa fortuna, representada em fazendas de café e de gado.

Meu pai passou quase todos os seus anos de escola em Sevilla. Quando deixou Jericó, estava na terceira série do primário, mas, ao fim daquela travessia acompanhando meu avô, este disse que, depois de tanto conversar com o filho e ver como ele era inteligente, podia muito bem matriculá-lo no quinto. E assim fez. Em Sevilla, meu pai terminou o primário e cursou todo o secundário, no Liceo General Santander. Lá fez amizade com o diretor do colégio, o doutor José María Velasco Ibarra, um famoso exilado equatoriano que havia sido várias vezes presidente de seu país. Meu pai sempre declararia que ele foi um de seus mais importantes modelos políticos e de vida. Seus amigos da primeira juventude também eram de Sevilla, mas nos anos da Violência foram sendo mortos, um a um, por serem liberais.

Quando meu pai, depois de estudar medicina em Medellín e se especializar nos Estados Unidos, voltou para a Colômbia e começou a trabalhar no Ministério da Saúde como chefe da Seção de Doenças Transmissíveis, toda a sua família ainda morava em Sevilla. Durante a presidência do conservador Ospina Pérez, meu pai teve a ideia de instituir o ano rural obrigatório para todos os médicos recém-formados e redigiu o projeto de lei que permitiu estabelecer essa reforma. Quase ao mesmo tempo, no início do período da Violência, na mesma

Sevilla, começaram a cair assassinados seus melhores amigos da juventude, seus colegas do Liceo General Santander.

Por causa desses crimes, mas sobretudo depois da trágica morte de um de seus cunhados, o marido da tia Inés, Olmedo Mora, que se matou quando fugia dos *pájaros** do Partido Conservador, meu pai e meu avô decidiram que era hora de abandonar Sevilla e refugiar-se em Medellín, que não sofria tanto com aquela onda de violência. *Don* Antonio teve de vender, mal e às pressas, o que tinha reunido em mais de vinte anos de trabalho e voltar a Antioquia, para começar de novo já depois dos cinquenta. Meu pai não demorou a pedir demissão de seu cargo no Ministério da Saúde, com uma carta raivosa (no seu tradicional tom de comoção romântica) na qual dizia que não seria cúmplice das matanças do regime conservador. Para sua grande sorte, logo foi nomeado assessor médico na Organização Mundial da Saúde, em Washington. Esse oportuno exílio o salvou da sanha reacionária que matou cinco dos seus melhores amigos do colégio, que se somaram a outros quatrocentos mil colombianos. Desde então meu pai sempre se declarou "um sobrevivente da Violência", por ter tido a sorte de se encontrar no exterior durante os piores anos de perseguição política e matanças entre liberais e conservadores.

Essas tensões e divisões ideológicas também afetaram a geração dos filhos do meu avô Antonio (e mais tarde a de seus netos), pois, se por um lado meu pai se revelara um liberal muito mais radical do que ele, de viés socialista e libertário, outro de seus filhos, meu tio Javier, acabou sendo ordenado, em Roma, padre da Opus Dei, a ordem religiosa mais direitista da época,

---

* Grupo afim ao dos *chulavitas* que, a partir de 1953, promoveu o extermínio dos liberais do vale do Cauca, no intuito de restabelecer a hegemonia conservadora nesse departamento. (N. T.)

aquela que, em oposição ao Concílio, parecia ter feito a opção preferencial pelos ricos.

Essa luta entre a tradição católica mais reacionária e a Ilustração jacobina, aliada à fé no progresso guiado pela ciência, seguia viva na minha própria casa. Por exemplo, durante todo o mês de maio, o mês da Virgem, minhas irmãs, as empregadas, a freira e eu, talvez ainda influenciados pelos ecos da Grande Missão, fazíamos procissões por toda a casa. Pegávamos uma pequena imagem de Nossa Senhora do Perpétuo Socorro, que o tio Joaquín tinha trazido da Europa para minha mãe, púnhamos numa bandeja de prata sobre um centro de crochê, rodeada de algumas flores colhidas no jardim e, com velas e cânticos que a freira puxava ("A treze de maio/ na Cova da Iria,/ no céu aparece/ a Virgem Maria/ Ave, Ave, Ave, Maria/ Ave, Ave, Ave, Maria"), percorríamos todos os cômodos e corredores da casa, levando a Santíssima Virgem no andor. Onde a Virgem entrava, nunca entraria Satanás, por isso sempre começávamos a procissão pelos fundos da casa, atrás do tanque e dos varais de roupa, onde ficavam os quartos das empregadas, o da Emma e da Teresa, e o da Tatá, depois íamos visitando o quarto de passar, a cozinha, a despensa, o quarto de costura, o cantinho chinês, a copa, a sala de jantar e, por fim, um por um, os dormitórios do andar de cima. O último aposento que visitávamos, de novo no térreo, depois de passar pela garagem e pela biblioteca, era "o do doutor Saunders", que era protestante, mas mesmo assim ninguém o via com maus olhos, embora a irmã Josefa sonhasse em convertê-lo à única fé verdadeira, a religião católica, apostólica e romana.

Eu participava dessas procissões, mas à tarde meu pai rebatia esse adestramento diurno com a enciclopédia e com suas palavras e leituras. Como se minha alma fosse disputada numa guerra surda, eu passava das tenebrosas cavernas teológicas matutinas aos refletores iluministas vespertinos. Nessa idade em que se formam as crenças mais sólidas, aquelas que provavelmente nos acompanharão até o túmulo, eu era fustigado por um vendaval de contradições, embora meu verdadeiro herói, secreto e vencedor, fosse aquele noturno cavaleiro solitário que, com paciência de professor e amor de pai, esclarecia tudo usando a luz de sua inteligência, ao amparo da escuridão.

O mundo fantasmagórico, obscurantista, que era alimentado durante o dia, povoado de presenças ultraterrenas que intercediam por nós junto a Deus, assombrado pelos territórios amenos, terríveis ou neutros do além, tudo aquilo se transformava à noite, para meu sossego, num mundo material e mais ou menos explicável pela razão e pela ciência. Ameaçador, sim, como não podia deixar de ser, mas somente por causa das catástrofes naturais ou da má índole de alguns homens. Não pelos intangíveis espíritos que povoavam o universo metafísico da religião, não por diabos, anjos, santos, almas e espíritos do outro mundo, e sim pelos palpáveis corpos e fenômenos do mundo material. Para mim era um alívio deixar de acreditar em espíritos, almas penadas e fantasmas, não ter medo do Diabo nem temer a Deus, e voltar meus temores às bactérias e aos ladrões, que pelo menos podiam ser enfrentados, com pauladas ou remédios, e não com a presunção das orações.

— Você pode ir à missa sossegado, para não fazer sua mãe sofrer, mas fique sabendo que tudo isso é mentira — explicava-me meu pai. — Se Deus realmente existisse, Ele não estaria nem um pouco preocupado em saber se O adoram ou deixam de adorar. Nem que se tratasse de um monarca vaidoso que faz questão de que os súditos se ajoelhem a seus pés. Além do mais, se fosse mesmo bom e todo-poderoso, Deus não permitiria que acontecessem tantas coisas horríveis no mundo. Não podemos ter certeza quanto à existência ou inexistência de Deus, assim como não podemos ter certeza de que, caso exista, Ele seja bom, ou pelo menos bom com a Terra e com os homens. Talvez sejamos tão importantes para Ele quanto os parasitas para os médicos ou os sapos para a tua mãe.

Eu sabia muito bem que meu pai dedicava boa parte de sua vida a lutar contra os parasitas, a exterminá-los, e que minha mãe tinha uma fobia secreta e histérica de sapos, a tal ponto que em casa era proibido até mesmo pronunciar a palavra que designava o tal batráquio.

Enquanto, por um lado, a irmã Josefa lia para mim a tristíssima história de Genoveva de Brabante, que me fazia chorar como um bezerro desmamado, e os relatos piedosos de outras terríveis mártires que povoavam o santoral, por outro meu pai lia os poemas de Antonio Machado, César Vallejo e Pablo Neruda sobre a Guerra Civil espanhola; contava-me os crimes perpetrados pela Santa Inquisição contra as pobres bruxas — que não podiam ser bruxas, pois não existem bruxas, nem conjuros que possam com elas —, a queima do pobre monge Giordano Bruno, apenas por sustentar que o Mal não existe, já que Tudo é Deus e portanto impregnado da Sua bondade; e a perseguição de Galileu pela Igreja, por ter tirado a Terra do centro do Universo, e de Darwin, por ter tirado o Homem do centro da Criação, não mais feito à imagem e semelhança de Deus, e sim à imagem e semelhança dos animais.

Quando eu lhe contava as torturas e os sofrimentos das santas que tinha ouvido nas leituras diurnas da freira, com terríveis fogueiras, violações carnais e mutilação de seios, meu pai sorria e me dizia que, embora fosse verdade que os santos do primeiro cristianismo tinham sofrido um martírio heroico, pois se entregavam à morte pela mão dos romanos para defender a cruz e a ideia de um Deus único contra os múltiplos deuses pagãos, e embora fosse admirável, talvez, o fato de terem suportado com ânimo impassível o suplício do fogo, dos leões ou das espadas, seu heroísmo, em todo caso, não tinha sido maior nem mais doloroso que o dos índios martirizados pelos representantes da fé cristã. A sanha e a violência dos cristãos na América não tinham sido menores que as dos romanos contra eles na velha Europa. Quando os cristãos massacraram os índios ou perseguiram os hereges e pagãos, usaram da mesma selvageria que os vitimara na Roma Antiga. Em nome dessa mesma cruz pela qual haviam padecido o martírio, os conquistadores cristãos martirizaram outros seres humanos e arrasaram templos, pirâmides e religiões, mataram deuses venerandos e extinguiram línguas e povos inteiros, sempre obcecados por extirpar o mal que viam na mera existência de comunidades com outro tipo de crenças ultraterrenas, geralmente politeístas. E tudo isso para impor com ódio a suposta religião do amor ao próximo, o Deus misericordioso e a fraternidade entre todos os homens. Nessa dança macabra em que as vítimas da manhã se convertiam nos carrascos da tarde, as histórias opostas de horrores se neutralizavam, e a única coisa em que eu acreditava, com o otimismo que meu pai me transmitia, era que nossa época seria menos bárbara, uma nova era — quase dois séculos depois da Revolução Francesa — de real liberdade, igualdade e fraternidade, em que todas as crenças humanas ou religiosas seriam toleradas com serenidade, sem que as pessoas precisassem se matar por causa de suas diferenças.

Embora fizesse questão de me contar as vergonhosas atrocidades do cristianismo violento para confrontá-las aos tormentos sofridos por seus mártires, meu pai não deixava de sentir um profundo respeito pela figura de Jesus, pois não encontrava nada moralmente desprezível em seus ensinamentos. Apenas os achava quase impraticáveis, sobretudo para os católicos recalcitrantes — tão hipócritas —, que por isso passavam a vida batendo-se na mais profunda das contradições. Ele também gostava da Bíblia, e às vezes lia para mim trechos do livro dos Provérbios, ou do Eclesiastes, e, embora achasse que o Novo Testamento era literariamente inferior ao Antigo, reconhecia que os Evangelhos representavam um salto em termos morais, com um ideal de comportamento humano muito mais avançado que o que se extraía do mais belo, mas muito menos ético, Pentateuco, no qual era permitido açoitar os próprios escravos até a morte para punir suas faltas.

Havia muitas outras leituras em casa, tanto devotas quanto profanas. Meu pai, embora às vezes comprasse a revista *Seleções* (e lesse para mim a seção chamada "Rir é o melhor remédio"), pulava as partes que se espraiavam nos horrores do comunismo, com sórdidos exemplos dos *gulagui*, porque não queria acreditar naquelas coisas e achava que esses artigos eram pura propaganda, e para compensar preferia me dar livros editados na União Soviética. Eu me lembro de pelo menos três: *O universo é um vasto oceano*, de Valentina Tereshkova, a primeira cosmonauta mulher; um de Yuri Gagarin, no qual o pioneiro do espaço descrevia sua visita ao vazio sideral afirmando que lá também não vira Deus (o que para meu pai era um argumento simplório e superficial, pois Deus podia muito bem ser invisível); e o mais importante deles, que meu pai lia para mim explicando parágrafo por parágrafo, *A origem da vida*, de Aleksandr Oparin, em que a história do Gênese era contada de outra forma, sem a intervenção divina, de modo que eu pudesse resolver por meio de explicações científicas as primeiras perguntas sobre o cosmos e os seres vivos, pondo um químico Caldo Primitivo bombardeado por radiações estelares durante milhões de anos, até finalmente surgirem, por acidente ou por necessidade, os primeiros aminoácidos e as primeiras bactérias, no lugar antes ocupado pelo poético Livro, com os sete dias de milagrosos relâmpagos e repentinos descansos de um ser todo-poderoso que, misteriosamente, se cansava como um lavrador. Ainda conservo esses livros, datados por mim em 1967, com a caligrafia vacilante das crianças que ainda estão aprendendo a escrever e com a assinatura que usei durante toda a infância: Héctor Abad III. Eu a inventara para terminar as cartas que mandava a meu pai durante suas viagens à Ásia, com a seguinte explicação: "Héctor Abad III, porque você vale por dois".

Como resultado das conversas com meu pai (mais que pelas leituras, que eu ainda era incapaz de entender), no colégio, às vezes em segredo e às vezes publicamente, eu me alinhava com os russos numa hipotética guerra contra os americanos. Claro que essa fé compartilhada durou pouco, pois, quando meu pai foi convidado a visitar a União Soviética, no início dos anos 1970, pôde constatar que a propaganda da *Seleções* tinha muito de verdade, voltando com uma desilusão absoluta quanto às conquistas do "socialismo real", e sobretudo escandalizado com a insuportável onipresença do Estado policial e seus indesculpáveis atentados contra a liberdade individual e os direitos humanos.

— Vamos ter que inventar uma versão latino-americana do socialismo, porque o de lá é terrível — dizia meu pai, ainda com certo pesar por ter de admitir esse fato.

Ele acreditava sinceramente que o futuro do mundo teria de ser socialista, se quiséssemos acabar com tanta miséria e injustiça, e em algum momento — até sua viagem à Rússia — pensou que o modelo soviético poderia ser bom. Essa sua crença, oposta à de minha mãe (que, quando esteve em Havana e viu a revolução cubana, declarou, com boa rima, que preferia a mexicana), refletia-se até nas coisas mais simples e cotidianas. Quando eu tinha um ano e era um bebê careca, branco e rechonchudo, meu pai e minha mãe discutiam com quem eu me parecia mais: ela insistia em que eu era quase idêntico a João XXIII, o papa da vez; ele, por seu turno, sustentava que eu me parecia mais com Nikita Kruschov, o secretário-geral do Partido Comunista soviético. Minha mãe deve ter levado a melhor na discussão, pois o sítio onde passamos as férias daquele ano não foi apelidado de Kremlin, e sim de Castelgandolfo.

14.

Diante de todas as minhas inquietações, meu pai lia para mim trechos da *Encyclopedia Colliers*, que tínhamos em inglês, ou partes dos grandes autores necessários para uma *"liberal education"*, como dizia o prefácio da coleção Clássicos da Enciclopédia Britânica, cerca de cinquenta volumes encadernados em curvim reunindo as obras mais importantes da cultura ocidental. As guardas de cada volume da *Colliers* traziam quadros cronológicos dos grandes avanços da civilização, desde a invenção do fogo e da roda até as viagens espaciais e o computador, o que indicava já nas contracapas uma grande fé no progresso científico que nos conduziria inexoravelmente a um mundo melhor. Bastava eu perguntar ao meu pai sobre a distância das estrelas, ou sobre como os bebês vêm ao mundo, ou sobre terremotos, dinossauros ou vulcões, que ele recorria às páginas e às lâminas da *Encyclopedia Colliers*.

Ele também me mostrava um livro de arte cuja importância eu só fui descobrir muitos anos depois, *The story of art*, de Ernst Gombrich. Quando meu pai estava na universidade, eu costumava abrir esse livro, sempre na mesma página. Essa *História da arte* foi a primeira revista pornográfica da minha vida (de par com o catatau da Real Academia, em formato gigante, em que eu procurava as palavras chulas), pois, como estava em inglês, eu só fazia olhar os quadros, especialmente um deles, no qual me detinha mais tempo, com uma grande confusão mental e fisiológica, no qual aparecia uma mulher nua, com o púbis semiencoberto por umas folhas e amamentando uma criança, enquanto um jovem a observa, com uma visível protuberância entre as pernas. Ao fundo se vê um relâmpago, e o trovão daquele quadro foi como o rebentar da minha vida erótica. Naquele tempo, o nome da pintura e do pintor não tinham importância para mim, mas hoje sei (conservo o mesmo livro) que se trata de *A tempestade*, de Giorgione, e que o quadro foi pintado no início do Cinquecento. As formas roliças, carnudas dessa mulher me pareciam a visão mais perturbadora e atraente que tivera até então, com a exceção, talvez, do rosto perfeito do meu primeiro amor, uma coleguinha do primário a quem nunca tive coragem de dirigir a palavra, Nelly Martínez, uma garotinha de feições angelicais e que, se não me engano, era filha de um aviador, o que aos meus olhos a tornava ainda mais etérea, misteriosa e interessante.

Quando me tiraram da escola mista onde fiz o primário e me puseram — para maior confusão de ideias e influências — naquele colégio onde meu tio Javier, o da Opus Dei, trabalhava como capelão, infelizmente, os únicos corpos suscetíveis de algum erotismo passaram a ser — na falta de outros — os dos colegas que estudavam comigo. Se algum deles tinha traços menos masculinos, ou nádegas mais protuberantes, ou andar feminino, uma inevitável confusão de sentimentos e palpitações levava os mais sensuais, eu incluído, a se excitarem com eles.

Também nesse aspecto eu vivia transitando entres dois extremos: o colégio era o reino da religião repressiva, medieval, branca e classista, pois quase todos os meus colegas pertenciam às famílias mais abastadas de Medellín, e era um mundo duro e masculino, de competição, violência e severidade, tudo envolto no terrível medo do pecado e na obsessão pelo sexto mandamento, com uma doentia mania sexofóbica por meio da qual se tentava reprimir a todo custo uma incontrolável sensualidade que nos brotava pelos poros, alimentada por jatos de hormônios juvenis.

Aquela cruzada dos nossos professores contra o sexo era uma verdadeira missão impossível, e o próprio fundador da obra, em certos filmes de propaganda que nos obrigavam a assistir na biblioteca, falava no "heroísmo da castidade". Nunca me esqueço de que num desses filmes o monsenhor Escrivá de Balaguer, hoje santo segundo o parecer da Santa Madre Igreja, depois de falar das vitórias de Franco contra os "vermelhos" na Espanha e de nos recomendar com fúria intransigente a castíssima virtude da pureza, fitava a câmara com olhos penetrantes e sorriso malicioso, enquanto dizia lentamente esta frase: "Não creem no Inferno? Logo o verão, logo o verão". O padre Mario, que havia sucedido meu tio na capelania e que não podíamos chamar de "padre" (pois padre havia um só, e era O Padre, monsenhor Escrivá), sempre começava com a mesma frase suas entrevistas individuais de direção espiritual, às quais assistíamos por turnos, uma vez por semana:

— Como vai tua pureza, filho?

Acho que suas manhãs e tardes eram preenchidas com o deleite vicário e inconfessável de escutar, uma após outra, como numa longa sessão de pornografia oral, as minuciosas confissões da nossa irreprimível sede de sexo. O padre Mario sempre pedia detalhes, mais detalhes, com quem e quantas vezes, com qual das mãos, e a que horas, e onde, e era visível que essas revelações, por mais que as condenasse em palavras, o atraíam de uma maneira doentia, tenaz, e que sua insistência no interrogatório só fazia revelar seu desejo de explorá-las.

Ao entardecer, depois desses intermináveis e maçantes dias de escola, com professores medíocres (salvo uma ou duas exceções), eu voltava, num longuíssimo trajeto de ônibus desde Sabaneta até Laureles, em extremos opostos do vale de Aburrá, ao universo feminino da minha casa cheia de mulheres. Também lá o sexo era oculto ou negado, a tal ponto que, quando éramos pequenos e, para economizar água quente, nos davam banho a todos juntos na banheira que havia no quarto do doutor Saunders, a irmã Josefa resolveu que minhas irmãs podiam ficar sem roupa e exibir a curiosa fenda em forma de buraco de cofrinho que tinham entre as pernas, mas eu não podia tirar a cueca e mostrar a trinca, única na filharada, que me brotava no meio do corpo. Só meu pai não tinha nenhum problema em tomar banho pelado comigo, nem em explicar às minhas irmãs, com desenhos explícitos e imensos, como os filhos são feitos, mas eu tinha que esperar até de noite, quando ele voltava da universidade, para ver o equilíbrio se restabelecer e todas as minhas dúvidas serem esclarecidas por sua generosidade e dedicação. Ele desmentia os professores, criticava a freira por seu espírito medieval e puritano, tirava o Inferno da geografia do além-túmulo, que ficava reduzida a uma Terra Incógnita, e restaurava a ordem no caos dos meus pensamentos. Entre duas paixões religiosas insensatas, uma masculina, no colégio, e outra feminina, em casa, eu tinha um refúgio noturno e ilustrado: meu pai.

15.

Por que será que meu pai, que estudou em colégios públicos laicos, cedeu e deixou que eu fosse educado num colégio religioso privado? Imagino que ele tenha sido obrigado a concordar com isso ante a inegável decadência da educação pública colombiana entre os anos 1960 e 1970. Por causa da má seleção e má remuneração dos professores, congregados em sindicatos mesquinhos que respaldavam a mediocridade e alimentavam a preguiça intelectual, mais a falta de apoio do Estado, que já não via no ensino público uma prioridade (pois as elites que governavam preferiam educar seus filhos em colégios privados, e o povo que se virasse), devido também à perda de prestígio e status da carreira docente e à pauperização e crescimento desmedido da população mais pobre, por esse conjunto de motivos e muitos outros, a escola pública e laica entrou num processo de decadência do qual ainda está longe de se recuperar. Por isso meu pai, contrariado mas resignado, incapaz de negar a realidade, delegou à minha mãe, mais pragmática, a escolha dos colégios, um de meninas para minhas irmãs, um de meninos para mim, ambos forçosamente privados. O que, no caso de Medellín, implicava que seriam também religiosos.

Ela mandou minhas irmãs para o das freiras de La Enseñanza e de Santa Joana de Lestonnac, onde ela mesma havia terminado o secundário, e no meu caso pensou que, depois do jardim de infância, que fiz lá mesmo, e das primeiras séries do primário, que frequentei na escola do bairro (que não tinha secundário), o mais acertado seria eu continuar meus estudos no colégio da Companhia de Jesus, o San Ignacio, porque os jesuítas tinham séculos de experiência na educação de rapazes, e esperava-se que pelo menos nisso fossem bons.

Uma tarde, depois de marcar uma entrevista com o reitor do colégio, ela me levou junto para pleitear a vaga. Lembro que o reitor, o padre Jorge Hoyos, depois de nos submeter a uma espera muito mais longa que o necessário — pois era evidente que estava sozinho —, como costumam fazer os executivos das grandes corporações, nos recebeu com uma frieza e uma distância que impunham respeito reverencial. Esperava por nós já de pé (a exemplo de um personagem de O *leopardo*, só para que minha mãe não o visse se levantar) e, sem nenhum preâmbulo, tratando-a de "senhora", começou a interrogá-la, sem nem sequer responder ao seu cumprimento:

— Jorge, quanto tempo! Como vai?

— O que a traz por aqui, senhora?

Logo vi que as coisas iam mal, pois ela tinha dito em casa, antes de sairmos, que tudo seria muito fácil, uma vez que "o Jorge" era um amigo de toda a vida, sobretudo da juventude, antes de ele entrar no seminário dos jesuítas. Esse "senhora" deixava claro que minha mãe já não poderia voltar a chamá-lo de "Jorge", e sim de "padre Hoyos", ou até de "senhor reitor". Como o motivo da visita era evidente, e as vagas em seu colégio, limitadas e muito disputadas, ele assumia ostensivamente sua posição privilegiada, de alguém que pode conceder ou negar um favor.

— Estou aqui, padre, para solicitar uma vaga no colégio para meu filho, que já está terminando o primário. — E nesse ponto me acariciou a cabeça, dizendo meu nome composto, minha idade, e apresentando-me como um menino aplicado.

O padre Hoyos respondeu, sem fazer nenhum gesto de simpatia e sem nos convidar a sentar:

— Ah, não é tão fácil como a senhora pensa, por melhor estudante que o menino seja. Olhe, eu tenho aqui três gavetas — o reitor se dirigiu a um arquivo e foi abrindo uma a uma, muito lentamente, para que pudéssemos ver as pilhas de pedidos que continham. — Esta primeira, que eu chamo de Céu, é reservada aos alunos que são admitidos diretamente.

Minha mãe, que sabia melhor do que eu o rumo que as coisas iam tomando, disse:

— Na qual tenho certeza de que não estamos...

— Exato. Logo abaixo está a gaveta do Purgatório, que é onde colocaremos o pedido do seu filho, como é mesmo o nome dele?

Minha mãe o repetiu, e ele pronunciou meu nome muito devagar, sílaba por sílaba, com extrema ironia:

— Héc-tor Jo-a-quín... Nestes casos temos que fazer uma análise muito minuciosa da família de origem de cada candidato, para saber se será ou não admitido, depois de verificarmos se há em seu seio alguma influência negativa — e aí arregalou os olhos, como sublinhando a insinuação maligna — ou perniciosa do ponto de vista moral ou doutrinal.

Aí se calou por um instante, sempre com os olhos abertos de par em par, fitando minha mãe, como para fazê-la ver na imaginação aquele médico calvo e de óculos que tanto ódio despertava em toda a cidade.

— Por fim, temos a gaveta do Inferno, reservada àqueles que não têm nem a mais remota esperança de serem admitidos. Alguns entram nela diretamente, outros caem do Purgatório, como que atraídos pela força da gravidade.

Aqui minha mãe não aguentou mais, e com aquele seu sorriso distante, talvez aprendido no trato com seu tio, o arcebispo, com aquela simpatia displicente que sempre foi seu jeito de pôr os outros no lugar, não hesitou um instante em responder, trocando bruscamente de tom e de pronome:

— Ora, Jorge, você pode nos pôr de uma vez no Inferno, que eu vou pedir a vaga em outro colégio. Desculpa o incômodo, e até mais ver.

E ao dizer isso me pegou pela mão, demos meia-volta e saímos precipitadamente da diretoria do San Ignacio, sem cumprimentar nem olhar para trás para ver a cara do padre reitor, que nunca mais voltamos a ver.

16.

    Foi assim que acabei estudando no Gimnasio Los Alcázares, "estabelecimento assessorado espiritualmente pela Opus Dei", como anunciavam, onde fui imediatamente admitido graças à influência do meu tio Javier, padre da Obra, desta vez passando por cima da "ideologia perniciosa" do meu pai. Para mim esse colégio tinha como vantagem adicional o fato de dois dos meus primos estudarem lá, o Jaime Andrés e o Bernardo, ambos da minha idade, e eu acreditava que isso tornaria mais fácil a minha experiência de "calouro", que sempre, em qualquer colégio, implica um pedágio de tormentos e brincadeiras. Quem sabe, até, eu mesmo tenha insistido para que me colocassem lá, sem nem de longe pensar na questão religiosa, e talvez por isso meu pai não tenha oposto maior resistência. Seja como for, é de estranhar que ele, que nas reuniões de família sempre tinha terríveis bate-bocas com o tio Javier por motivos religiosos (os dois se exaltavam e levantavam a voz especialmente quando discutiam o problema do Mal), tenha por fim se dobrado ao meu desejo ou à sábia pressão, leve mas insistente, da minha mãe. Talvez achasse que tudo aquilo fazia parte de um destino inexorável, contra o qual era melhor não se debater. Assim como na Idade Média, quando os mosteiros eram o único local onde podia se refugiar qualquer pessoa que tivesse vocação para o estudo, agora, num sinal dos tempos e do nosso país, em Medellín só havia colégios religiosos, pelo menos com um nível acadêmico decente, onde um filho dele pudesse estudar. Pode ter pensado, ainda, que aquele meu "viver na contramão" o ajudaria a provar e afirmar algumas das ideias divergentes que iria me apresentando.

Se bem que, pensando melhor, também tenho a impressão de que nessa época ele ainda vivia uma luta interior. Por um lado, tentava me educar como não crente, que era o que ele racionalmente queria ser, a fim de me libertar de todos aqueles fantasmas de repressão e culpa religiosas que o atormentaram durante toda a vida; mas ao mesmo tempo, em parte para não contradizer as crenças de minha mãe, e em parte porque achava que a educação ministrada pelos padres era melhor, ou menos ruim, mais séria e rigorosa, mais disciplinada, abandonava o raciocínio pela metade e deixava as coisas seguirem seu curso, sem opor resistência, com aquele espírito tolerante que aceitava que todas as ideias fossem expostas em toda a sua amplitude antes de formar um juízo quanto ao que era menos pernicioso ou mais benéfico.

Não teria o menor sentido recriminá-lo por algo que dependeu tão pouco da vontade de quem quer que seja e tanto das circunstâncias de ter nascido naquele momento da história, nesse canto da Terra, nesse entorno familiar, e não em outros. Tive a sorte, digamos assim — pois é melhor ver o lado bom de tudo —, de ser educado numa tradição escolástica, dominante em Los Alcázares, que pelo menos respeitava o rigor da lógica aristotélica e acreditava ser possível alcançar as verdades da fé por meio da razão, seguindo as sutilezas mentais do doutor da Igreja, Santo Tomás de Aquino. Mais hábil e certeiro teria sido nos encaminharem pela via menos racional de Santo Agostinho, muito mais escorregadio ao rebater argumentos, pois não apelava à razão, e sim às intuições. Obrigavam-nos a ler autores menores da escola tomista mais recalcitrante, *El criterio*, de Jaume Balmes, os pensamentos tortuosos do monsenhor Escrivá de Balaguer, as diatribes dos educadores da Falange espanhola contra o materialismo ateu, o laicismo moderno, e outras coisas do gênero.

Ao mesmo tempo, em casa, meu pai me oferecia antídotos caseiros contra a educação escolar. Às leituras do colégio, todas impregnadas de patrística e filosofia católica, meu pai contrapunha outros livros e outras ideias muito mais convincentes, e se nas aulas de religião ou de ciências os professores contestavam a teoria evolucionista (ou diziam que não estava suficientemente comprovada), ou se Voltaire, D'Alambert e Diderot eram banidos das aulas de filosofia, na biblioteca do meu pai era possível aplicar vacinas com pequenas doses dos próprios, que me imunizavam contra sua destruição, ou de Nietzsche e Schopenhauer, de Darwin ou Huxley, e as provas da existência de Deus apresentadas por Leibniz e Santo Tomás podiam ser tratadas com o antibiótico de Kant ou Hume (que fazia uma grande crítica dos milagres), ou com o ceticismo de Borges, mais acessível e lúdico, e sobretudo com a clareza refrescante do grande Bertrand Russell, que era o ídolo filosófico do meu pai e meu libertador mental.

Em última instância, no campo da religião, crer ou não crer não é apenas uma decisão racional. A fé ou a falta de fé não dependem da nossa vontade, nem de nenhuma misteriosa graça recebida das alturas, e sim de uma aprendizagem precoce, em um ou outro sentido, que é quase impossível desaprender. Se na infância e primeira juventude nos inculcam crenças metafísicas, ou se pelo contrário nos ensinam um ponto de vista agnóstico ou ateu, na idade adulta será praticamente impossível mudar de posição. As crianças nascem com um programa inato que as leva a acreditar, de forma acrítica, naquilo que os mais velhos afirmam com convicção. É bom que seja assim, pois imaginemos como seria se nascêssemos céticos e resolvêssemos atravessar a rua sem olhar, ou provar o fio da navalha no rosto para ver se realmente corta, ou entrar sozinhos na floresta. Acreditar às cegas no que dizem os pais é uma questão de sobrevivência para qualquer criança, e essa disposição vale tanto para as questões da vida prática como para as crenças religiosas. Não é por ter visto fantasmas ou possuídos pelo demônio que as pessoas acreditam nisso, e sim porque alguém as fez sentir e ver essas coisas desde criança (mesmo sem vê-las).

Pode até ser que algumas poucas pessoas, ébrias de racionalidade, mesmo tendo recebido uma educação religiosa, consigam na idade adulta remodelar suas primeiras crenças e durante alguns anos adotar o ponto de vista descrente. Mas qualquer golpe da vida, a velhice ou a doença, torna essas pessoas extremamente suscetíveis a buscar o apoio da fé, encarnada em alguma potência espiritual. Só quem desde muito cedo é exposto à semente da dúvida consegue duvidar das próprias crenças. Com uma desvantagem adicional para a visão que nega a vida espiritual (no sentido de seres e lugares que sobrevivem após a morte ou que preexistem à nossa própria vida), qual seja, a de que, talvez devido a certa agonia existencial do homem e à nossa torturante e terrível consciência da morte, o consolo de outra vida e de ter uma alma imortal, capaz de chegar ao Céu ou de transmigrar, será sempre mais atraente, e dará mais coesão social e sentimento de irmandade entre pessoas distantes, que a fria e desencantada visão que exclui a existência do sobrenatural. Nós, humanos, sentimos uma profunda paixão natural que nos faz sentir atraídos pelo mistério, e é uma tarefa dura, cotidiana, evitar essa armadilha e essa tentação permanente de acreditar numa indemonstrável dimensão metafísica, no sentido de seres sem princípio nem fim que são a origem de tudo, e de impalpáveis substâncias espirituais ou almas que sobrevivem à morte física. Porque, se a alma equivale à mente ou à inteligência, é fácil provar (basta um acidente cerebral, ou os obscuros abismos do mal de Alzheimer) que a alma, como disse um filósofo, não apenas não é imortal, como é muito mais mortal que o corpo.

VIAGENS AO ORIENTE

17.

Durante minha infância e minha primeira juventude, nos anos 1960 e 1970, meu pai muitas vezes entrou em confronto com a direção da universidade por motivos ideológicos. Claro que eu não entendia esses problemas, nem os conhecia diretamente; mas as conversas entre meu pai e minha mãe, na sala e no quarto, eram intermináveis e tensas. Ela o apoiava em tudo, com firmeza, ajudava-o a suportar as perseguições mais injustas e lhe sugeria estratégias diplomáticas de sobrevivência. Mas chegava um ponto em que tudo fracassava e meu pai era obrigado a fazer longas viagens, para mim inexplicáveis e com consequências muito dolorosas, que eu não entendia e só com o passar dos anos se esclareceriam.

Nessas duas décadas, ele teve de suportar, repetidas vezes, a perseguição dos conservadores, que o consideravam um esquerdista nocivo para os alunos, perigoso para a sociedade e livre-pensador demais em matéria religiosa. Mais tarde, a partir do final dos anos 1970, ele teve de suportar também o patrulhamento, os sarcasmos impiedosos e as críticas incessantes dos esquerdistas que substituíram os conservadores em certos postos acadêmicos, que viam nele um burguês tíbio e incorrigível apenas porque não endossava a luta armada. Lembro que meu pai, no período de transição, quando a esquerda substituiu a direita na universidade e quando ele mais do que nunca pregava a tolerância de todas as ideias e o *mesoísmo* filosófico (um termo que ele inventou para defender o justo meio, o antidogmatismo e a negociação), costumava repetir a seguinte frase, provavelmente citando alguém que eu não recordo: "Aqueles que os guelfos acusam de serem gibelinos e os gibelinos acusam de serem guelfos, são eles que têm razão".

Achou grotesco o fato de os marxistas quererem transformar, como de fato transformaram, a velha capela da cidade universitária num laboratório, e depois num teatro, pois, embora a universidade devesse ser laica, ela havia nascido religiosa, e mais, havia nascido num convento, e portanto respeitar um local de culto (já que a maioria dos professores e estudantes eram católicos praticantes) não era uma claudicação desse ideal laico, mas, ao contrário, a confirmação de um credo liberal e tolerante que aceitava toda manifestação intelectual humana, sem excluir as religiosas, e até valeria a pena que a universidade abrigasse também um templo budista, uma sinagoga, uma mesquita e uma loja maçônica. Para ele, todo fundamentalismo era nocivo, não apenas o religioso, mas também o não religioso.

Mas no início dos anos 1960, quando eu tinha apenas três ou quatro anos, a briga era com os representantes da extrema direita, como voltaria a acontecer nos anos 1980. Por volta de 1961, meu pai teve seu primeiro conflito grave com eles, que então simplesmente dominavam toda a cúpula da universidade de Antioquia, a alma mater onde ele se formara e onde trabalharia como professor, apesar de tudo, até o último dia de sua vida. O reitor, Jaime Sanín Echeverri, de índole conservadora (embora com o tempo viesse a limar suas arestas mais agudas até chegar a uma velhice menos fanática), e principalmente o decano da faculdade de medicina, Oriol Arango, começaram a persegui-lo com o propósito, não muito velado, de forçá-lo a renunciar à sua cátedra. A certa altura houve uma greve dos professores públicos, e meu pai apoiou a paralisação com artigos e discursos no rádio e na praça. Como resultado desse apoio, recebeu uma carta do decano, o doutor Arango, repreendendo-o nos seguintes termos:

"Quando assumi a função de decano, o senhor e eu concordamos quanto à necessidade de, para o bem da faculdade, livrar a cadeira de medicina preventiva daquilo que o senhor chamava 'bad will', e eu, sambenito de comunista. Agradeci sua promessa de não poupar esforços nessa campanha tão necessária. Mas eis que agora recebo numerosos relatos de sua atuação na tribuna pública e no rádio, no bojo de um recente movimento que degenerou em paralisação ilegal. Casos como esse ensejam dúvidas quanto à sua cátedra, se nela se realiza um trabalho estritamente universitário ou se está sendo usada para agitar as massas. Sua atitude não coaduna com a posição de professor universitário, e creio chegada a hora de o senhor escolher entre dedicar-se inteiramente à docência ou a atividades estranhas a ela."

Depois de informar o decano acerca de alguns trabalhos que vinha realizando num povoado próximo de Medellín, ao lado de um filantropo norte-americano (referia-se, sem citar o nome, ao doutor Saunders), de prática efetiva, útil e real da saúde pública, a resposta do meu pai trazia as seguintes reflexões:

"Devo esclarecer, com todo o respeito, que nunca entendi minha posição de docente como algo que implicasse a renúncia dos meus direitos de cidadão e da livre expressão de minhas ideias e opiniões, na forma que julgasse mais conveniente. Nos meus cinco anos de cátedra universitária nesta faculdade, é a primeira vez que tentam cercear-me esses direitos. Sob os dois decanatos anteriores, expressei minhas opiniões escrevendo nos jornais e falando no rádio, e, embora possa ter sido isso o que causou o '*bad will*' (entre certos setores) em relação a esta cátedra, não posso nem remotamente arrepender-me disso, pois creio que sempre tive em vista o bem comum e, sendo a cátedra que dirijo essencialmente de serviço social e de contato com a realidade colombiana, não poderia isolar-me e isolar os estudantes numa torre acadêmica de marfim, mas, ao contrário, deveria entrar em pleno contato com os reais problemas colombianos, não com os futuros e passados, mas com os presentes, para que a universidade não continue sendo uma entidade etérea, distante das angústias das pessoas, de costas para o meio social e perpetuadora dos velhos métodos e privilégios que mantêm o povo colombiano na Idade Média da injustiça social.

"Ontem mesmo, sobre o lombo de um cavalo, ao lado do presidente de uma associação americana de serviço social, estive visitando nossos servos camponeses que não têm água, nem terra, nem esperança. Pensava em vir expor essa realidade aos estudantes e ao público em geral e convidá-los a conhecê-la pessoalmente, para assim podermos idealizar melhores métodos com vistas a remediar condições tão deploráveis. Caso considere essas ideias incompatíveis com a docência, tome as decisões que julgar mais acertadas, senhor decano, mas eu não penso em abrir mão delas por nenhuma pressão econômica ou política, nem penso em abandoná-las, melancolicamente, depois de ter lutado a vida inteira por elas e por meu direito a expressá-las."

A resposta já não foi do decano, e sim do Conselho Superior da universidade. O reitor, o conjunto dos decanos, o representante do presidente da República, do ministro da Educação, dos professores, dos ex-reitores, dos estudantes, todos por unanimidade apoiaram a posição do doutor Arango. Meu pai tornou a responder com muita veemência, mas percebeu que seu espaço na universidade se estreitava, e que todas as atenções estavam sobre ele, para escorraçá-lo a qualquer momento sob o pretexto que encontrassem, por mais fútil que fosse. Foi então, por volta de 1963 ou 1964, que começaram as repetidas "licenças" do meu pai, às quais ele recorreu para não ser surpreendido por uma demissão sumária.

Para evitar a borrasca, como os aviadores que contornam um cúmulo-nimbo em forma de bigorna e logo adiante retomam a rota prevista, meu pai (que nos primeiros anos de sua experiência como médico trabalhara em Washington, Lima e México como consultor da Organização Mundial da Saúde) conseguiu algumas consultorias médicas internacionais, primeiro na Indonésia e em Cingapura, depois na Malásia e nas Filipinas, e para realizá-las pediu várias licenças. A cúpula da universidade, feliz por se livrar, ainda que temporariamente, da dor de cabeça encarnada naquele médico rebelde, concedeu-as sem resistência.

Esses parênteses de ausência, porém, não bastavam para acalmar as águas; ao voltar, via que seus ex-alunos (protegidos, recomendados e nomeados como professores por ele mesmo) o recebiam com pedras na mão. Um deles em especial, Guillermo Restrepo Chavarriaga, dedicou-se a insultá-lo e a acusá-lo de ser "um demagogo com o alunato e um ditador com o professorado", além de professar "uma filosofia perigosa e contrária ao progresso da escola e da saúde". Meu pai tomava conhecimento dessas acusações com espanto e lia essas cartas quase sem poder acreditar. Na mesma Escola de Saúde Pública que ele havia fundado e dirigido pretendiam escorraçá-lo a pontapés e sob as acusações mais infames. Então era obrigado a pedir uma nova assessoria internacional para poder continuar sustentando a família sem ter que renunciar à sua dignidade na faculdade.

Lembro que nos primeiros dias, quando ele partiu para uma dessas viagens, talvez a primeira, que duraria mais de seis meses e que para mim foi quase uma morte, eu supliquei à minha mãe que me deixasse dormir na cama dele e pedi às empregadas que não trocassem os lençóis nem as fronhas, para poder dormir ainda sentindo o cheiro do meu pai. Fizeram o que eu pedi, pelo menos nas primeiras semanas, até o tempo e meu próprio corpo suplantarem aquele cheiro maravilhoso, que ao meu nariz era símbolo de amparo e tranquilidade.

Naquele tempo, uma ligação do outro lado do mundo custava o olho da cara, e meu pai só podia fazer um telefonema por mês, e muito breve, durante o qual era impossível falar com os seis filhos e com minha mãe. Limitava-se portanto a falar cinco minutos com ela, que devia realizar a façanha de, aos gritos e entre silvos e murmúrios siderais, atropeladamente, contar-lhe como estávamos todos, um por um, mais as novidades na família e no país. Claro que havia as cartas, e todas as semanas cada um dos filhos recebia várias, em separado ou em conjunto. Nós também escrevíamos para ele, e nos guardados da família ainda estão algumas de suas respostas, sempre doces e amorosas, cheias de reflexões e conselhos para cada um de nós, com a dor da distância suavizada pela lembrança e pela permanência dos melhores sentimentos. Eu, já devolvido à desolação da minha cama e do meu quarto, punha seus postais e suas cartas embaixo do colchão, e aquelas linhas de letras que traziam a voz do meu pai lá da Ásia eram minha companhia noturna e o apoio secreto do meu sono.

Graças a algumas dessas cartas, que ainda conservo, e à recordação das mil conversas que tive com ele, pude com o tempo compreender que ninguém nasce bom, mas que, quando se tem a sorte de contar com alguém que tolere e conduza nossa inata mesquinharia, ela pode ser encaminhada de modo que deixe de ser prejudicial, ou tenha até o seu sinal invertido. Ninguém nos ensina a nos vingarmos (pois nascemos com sentimentos vingativos), mas nos ensinam a não nos vingarmos. Ninguém nos ensina a sermos bons, mas nos ensinam a não sermos maus. Eu nunca me senti bom, mas percebi que muitas vezes, graças à influência benéfica do meu pai, pude ser um mau que não pratica sua maldade, um covarde que a duras penas supera sua covardia e um avarento que domina sua avareza. E o que é mais importante: se há um pouco de felicidade em minha vida, se eu tenho alguma maturidade, se quase sempre me comporto de maneira decente e mais ou menos normal, se não sou um antissocial e suportei golpes e pesares sem deixar de ser pacífico, acho que foi simplesmente porque meu pai me amou como eu era, um amontoado amorfo de sentimentos bons e maus, e me apontou o caminho para extrair o melhor dessa má índole humana que talvez seja comum a todos. E embora muitas vezes eu não consiga meu intento, é pela memória dele que procuro quase sempre ser menos mau do que minhas inclinações naturais indicam.

18.

O problema era que, durante esses meses de ausência do meu pai, eu caía indefeso no obscuro catolicismo da família da minha mãe. Volta e meia tinha que passar a tarde inteira na casa de vovó Victoria, que ganhara esse nome por ter vindo ao mundo depois de uma sequência de seis irmãos homens, em Bucaramanga, e quando por fim nasceu o sétimo e último filho, uma mulher, meu bisavô, José Joaquín, professor de castelhano e autor de crônicas amenas, gritou: "Afinal! Vitória!", e Victoria ficou sendo a menina. Minha avó tinha, portanto, vários varões devotos entre aquela sequência de irmãos mais velhos, e assim seria irmã do arcebispo Joaquín García, do monsenhor Luis García e de Jesús García (que, apesar de ter se casado, no fim das contas foi até mais sacerdote que os outros dois, pois ouvia três missas por dia, como se fossem sessões de cinema — de manhã, de tarde e de noite —, e depois de enviuvar dedicou a vida à devoção e a lembrar a todo mundo — pois ninguém se lembrava — que ele havia sido ministro de Correios e Telégrafos durante o governo de Abadía Méndez, antes da desastrosa chegada ao poder dos liberais, maçons e radicais), e também foi irmã de Alberto García, cônsul em Havana (este, um pouco mais boa-vida que seus irmãos, talvez o menos papa-hóstias da família), e tia de Joaquín García Ordóñez, bispo de Santa Rosa de Osos, e ainda dos dois padres rebeldes que já citei, René García e Luis Alejandro Currea. Como se não bastasse aquela devotíssima parentela masculina, o quadro do seu entorno hipercatólico era completado por seus confessores e amigos íntimos: o monsenhor Uribe, que chegaria a ser bispo de Rionegro e o mais famoso exorcista da Colômbia, o padre Lisandro Franky, pároco de Aracataca, e o padre Tisnés, historiador da Academia. E graças a todos esses laços eclesiásticos, ela ainda era anfitriã do Lavor do Apostolado, um grupo de mulheres que dedicava todas as tardes de quartas-feiras, das duas às seis, a confeccionar sem descanso os ornamentos dos padres da cidade, de graça para os pobres e caros para os ricos, e lá ficavam elas costurando, crochetando e bordando alvas, cíngulos, estolas, casulas, amictos para as costas, sanguinhos para o altar, palas para cobrir o cálice sagrado, e roquetes para os seminaristas e coroinhas.

A casa da minha avó, na esquina das ruas Villa e Bomboná, cheirava a incenso, como as catedrais, e estava cheia de imagens e estátuas de santos por toda parte, como um templo pagão de variadas devoções e especialidades (o Sagrado Coração de Jesus com a víscera exposta, santa Ana ensinando a Santíssima Virgem a ler, santo Antônio de Pádua pregando aos pássaros com sua língua incorrupta, são Martinho de Porres protegendo os negros, o santo Cura de Ars no leito de morte), além de umas fotos imensas do finado senhor arcebispo, com seus óculos de cego que não deixavam ver seus olhos, espalhadas pelas paredes da sala e dos corredores escuros e compridos. Havia também uma capela com oratório, onde o tio Luis estava autorizado a rezar missa, e várias cartas emolduradas a ouro, por trazerem a assinatura do cardeal

Pacelli, e depois de Sua Santidade Pio XII, nome adotado pelo mesmo cardeal, amigo do tio Joaquín, quando o Espírito Santo fez com que fosse nomeado papa, pouco antes da Segunda Guerra Mundial, para desgraça dos judeus e vergonha da cristandade. E em meio a tantos objetos, devoções e imagens sagradas respirava-se um permanente cheiro de sacristia, de círio ardendo, de terror do pecado e de intrigas de convento.

Ao cair da tarde, todos, minhas irmãs e eu, nos sentávamos no oratório em volta daquela avó, e então começavam a brotar mulheres de todos os cantos da casa; mulheres parentes, mulheres da criadagem e mulheres da vizinhança, mulheres sempre vestidas de preto ou de marrom-escuro, como baratas, de véu na cabeça e terço na mão. A cerimônia do rosário era presidida pelo tio Luis, com sua batina velha e puída, suja de cinza, castigada pelo ferro de passar; com suas mãos estropiadas de leproso, o cocuruto branco tonsurado e seu porte de gigante, risonho e ao mesmo tempo iracundo, escandalizado e desolado pelos rotineiros pecados dos irremediáveis pecadores que todas as tardes era obrigado a absolver no seu confessionário privado. Esperava paciente, fumando um cigarro atrás do outro, chamuscando os dedos e repetindo sem parar sua velha ladainha de desesperado ("Oh, quando, quando chegaremos ao Céu!"), enquanto acabavam de chegar as mulheres "de dentro" e as de fora.

Aparecia Marta Castro, que havia sido tísica e conservava uma tosse surda, seca, constante, uma respiração curta e ansiosa, e que além disso tinha um olho vazado, de um cinza tirante a azul, porque uma vez, bordando uma casula, havia furado a córnea com a agulha e tinha ficado caolha, tudo por fazer bem aos padres pobres, era assim que Deus lhe pagava; a mesma paga que dera ao tio Luis, que havia sido capelão do leprosário colombiano de Agua de Dios, no departamento de Cundinamarca, e lá contraíra a doença que acabaria por matá-lo, com as costas se desmanchando em farrapos e os dedos caindo aos pedaços. Uma vez minha avó, quando ele já estava nas últimas, ao arrumar sua cama de repente achou um dedão do pé perdido no lençol, e correu para chamar o médico, mas já era tarde, pois além do mal de Hansen ele tinha diabetes, e foi preciso amputar suas pernas, primeiro uma, depois a outra (por incrível que pareça, a mesma coisa aconteceria mais tarde com o padre Lisandro, o confessor da minha avó, cujas pernas também seriam amputadas por causa do diabetes, que prejudicou sua circulação até gangrená-las, como se os dois tivessem sido atingidos por um raio lançado das alturas para castigar sua devoção, seu zelo cristão e seu apostólico celibato), mas já àquela altura o bacilo de Hansen se encarregara de levar os dedos das mãos do tio Luis, deixando aqueles cotos terríveis com os quais ia passando as contas do terço. E também aparecia a Tatá, claro, que havia sido babá de minha avó e de minha mãe e então morava seis meses na minha casa, seis meses na casa de vovó, e como eu já disse era completamente surda e rezava o terço no seu próprio ritmo, pois quando os outros diziam santa Maria, mãe de Deus, rogai por nós, pecadores, agora e na hora da nossa morte, amém, ela, atravessando o verso e o compasso, entoava Ave Maria, cheia de graça, bendita sois vós entre as mulheres e bendito o fruto do vosso ventre... Também com a Tatá aconteceria depois uma coisa terrível, quando foi operada de catarata pelo melhor cirurgião de Medellín, o oftalmologista Alberto Llano. Coube à minha mãe cuidar dela, porque a velhinha não podia sair da cama, nem sequer levantar a cabeça, e era preciso dar-lhe banho de toalhinha, para que não se mexesse. Foram dois meses de absoluta imobilidade, porque naquele tempo a operação era feita com bisturi e não com laser, e o corte era grande. Até que um dia, enquanto minha mãe a ajudava a trocar o pijama, a Tatá uma hora ergueu a cabeça e minha mãe viu que um de seus olhos estava vazando e da cavidade escorria uma matéria gelatinosa, como um ovo cru, e ela ficou com o olho da Tatá na mão, já uma gelatina com cheiro podre, como antes minha avó ficara com o dedão gangrenado do tio Luis, e a Tatá ficou cega para sempre, pelo menos desse olho, porque do outro já não enxergava nada, só luzes e sombras, ou coisas muito grandes, vultos, mas já não tinha coragem de operar o outro olho, e para se comunicar com ela minha mãe comprou uma lousa, como as do colégio, e giz, e para lhe dizer qualquer coisa tinha que escrever na lousa com letras imensas, porque a velhinha já não ouvia nada e só via objetos do tamanho de um bonde, mas rezava sem parar, porque Deus nos mandava essas coisas para pôr nossa fé à prova ou para nos fazer pagar aqui na terra, antecipadamente, alguns tormentos do Purgatório, tão necessários para limpar a alma antes de merecermos o Céu.

 E às vezes também aparecia o Mono Jack, que de tanto fumar e rezar tinha pegado um câncer na garganta e passado por uma traqueostomia, por isso não tinha voz, e falava muito esquisito, com uns gorgorejos que pareciam vir do estômago, e minhas irmãs e eu achávamos que ele respirava pelas costas, como as baleias, pois nos disseram que também tinham feito um buraco que dava direto nos pulmões, portanto quando o Mono Jack rezava o terço conosco não se ouvia a voz dele, e sim um borborigmo fanhoso entalado na garganta que ele já não tinha, e por isso amarrava no pescoço um lencinho vermelho de seda com um laço muito elegante, e minhas irmãs e eu olhávamos as costas de sua camisa com um pavor concentrado, para ver se ali perto da espinha o tecido enfunava com a baforada de cada expiração e encolhia cada vez que ele inspirava, como se fosse um golfinho com o nariz no meio do lombo. O Mono Jack tinha um pomar que dava as melhores goiabas da cidade, imensas, e às vezes me convidava a subir nas árvores e colhê-las, para que na minha casa ou na casa da tia Mona fizessem pasteizinhos de goiaba e goiabada cascão e goiabada peneirada e geleia de goiaba e suco de goiaba, e o que mais me impressionava na casa do Mono Jack era que ele andava sempre com um apito de juiz de futebol pendurado no pescoço, e quando queria chamar a mulher apitava com muita força, e a esposa respondia de dentro da casa "Estou indo, Mono, estou indo", e eu não entendia por que ele não punha o apito nas costas, onde tinha aquele buraco para respirar e por onde devia soltar um jato de ar como o jato de água que soltam as baleias.

Esses rosários eram medonhos, como uma procissão de fiéis estropiados, uma corte dos milagres, uma cena daqueles filmes de Semana Santa em que os doentes, os aleijados, os cegos e os leprosos procuram Cristo para que os cure, onde não faltava nem mesmo a adúltera, a pecadora, encarnada numa parente distante, mulher desgraçada e sem nome, perdida para sempre por ter abandonado marido e filhos e fugido com outro para uma fazenda de gado em Montería, até ser repudiada por esse outro, o amante, e ficar sem nada, sem o pão e sem o queijo, como diziam as mulheres, e então voltar, só que aí ninguém a recebeu e a única coisa que podia fazer era rezar e rezar terços toda a vida, para ver se um dia Deus tinha piedade dela e lhe perdoava o ato abominável que tivera o descaramento de cometer, mas a tratavam mal, e tinha que sentar no fundo, bem no fundo, confundida com as criadas, de cabeça baixa em sinal de humildade, e as outras mulheres mal olhavam para ela, cumprimentando-a de longe com um movimento das sobrancelhas, sem jamais convidá-la ao Lavor do Apostolado, como se temessem que o pecado que ela cometera, o adultério, pudesse ser contagioso, mais contagioso que a lepra, a gripe e a tuberculose.

E também aparecia Rosario, que fazia bolachas e bolinhos; e Martina, a passadeira, que cheirava a goma; e sua filha Marielena, retardada mental e com lábio leporino, que tivera três filhos na rua, de três pais diferentes, porque os machões pouco se importam se a mulher com que se deitam é um gênio ou uma idiota, o que querem é meter o membro, basta que ela tenha um buraco cheiroso e quente; e Martina, a passadeira, farta dos sumiços da Marielena com seus machos fogosos, tinha pegado as crianças e oferecido para uns canadenses adotarem, pois achava que a Marielena logo voltaria prenhe outra vez, e para que tantos netos?, mas não tinha sido assim, e agora só viam aqueles filhos e netos em fotos, em dezembro, nos postais que recebiam no Natal, umas crianças canadenses rodeadas de neve e bem-estar, umas crianças estranhas que o frio tinha branqueado e cujos pais mandavam postais sem remetente, só *Merry Christmas*, o carimbo de Vancouver e os selos do Canadá com a imagem da rainha da Inglaterra, que revelavam o país e a cidade, mas não a casa onde agora as crianças viviam como ricas, enquanto Martina, a passadeira, e sua filha vegetavam aqui, sozinhas e pobres, cada vez mais velhas e sozinhas, e a Marielena já com as trompas laqueadas, que era como tinha voltado da última vez que sumira com um homem, estéril para sempre, e assim as duas ficaram sozinhas e continuariam a passar e a remendar sozinhas e a engomar toalhas e guardanapos de linho sozinhas e para ninguém, enquanto seus dedos e seus olhos aguentassem.

E além dessas apareciam as meninas, que era como minha avó as chamava, as meninas do Lavor do Apostolado, embora fossem todas velhas, até as jovens, todas muito velhas, e entre elas estavam Gertrudis Hoyos e Libia Isaza de Hernández, que enriquecera com a pomada Peña, um creme de sua invenção que, como por encanto, apagava as manchas do rosto e das mãos, a única no Lavor do Apostolado que era rica, a que mais dinheiro doava para as obras beneficentes; Alicia e Maruja Villegas, umas senhoras muito miudinhas e muito conversadeiras; Rocío e Luz Jaramillo, outras irmãs; minha tia Inés, irmã do meu pai, e minha outra avó, *doña* Eva, que vivia morrendo de rir sem que a gente soubesse por quê; e Salía de Hernández, a cortadora; e Margarita Fernández de Mira, a mãe do psiquiatra; e Eugenia Fernández e Martina Marulanda, irmã do padre Marulanda, que morava lá perto; e mais e mais mulheres que iam à casa de minha avó para costurar, e fofocar, e rezar o terço com meu tio Luis, o monsenhor García, meu pobre tio doente de lepra, que todo mundo evitava, embora ninguém nunca dissesse uma palavra sobre sua doença, nem minha mãe, nem minha avó, nem as criadas, nem as meninas velhas do Lavor do Apostolado, nem ninguém; todas diziam apenas "a prova", ou "a pena", a prova e a pena que Deus enviara à família por rezar-lhe tantos terços, comungar tantas vezes, confessar-se toda semana e dizer-lhe missas e mais missas rogando por Seus milagres, que nunca aconteciam, e Sua misericórdia, que veio sempre vestida de dor, tragédia e desgraça.

Minha mãe nunca ia àquelas sessões de costura e raras vezes participava da cerimônia do terço, porque trabalhava fora e era uma mulher prática, de poucas amigas, que detestava a perpétua futrica dos "lavores" e aquele permanente cheiro de padre e sacristia, que era o cheiro de sua infância, mas mesmo assim nos despachava para lá, às minhas irmãs e a mim, para que tomassem conta de nós, ou para que víssemos aquilo tudo e fôssemos boas crianças, como ela dizia. Mas acho que ela, no fundo, sem nunca ter dito isso, nos mandava lá para que, rezando o terço com aquele monte de velhas, tivéssemos uma pequena amostra do que havia sido sua infância de órfã naquela casa que destilava catolicismo, orações, beatas, mulheres santas e mulheres pecadoras, deformidades humanas, tragédias públicas e secretas, doenças vergonhosas, naquela casa de devoções que Deus escolhera para descarregar, como em qualquer outra casa, como em todas as casas desta terra, os raios de sua ira representados numa boa dose de miséria, de mortes absurdas, de dores e doenças incuráveis.

19.

Então, quando meu pai, temporariamente expulso pelo clima político adverso da universidade, tirava suas longas licenças e viajava para Jacarta, Manila, Kuala-Lumpur e também, anos mais tarde, para Los Angeles, onde daria aulas de saúde pública na Universidade da Califórnia a convite do professor Milton Roemer (e depois voltava para casa trazendo alguns alunos de lá, Allan, Terry e Kith, mais outros de que já não me lembro, e me tocava dividir o quarto com aqueles gringos loiros e imensos, estudantes de medicina que vinham ver as misérias dos trópicos, sem saber uma palavra de inglês, ou só com aquela minha única frase breve como um verso, *it stinks, it stinks, it stinks*, que muitas vezes vinha bem a calhar, quando eles corriam para vomitar na privada do meu banheiro, morrendo de nojo, nos almoços em que minha mãe tinha a excelente ideia de lhes servir o grande manjar de uma língua de boi cozida inteira, segundo a receita de *doña* Jesusita, imensa, vermelha e gosmenta, exposta de corpo presente numa bandeja de prata, como a cabeça de são João Batista, ou de Holofernes), pois então, quando meu pai partia para aquelas viagens que duravam meses, eu ficava à mercê da mulherada doente de catolicismo que povoava minha casa, o que queria dizer também à mercê de vovó Victoria, que tinha seu lado carinhoso e alegre, claro, principalmente com as minhas irmãs (porque com elas falava de amores e namorados), pelo menos quando não estava rezando, mas eu em geral chegava à casa dela depois do colégio, à tarde, bem na hora do recolhimento e de rezar o terço com o tio Luis, e isso para mim era o inferno na terra, por mais que muitas vezes nos dissessem, ao começar, que "os mistérios que hoje contemplaremos são os gozosos", e entre os gozos se incluíssem a visita à sua prima santa Isabel e a perda e o achado de Jesus menino no templo, era assim mesmo que eu me sentia, um menino perdido naquele templo que era a casa de minha avó, e sem pai para me resgatar. Outros dias diziam que contemplaríamos os mistérios gloriosos, entre eles o trânsito de Maria desta vida terrena para a eterna e a ressurreição de Nosso Senhor Jesus Cristo. Mas os mistérios que eu guardo mais fortes na lembrança, e os que mais se pareciam com aquilo que eu sentia, eram os dolorosos: os cinco mil e tantos açoites, a pesada cruz que puseram sobre seus ombros delicados, a coroa de espinhos, a oração no horto, a dadivosa morte na cruz. E quando mal acabávamos de contemplar aquelas torturas romanas, começavam as eternas ladainhas de Loreto à Virgem Santíssima, sempre entoadas no final, em latim, talvez a primeira língua estrangeira que eu ouvi, a língua do império e do rito até ser suprimida pelo Concílio, uma interminável cantilena, sedativa e rítmica, que dizia assim: *Sancta Maria, ora pro nobis, Mater purissima, ora pro nobis, Mater castissima, ora pro nobis, Mater inviolata, ora pro nobis, Mater intemerata, ora pro nobis, Mater amabilis, ora pro nobis, Mater admirabilis, ora pro nobis, Virgo prudentissima, ora pro nobis, Virgo veneranda, ora pro nobis, Virgo predicanda, ora pro nobis, Virgo potens, ora pro nobis, Spe-*

culum justitiae, ora pro nobis, Turris davidica, ora pro nobis, Turris eburnea, ora pro nobis, causa nostra laetitia, ora pro nobis, e muitos mais epítetos, títulos e súplicas, num ritmo insistente que parecia transmitir certa calma a todas as mulheres lá reunidas, sobretudo às criadas, que nessa hora podiam enfim descansar de suas tarefas, ficar sentadas por um momento, mergulhadas em seus próprios devaneios enquanto repetiam aquela frase para elas sem nenhum sentido, *ora pro nobis, ora pro nobis, ora pro nobis*, a mesma repetição incessante que dependendo do dia me causava uma reação diferente, desde o riso até a angústia, desde o sono até uma infinita preguiça, mas nunca a elevação espiritual e quase sempre o irremediável e definitivo tédio.

Lembro-me bem de quando meu pai voltava daquelas viagens à Indonésia ou às Filipinas, que para mim pareciam durar anos (mais tarde eu soube que, ao todo, somaram quinze ou no máximo vinte meses de orfandade, divididos em várias temporadas), da profunda sensação que eu tinha, no aeroporto, antes de revê-lo. Era uma sensação de medo misturado com euforia. Era como a agitação que a gente sente antes de ver o mar, quando fareja sua proximidade e até ouve os rugidos das ondas ao longe, mas ainda não o avista, só o intui, pressente e imagina. Eu me vejo no mirante do aeroporto Olaya Herrera, um grande terraço junto à pista, meus joelhos encaixados entre as grades do peitoril, meus braços quase tocando as asas dos aviões, e o aviso pelos alto-falantes: "O avião com prefixo HK-2142, proveniente do Panamá, prepara-se para aterrissar", e o rugido distante dos motores, a visão do alumínio brilhante surgindo entre reflexos solares, denso, pesado, majestoso, junto ao cerro Nutibara, quase roçando seu topo, com uma proximidade de tragédia e de vertigem. Por fim aterrissava o Super Constellation que trazia meu pai, baleia formidável que percorria toda a pista para só frear nos últimos metros, e lentamente girava e se aproximava da plataforma, lento como um transatlântico prestes a atracar, muito devagar para minha ansiedade (eu saltitava no lugar para contê-la), desligava os quatro motores de suas hélices, que ainda não paravam de girar, as pás invisíveis formando uma névoa de ar liquefeito, e até que não se detinham por completo a porta não se abria, enquanto o pessoal de pista empurrava e encostava a escada branca com letras azuis. Eu com a respiração agitada, minhas irmãs todas vestidas de domingo, com sainhas de renda, e começavam a surgir aqueles corpos saindo em fila da barriga do avião, pela porta da frente. Esse não, esse não, esse não, esse também não, até que, por fim, no topo da escada, aparecia ele, inconfundível em seu terno escuro, de gravata, com sua careca brilhante, seus grossos óculos quadrados e seu olhar feliz, acenando-nos de longe, sorrindo do alto, um herói para nós, o pai que regressava de uma missão na Ásia profunda carregado de presentes (pérolas e sedas chinesas, pequenas esculturas de marfim e de ébano, baús de madeira cheios de toalhas de mesa e talheres, bailarinas de Bali, leques de pena de pavão, tecidos indianos com espelhinhos e conchas marinhas, varetas de incenso), de gargalhadas, de histórias, de alegria, para me resgatar daquele mundo sórdido de terços, doenças, pecados, saias e batinas; de rezas, espíritos, fantasmas e superstição. Acho que poucas vezes senti, nem devo voltar a sentir, uma paz e uma felicidade como aquelas, pois lá vinha meu salvador, meu verdadeiro Salvador.

ANOS FELIZES

20.

Meu pai e minha mãe eram um o oposto do outro em matéria de crenças e comportamento, mas na vida cotidiana eram complementares e muito amorosos. Havia entre os dois um contraste tão claro de atitude, caráter e formação, que para o menino que eu era essa diferença radical entre meus modelos de vida se impunha como o mais difícil dos enigmas. Ele era agnóstico; ela, quase mística. Ele odiava o dinheiro; ela, a pobreza. Ele era materialista no plano ultraterreno e espiritual no plano material, ela deixava o espiritual para o além e no aquém perseguia os bens materiais. A contradição, porém, não parecia afastá-los, e sim atraí-los mutuamente, talvez porque, antes de mais nada, compartilhavam um núcleo de ética humana no qual se identificavam. Meu pai consultava minha mãe em tudo, ao passo que minha mãe via o mundo pelos olhos dele, demonstrando um amor profundo, incondicional, à prova não só de contratempos mas de qualquer discrepância radical e de qualquer informação perniciosa ou maligna que alguma "alma caridosa" lhe desse sobre ele.

— Eu gosto dele do jeito que é, por inteiro, com suas qualidades e seus defeitos, e eu gosto dele até nas coisas em que não concordamos — minha mãe nos disse muitas vezes.

Desde o momento em que eles se encontravam, na hora do almoço ou à tarde, ou até de manhã cedo, logo depois de acordar, punham-se a contar tudo um ao outro (os sonhos diurnos e os pesadelos noturnos) com o entusiasmo de bons amigos que não se veem há semanas. Contavam o lado bom e o lado ruim do que lhes acontecera naquele dia e não paravam de conversar sobre todos os assuntos, desde a vida dos filhos até os problemas no trabalho, desde as pequenas vitórias até as constantes derrotas da vida cotidiana. Quando afastados, falavam muito bem um do outro, e cada um por seu lado nos ensinava a apreciar as diferentes qualidades do parceiro. Às vezes pela manhã, principalmente no sítio de Rionegro, eu os encontrava abraçados na cama, conversando. Meu pai lhe escrevia poemas e canções de amor (que nós, filhos, tínhamos que recitar e cantar), quadrinhas cômicas a cada aniversário e a mesma canção sentimental a cada aniversário de casamento, que minha irmã Marta acompanhava ao violão ("sem ti, eu seria uma sombra, nada seria sem teu amor..."). Já perto do fim da vida meu pai chegou até a cultivar rosas no sítio por um motivo muito simples, que revelou numa entrevista: "Por que as rosas? Simplesmente porque minha esposa, Cecilia, gosta muito de rosas". Minha mãe, por seu turno, no fundo trabalhava de sol a sol por uma causa altruísta: para que meu pai não tivesse que se preocupar em ganhar dinheiro, e até para que pudesse distribuí-lo à vontade, sem achar que com isso estava preterindo a família, mas acima de tudo para que pudesse conservar sua independência mental na universidade, para que não pudessem calar sua voz com a ameaça e a pressão da fome, como é tão comum aqui.

Como eu já disse, meu pai tendia ao iluminismo filosófico e, em matéria teológica, era agnóstico. Minha mãe, ao contrário, era e continua sendo mística, embora sempre repita que precisaria de "muitíssimo mais fé, e quem dera a tivesse". Devota, bem devota mesmo, de missa diária, como se costuma dizer, e sempre com Deus e Nossa Senhora na boca. Sua religiosidade, contudo, tinha um forte componente animista, quase pagão, já que os santos em que ela mais acreditava não eram os do panteão católico, e sim as almas dos mortos de sua própria família, que ela canonizava automaticamente na hora em que faleciam, sem esperar confirmação nem autorização da Igreja. Quando perdia algum dinheiro, ou não encontrava as chaves, ou quando um de nós ficava doente, ela confiava a solução do problema à alma do tio Joaquín, o arcebispo, ou à de Tatá, depois que a Tatá morreu, ou à de Marta Cecilia, minha irmã, ou à de sua mãe, quando vovó Victoria morreu, e por fim à de meu pai, depois que o mataram. Mas ao mesmo tempo, embora estivesse sempre ligada a essas presenças imateriais do outro mundo, minha mãe nunca vivia naquele estado que costumam chamar de "esquecimento do mundo e elevação espiritual".

Muito pelo contrário, ela era — e continua sendo — a pessoa mais realista que conheci, e com os pés mais bem fincados no chão do que ninguém. Controlava a economia familiar com pulso firme e forte (sempre fiel àquele princípio tão pouco cristão segundo o qual "a caridade começa em casa"), e era muito mais capaz que meu pai de resolver os problemas práticos, tanto os do nosso entorno imediato como os dos outros, quando lhe sobrava o tempo necessário. Para meu pai, a "caridade em casa" era algo que não fazia sentido, pois isso não é ser generoso e sim obedecer aos impulsos mais naturais e primitivos (e, para ele, não reprimi-los equivalia à doentia degeneração da mente chamada avareza), e só faz sentido falar em caridade quando esta se aplica a pessoas que não pertencem ao nosso círculo mais próximo, e talvez por isso ele sempre tenha emprestado ou dado dinheiro, ou dedicado seu tempo aos projetos mais idealistas — embora também tivessem seu lado prático —, como ensinar os pobres a ferver a água ou a construir latrinas, redes de água e esgoto.

Mas a caridade do meu pai, que no plano coletivo e social era completa, no cotidiano e individual era mais teórica do que prática. Principalmente nas questões médicas, como quando algum lavrador vizinho do sítio ia consultá-lo sobre alguma doença, e então cabia à minha mãe atendê-lo, ouvir o relato dos sintomas e fingir que os retransmitia ao meu pai, que ficava lendo no quarto, ou ajoelhado ao pé de suas roseiras, enquanto ela fazia de conta que o consultava, para depois receitar, ela mesma, os remédios para o paciente. Quando perguntavam por que não podiam falar diretamente com "o doutor", minha mãe respondia que dava na mesma, pois ela tinha muita prática (fazia-se passar por enfermeira, embora a única coisa que soubesse fazer era passar mercurocromo, trocar curativos, lavar o termômetro e aplicar injeções) e seguia "ao pé da letra" as instruções do marido.

Meu pai nunca gostou do exercício direto da medicina, e havia nisso, como eu pude descobrir muito mais tarde, uma espécie de trauma precoce provocado por um professor de cirurgia da universidade. Uma vez esse professor o obrigara a extrair a vesícula de um paciente, quando ainda não tinha a prática necessária, e durante a colecistectomia, que é uma operação delicada, ele ligou o colédoco do paciente, um homem jovem, de uns quarenta anos, que não só morreu poucos dias depois da intervenção, como já no final da cirurgia sabia-se que não viveria muito. Meu pai sempre foi de uma absoluta inépcia com as mãos. Era intelectual demais até para ser médico, e carecia por completo daquela destreza de açougueiro que, em todo caso, deve ter um cirurgião. Para ele, até trocar uma lâmpada era uma operação dificílima, que dirá trocar um pneu (quando furava um, ele dizia, caçoando de si mesmo, que só lhe restava parar na beira da estrada, como uma mulher, à espera de algum homem que pudesse ajudá-lo) ou examinar o carburador (que será isso?). Ou extrair uma vesícula sem mexer nos delicados canais que há ali perto. Não entendia nada de mecânica e a duras penas conseguia guiar carros com câmbio automático, porque tinha aprendido a dirigir muito tarde, e sempre que precisava encarar o ato heroico de fazer uma conversão no meio do trânsito pesado avançava de olhos fechados, e cada vez que pegava no volante dizia sentir "profunda saudade do ônibus". Também não era ágil nem habilidoso em nenhum esporte, e na cozinha era completamente inepto, incapaz de coar um café ou fritar um ovo. Detestava que corrêssemos riscos, e eu era o único menino do bairro que andava de bicicleta de capacete (por imposição dele) e também o único incapaz de trepar em árvore, pois meu pai só me deixava subir num coité anão que havia em frente de casa, e o maior heroísmo que me permitia nesse campo era pular do galho mais baixo, ou seja, de uns trinta centímetros de altura, se tanto.

Se não me engano, foi a partir daquele episódio do paciente que morreu depois de sua intervenção cirúrgica que meu pai desistiu definitivamente do exercício direto de sua profissão, para o qual achava que lhe faltavam segurança e habilidade, e preferiu aquelas áreas mais globais da ciência médica, chamadas higiene, saúde pública, epidemiologia e medicina preventiva ou social. Exercia a medicina de um ponto de vista puramente científico, mas sem contato direto com os pacientes e as doenças (preferia preveni-las, em intermináveis campanhas de vacinação ou de educação sobre noções básicas de higiene), talvez até por um excesso de sensibilidade que resultava em aversão a sangue, feridas, pus, pústulas, dores, vísceras, líquidos, emanações, e a tudo o que é inerente à prática cotidiana da profissão médica quando em contato direto com os doentes.

Conforme o dia, meu pai se declarava agnóstico, ou crente nos ensinamentos humanos de Jesus, ou ateu de terra firme (pois nos aviões se convertia momentaneamente, fazendo o sinal da cruz na hora da decolagem), ou ateu convicto, daqueles que zombam dos padres e fazem disquisições científicas e ilustradas sobre as mais absurdas superstições religiosas. Em compensação, era um atormentado pela vida social e espiritual. Tinha os maiores rompantes de idealismo, que se estendiam por anos a fio dedicados a causas perdidas, como a da reforma agrária ou do imposto sobre a terra, ou como a da água tratada para todos, da vacinação universal ou dos direitos humanos, que foi seu último arroubo de paixão intelectual, e o que o levaria ao último sacrifício. Mergulhava em abismos de fúria e indignação diante das injustiças sociais e geralmente vivia envolvido com questões de grande importância, sempre as mais distantes do cotidiano e mais carregadas de vontade de mudança e transformação progressista da sociedade.

Comovia-se com facilidade, até as lágrimas, e exaltava-se com a poesia e a música, inclusive a música religiosa, numa elevação estética que beirava o êxtase místico, e nas horas de desconsolo ou decepção seu melhor remédio era justamente a música, que ele ouvia no último volume, trancado a sós na biblioteca. Era ao mesmo tempo um sensualista, um amante da beleza (em homens e mulheres, na natureza e nas obras da humanidade), e um completo desinteressado pelo conforto material. Sua generosidade era comparável à de certos missionários cristãos e parecia não ter limites, ou apenas o limite de não ter que tocar a dor com as próprias mãos (*"que no quiero verla, que no quiero verla"*, recitava), e o mundo material, para ele, praticamente inexistia, a não ser por aquelas condições de vida que o obcecavam como o mínimo indispensável a ser garantido a todo ser humano, para que todos pudessem dedicar-se àquilo que realmente importa, ou seja, as sublimes criações do conhecimento, das ciências, das artes e do espírito. Para ele, o mais belo e incrível eram tanto as descobertas e os avanços da ciência quanto as grandes criações artísticas no campo da música e da literatura. Sua cultura visual, ou pictórica, não era muito grande, mas recordo muito bem a paixão com que ele lia para mim, traduzindo na hora, a *História da arte* de Gombrich, aquele livro que nos fascinava por diferentes motivos — eróticos, no meu caso; no caso dele, por ter a virtude, que eu entenderia mais tarde, da clareza de uma mente geométrica, ordenada, precisa, que sabia ao mesmo tempo transmitir com simplicidade e paixão as maravilhas estéticas da arte.

Quanto às suas leituras, posso dizer que eram múltiplas, desordenadas e de todo tipo. Quase todos os seus milhares de livros, que ainda conservo, estão sublinhados e cheios de anotações, mas essas marcas raramente vão além das primeiras cem ou cento e cinquenta páginas, como se de uma hora para outra o assaltasse uma espécie de decepção ou desânimo, ou, mais provavelmente, como se outro interesse repentino suplantasse o anterior. Lia poucos romances, mas muitos livros de poesia, em inglês, francês e espanhol. Quanto à poesia colombiana, acreditava sinceramente, e toda semana repetia esse parecer, que o melhor poeta do país era Carlos Castro Saavedra. Raras vezes acrescentava que ele era também seu melhor amigo e que passava muitas noites de sábado com ele, em seu sítio em Rionegro, vizinho ao nosso, conversando e tomando umas aguardentes bem saboreadas. "Bebo pouquinho, porque gosto demais", comentava ao voltar de suas noitadas com o Carlos, que nunca passavam das onze horas.

Seus interesses incluíam a filosofia política e a sociologia (Maquiavel, Marx, Hobbes, Rousseau, Veblen), as ciências exatas (Russell, Monod, Huxley, Darwin), a filosofia (era um apaixonado pelos *Diálogos* de Platão, que gostava de ler em voz alta, e pelos romances racionais de Voltaire), mas pulava de uma coisa para outra de uma maneira improvisada, diletantesca, e talvez por isso mesmo muito feliz. Um mês estava apaixonado por Shakespeare; no outro, por Antonio Machado ou García Lorca, para em seguida passar semanas sem largar Whitman ou Tolstói. Era dado a grandes entusiasmos, a paixões arrebatadoras, mas não muito duradouras, talvez por causa da própria intensidade inicial, um furor impossível de persistir por mais de dois ou três meses.

Apesar de todos os seus embates intelectuais e da busca deliberada de um liberalismo ilustrado e tolerante, meu pai sabia que era vítima e representante involuntário dos preconceitos da triste, velha e retrógrada educação que havia recebido nos remotos vilarejos onde se criara. "Eu nasci no século XVIII, estou prestes a fazer duzentos anos", dizia, ao recordar sua infância. Embora racionalmente repudiasse o racismo com uma argumentação furiosa (com aquela paixão exagerada de quem teme o espectro do contrário e nesse excesso mostra que, mais do que com seu interlocutor, está discutindo consigo mesmo, convencendo-se por dentro, lutando contra um fantasma interior que o atormenta), na vida real custava a aceitar com naturalidade o relacionamento de alguma de minhas irmãs com uma pessoa um pouco mais carregada de melanina do que nós, e às vezes deixava escapar seu grande orgulho pelos olhos azuis do meu avô, pai dele, ou do cabelo loiro de alguns de seus filhos, sobrinhos e netos. Em compensação, minha mãe, que reconhecia abertamente não gostar das pessoas de pele escura ou feições claramente indígenas, embora não soubesse por quê ("porque são feias", dizia, em repentinos arranques de franqueza), no trato pessoal com elas era muito mais tranquila, amável e despreconceituosa que meu pai. Tatá era mestiça de negra e índia, e talvez graças à pele daquela que havia sido babá dela e da minha avó é que minha mãe sentia um carinho sincero por negros e índios e, no contato direto com eles, uma familiaridade isenta de qualquer embaraço ou repulsa.

Por tudo isso, às vezes parecia que as palavras de cada um deles não correspondiam às suas ações na vida real, com o agnóstico agindo como místico e a mística como materialista, em certos aspectos; e às vezes justo o contrário, o idealista como indiferente, racista e egoísta, e a materialista e racista como uma cristã verdadeira para a qual todas as pessoas eram iguais. Imagino que por isso se amavam e admiravam tanto: porque minha mãe via nos apaixonados pensamentos generosos do meu pai a razão de sua vida, e meu pai via nas ações dela a realização prática de seus pensamentos. E às vezes o inverso: minha mãe o via agir como o cristão que ela gostaria de ser na vida prática, e ele a via resolver os problemas cotidianos como a pessoa útil e racional que gostaria de ter sido.

Tenho certeza de que, se meu pai conseguiu se dedicar tanto aos seus arroubos de idealismo, a seus impulsos de assistência e trabalho político-social, foi, em parte, porque os problemas do cotidiano doméstico estavam resolvidos de antemão graças ao senso prático de minha mãe. Isso ficou cada vez mais claro à medida que ela foi construindo, a partir do seu pequeno escritório no edifício La Ceiba, com muito esforço e austeridade, uma empresa de administração de condomínios que chegaria a ter centenas de prédios sob sua responsabilidade e milhares de empregados contratados e pagos por ela e por minhas irmãs. Quase todas acabaram trabalhando com minha mãe, como planetas girando em torno de uma estrela com enorme poder de atração.

O objetivo de minha mãe, ao trabalhar, não era tanto ter acesso a coisas materiais, e sim permitir que meu pai levasse a vida do seu jeito, sem ter que se preocupar com o sustento da casa. Minha mãe achava maravilhoso proporcionar aquela folga econômica que dava a meu pai as condições para falar e agir sem nenhum cálculo de conveniência, no trabalho ou nas finanças, sem ter de buscar uma alternativa de emprego em outro país, como tinha acontecido no início do seu casamento. Ela sentia uma ponta de culpa por tê-lo obrigado a regressar ao país no final da década de 1950, quando ele já havia conquistado uma posição estável na OMS, e mesmo assim ela insistiu em voltar porque queria passar "os últimos aninhos" perto de minha avó (que continuou viva por mais três décadas, até os noventa e dois aninhos).

Para minha mãe, havia só um lugar no mundo para se viver, a Colômbia, e só um bom parteiro, o doutor Jorge Henao Posada, pois da única vez que fora assistida por outro obstetra, em Washington, quando nasceu minha irmã mais velha, ela havia sofrido uma febre puerperal que quase a matou. O doutor Henao Posadas, muito antes do advento das ultrassonografias, tinha o poder mágico de adivinhar o sexo do bebê. Encostava o estetoscópio na barriga das grávidas e sentenciava, muito sério: "Vai ser menino", ou então: "Vai ser menina", anunciando que registraria a previsão na ficha da paciente. Depois, quando nascia a criança, se ele acertava o palpite, celebrava com a mãe seus dons divinatórios, e se errava dizia à paciente que ela estava louca, que ele nunca tinha dito aquilo e que podia prová-lo, pois tinha anotado a previsão em sua ficha, e então a pegava e a mostrava à paciente. Minha mãe, porém, que teve quatro meninas seguidas, acabou descobrindo seu truque, que era anunciar um sexo e escrever o contrário na ficha. Até mesmo a descoberta dessa artimanha ajudou a aumentar a cumplicidade que havia entre eles, e a cada gestação no exterior, no sexto ou sétimo mês, minha mãe deixava meu pai e voltava para Medellín, para ser assistida pelo doutor Henao Posadas e ter mais uma filha colombiana. Quando por fim o casal voltou para ficar definitivamente, porque a insistência de minha mãe acabou dobrando a vontade do meu pai, ele chegou a ganhar na universidade a mesma cifra que ganhava na OMS, três mil, só que lá eram dólares e aqui pesos, e talvez por isso mesmo minha mãe se sentia na obrigação de trabalhar e ganhar o dinheiro complementar, de modo que os dois juntos ganhassem na Colômbia o que, no exterior, ele ganhava sozinho.

A segurança econômica que ela dava à família permitia a meu pai ser coerente até as últimas consequências, preservando sua independência ideológica e mental. Também nesse aspecto, as facetas ideal e prática de cada um sempre encontraram no outro um complemento e uma harmonia que foi para nós a imagem do casal feliz, tão rara nesta vida. Graças a esse exemplo que recebemos deles, minhas irmãs e eu sabemos, hoje em dia, que há um único motivo pelo qual vale a pena batalhar algum dinheiro: para poder conservar e defender a todo custo a independência mental, sem que ninguém possa nos submeter a chantagens econômicas que nos impeçam de ser o que somos.

21.

Quando meu pai voltava do trabalho, podia vir de duas maneiras: de mau humor, ou de bom humor. Quando chegava de bom humor — o que acontecia quase sempre, pois era uma pessoa quase sempre feliz —, já no instante em que ele entrava se ouviam suas maravilhosas, estrondosas gargalhadas, como badaladas de riso e alegria. Chamava por minhas irmãs e por mim, e todos corríamos para receber seus beijos excessivos, suas frases exageradas, seus elogios hiperbólicos e seus longos abraços. Quando, ao contrário, chegava de mau humor, entrava em silêncio e se esgueirava até a biblioteca, punha música clássica no último volume e se sentava a ler em sua poltrona reclinável, com a porta trancada à chave. Depois de uma ou duas horas de misteriosa alquimia (a biblioteca era o quarto das transformações), aquele pai que chegara carrancudo, apagado, sombrio, voltava a sair radiante, feliz. A leitura e a música clássica lhe devolviam a alegria, as gargalhadas e a vontade de nos abraçar e de conversar.

Sem me dizer uma única palavra, sem me obrigar a ler nem me passar o sermão de como a música clássica pode ser benéfica para o espírito, eu entendi, só de olhar para ele, de ver nele os efeitos da música e da leitura, que todos podíamos receber na vida um grande presente, não muito caro e mais ou menos ao alcance da mão: os livros e os discos. Aquele homem sombrio e mal-humorado, que chegava da rua com a cabeça cheia das más influências, das tragédias e das injustiças da realidade, recuperava sua melhor cara e sua alegria pela mão dos bons poetas, dos grandes pensadores e dos grandes músicos.

22.

Depois disso, ou antes, já nem sei mais, ou antes e depois, quando o deixavam em paz, durante alguns bons anos meu pai pôde dedicar-se por inteiro ao seu trabalho. Foi nesse período que ele fundou a Escola Nacional de Saúde Pública, sendo seu primeiro diretor e contando para isso com algumas contribuições da Fundação Rockefeller (a esquerda estúpida e fundamentalista protestou contra essa suposta ingerência imperialista, que na verdade não era senão filantropia da boa, sem a exigência de nenhuma contrapartida, exceto algum simples gesto de gratidão, uma placa e uma carta) e com o apoio do governo federal. Valendo-se de sua cátedra e de alguns cargos públicos que ocupou (nunca muito altos, nunca muito importantes e nada bem pagos, mas isso era o de menos), ele conseguiu difundir seus conhecimentos práticos por todo o país, e muitas de suas iniciativas tiveram grande êxito naqueles anos. Os indicadores de saúde e as taxas de mortalidade infantil melhoraram lenta mas sustentadamente rumo ao ideal dos países mais desenvolvidos, o fornecimento de água tratada se ampliava, as campanhas nacionais de vacinação maciça surtiam efeito, o Incora, um instituto de reforma agrária onde ele também trabalhou durante o governo de Lleras Restrepo, distribuiu algumas fazendas improdutivas entre os camponeses sem terra, fundou-se, com sua participação, o Instituto Colombiano de Bem-Estar Familiar, instalaram-se redes de água e esgoto em aldeias, vilas e cidades.

Meu pai fez naquele tempo uma espécie de aliança pragmática com um líder político conservador, também médico, Ignacio Vélez Escobar, e essa dupla, que reduzia, na direita, a desconfiança por meu pai (se ele está com o Ignacio, não deve ser tão perigoso nem tão comunista assim) e, na esquerda, a desconfiança em Vélez (se está com o Héctor, não deve ser tão reacionário assim), conseguiu muitas coisas boas. Ele então pôde dedicar-se à sua paixão, que era salvar vidas, melhorando as condições básicas de saúde e higiene: água tratada, ração de proteínas, deposição de excrementos, um teto para abrigar-se da chuva e do sol.

A vida transcorria numa espécie de rotina feliz e sem maiores sobressaltos, com a empresa de minha mãe em pleno crescimento, com dias, semanas, meses e anos idênticos, nos quais todos os filhos estudavam bem, passando de ano sem problemas, e meu pai e minha mãe madrugavam para trabalhar, sem se queixarem, sem que eu tenha visto nem ouvido, nem um único dia, um gesto de vacilação ou de preguiça, pois no trabalho se sentiam úteis e bem-sucedidos, ou até "realizados", como na época já se começava a dizer. Nos fins de semana, quando não havia campanhas nos bairros pobres, íamos ao sítio em Rionegro, e lá eu fazia longas caminhadas ao lado do meu pai, que enquanto andava recitava poemas de cor e depois, à sombra de uma árvore, lia o *Martín Fierro, Guerra e paz* ou poemas de Porfirio Barba Jacob, enquanto minha mãe e minhas irmãs jogavam baralho ou conversavam tranquilamente sobre namorados, namoricos e pretendentes, numa espécie de harmonia serena que parecia que iria durar a vida inteira.

O escritório de minha mãe nos proporcionava um bem-estar até então desconhecido, e em dezembro íamos todos juntos a Cartagena, à casa do tio Rafa e da tia Mona, irmã de minha mãe, que se casara com um arquiteto do litoral, muito bem-sucedido e generoso, grande trabalhador, que havia sido seu colega na universidade. Eles tinham a família ideal para nós, com uma filharada simetricamente inversa à nossa: também seis, mas cinco homens e uma única mulher. Como meu pai era péssimo motorista, incapaz, já nem digo de trocar um pneu, mas até de pôr água no radiador, minha mãe ia com minhas irmãs por terra, de caminhonete, engolindo poeira durante vinte e oito horas de estrada, divididas em duas jornadas extenuantes, enquanto meu pai e eu íamos de avião, como se fosse um privilégio inato dos machos, como reizinhos da criação, voar e chegar ao destino em uma hora, bem descansados, enquanto as mulheres enfrentavam os riscos daquela longa viagem. Uma bárbara injustiça que só agora percebo, mas que na época me parecia a coisa mais natural do mundo, pois na minha casa sabia-se que as mulheres eram os seres valentes e práticos, capazes de tudo, que encaravam a travessia felizes e íntegras, enquanto os homens eram os mimados, ineptos e um tanto inúteis para a vida real e os inconvenientes do cotidiano, bons apenas para pontificar sobre a verdade e a justiça. Éramos ridículos nisso, como em tantas outras coisas ainda não totalmente superadas, e nem sempre o notávamos.

Foram anos felizes, como já disse, mas a felicidade é feita de uma substância tão leve que facilmente se dissolve na memória, e quando volta à lembrança vem junto com um sentimento meloso que a contamina e que eu sempre refuguei, por inútil, enjoativo e, em última instância, prejudicial para viver o presente: a saudade. Mas também é preciso dizer que as tragédias que se seguiram não deveriam estragar essa lembrança feliz, nem cobri-la com a sombra da desgraça, como às vezes acontece com alguns temperamentos que adoecem de ressentimento contra o mundo, e que, por causa de episódios posteriores carregados de injustiça ou de tristeza, apagam do passado até os inegáveis períodos de alegria e plenitude. Acho que o que aconteceu depois não pode contaminar de amargura aqueles anos felizes.

Para não cair na saudade melosa nem no ressentimento que tudo mancha de desolação, basta dizer que em Cartagena passávamos um mês inteiro de plena felicidade, e eu às vezes até um mês e meio, ou mais, fazendo passeios com o tio Rafa, em sua lancha chamada *La Fiorella*, que nos levava até a ilha de Bocachica para recolher conchinhas e comer peixe frito com banana e mandioca, e às ilhas de Rosario, onde comi lagosta pela primeira vez, ou indo a pé até a praia de Bocagrande e a piscina do Hotel Caribe, ficando bronzeados e com uma suave dor de queimadura nos ombros, que depois de alguns dias descascavam e ficavam para sempre sardentos, ou jogando bola com meus primos no campinho em frente à igreja de Bocagrande, ou tênis no Club Cartagena, ou pingue-pongue na casa deles, ou apostando corridas de bicicleta, ou tomando alegremente os tremendos aguaceiros da costa, ou aproveitando a chuva e a modorra da tarde para ler a obra completa de Agatha Christie, ou os dramalhões fascinantes de Ayn Rand (lembro que as façanhas do arquiteto protagonista de *A nascente* se confundiam na minha imaginação com as do meu tio Rafael Cepeda), ou as sagas intermináveis de Pearl S. Buck, numas redes gostosas que ficavam à sombra na varanda, com vista para o mar, bebendo Kola Román, comendo bolinhos chineses aos domingos, arroz com coco e pargo vermelho às segundas, quibe às quartas, carne assada às sextas e, o melhor de tudo, aos sábados de manhã, *arepas* de ovo, trazidas ainda fumegantes de um vilarejo próximo, Luruaco, onde tinham a melhor receita.

Para nós, a linda casa moderna que meu tio construíra de frente para a baía era mais bem projetada que as de Frank Lloyd Wright. Da varanda víamos entrar os imensos transatlânticos italianos (*Verdi, Rossini, Donizetti*), ou partir para sua volta ao mundo o luminoso barco *Gloria*, recém-batizado pelo poeta Gonzalo Arango, com suas velas brancas desfraldadas à brisa boa do Caribe, ou os escuros navios de guerra partindo da Base Naval, para desfilarem lentos com seus detestáveis canhões apontando para o céu. Nessa casa espaçosa, cheia de luz, fresca, porque era toda aberta à brisa do mar, sempre havia música clássica tocando no último volume, que ouvíamos por toda parte, porque o tio Rafa era melômano, e continua sendo, por isso sempre o vi envolto numa aura de instrumentos musicais ou deixando atrás de si uma esteira de música das esferas. Ele era, e ainda é, não apenas violinista, mas um violinista tão talentoso que custeou seus próprios estudos de arquitetura, em Medellín, não com a ajuda dos pais, que estavam arruinados, e sim tocando violino em enterros, casamentos, serenatas e festas da sociedade.

Há certos períodos da vida que transcorrem numa espécie de harmoniosa felicidade, períodos que têm a tênue tonalidade da alegria, e para mim os mais nítidos estão naqueles anos, naquelas longas férias com meus primos do litoral, que falavam um espanhol muito mais suave e agradável que o nosso, que era mais pedregoso, montanhês, uns primos que depois — no tempo das tragédias — voltamos a ver poucas vezes, como se nos envergonhássemos da nossa tristeza, ou como se eles tivessem a delicadeza de não nos esfregar na cara sua felicidade conservada, quando nossa antiga alegria foi substituída por um rancor sombrio, por uma desconfiança profunda na existência e nos seres humanos, por uma amargura difícil de apagar, que já não tinha nada a ver com a cor alegre das nossas lembranças.

A primeira tragédia quase aconteceu por minha culpa, e só não se consumou graças à coragem de um garoto negro cujo nome eu nunca soube, mas a quem serei sempre grato por não carregar o peso de uma morte causada por minha covardia. Naquele dia, tínhamos ido de lancha até Barú, visitar uma família que tinha uma casa de recreio naquela ilha. Eu já sabia nadar porque, nas semanas anteriores, um professor da piscina do Hotel Caribe, o negro Torres, um gigante com corpo escultural, tinha ensinado aos mais crescidinhos os rudimentos do estilo livre: o mergulho, as braçadas, inspirar pela boca e expirar pelo nariz, a resistência dos braços feitos nadadeiras, das pernas batendo retas com o corpo na horizontal, quase nos fazendo afogar de cansaço, nadando piscinas completas, ida e volta, sem parar, dá-lhe que dá-lhe, mais uma e mais outra, exigia o negro Torres, uma estátua de ébano com uma minúscula sunga branca, até que tinha que nos tirar da piscina quase que puxando pelos cabelos, porque nos obrigava a seguir até que começávamos a afundar, exaustos, incapazes de dar nem mais uma braçada. Mas todo aquele treinamento forçado de nada me valeu, como pude comprovar aquela tarde na ilha.

Já enjoados daquela longa visita a Barú, depois do almoço, enquanto os adultos falavam de política na varanda da casa, todos muito acalorados pelo assunto e pelo clima, minha irmã mais nova e eu fomos até o píer olhar o mar e, sem ter muito o que fazer, começamos a brincar de pular da lancha para o píer e do píer para a lancha. As cordas que amarravam a embarcação foram lasseando, e a lancha começou a se afastar lentamente do píer, o que tornava o salto cada vez mais longo, mais difícil de dar e, pelo perigo crescente, mais excitante. Devo ter desafiado a minha irmã, imagino, pois era muito fácil ganhar dela, por ser maior e ter as pernas mais compridas.

Num desses saltos, a Sol, que não tinha assistido às aulas de natação do negro Torres, não alcançou a lancha e caiu ao mar, entre o píer e o casco. Eu fiquei sobre as tábuas do píer olhando para ela, paralisado. Via sua cabeça sumir na água, e bolhas e mais bolhas subirem do seu corpo que afundava, como de um comprimido de Alka-Seltzer, até que por um instante seu cabelo loiro voltava a aparecer, e depois a cabeça, com cara de terror, os olhos esbugalhados e suplicantes, sua boca desesperada que conseguia pegar um pouco de ar, tossindo, mas voltava a afundar em seguida, e mexia os bracinhos loucamente, afogando-se. Ela devia ter uns seis anos, se tanto, e eu nove, e sabia muito bem que devia mergulhar imediatamente para tirá-la da água, mas estava paralisado, só fazia olhar para ela, como se estivesse vendo um filme de terror, incapaz de me mexer, com a mais nojenta covardia tomando conta do meu corpo, incapaz de me jogar e salvá-la, incapaz até mesmo de gritar para pedir ajuda, porque além disso não me ouviriam, com o barulho do mar e a distância da casa, que estava a uns duzentos metros do píer, e rodeada de vegetação. Minha irmãzinha já quase não saía da água, e a lancha começava a se aproximar de volta ao píer, ameaçando bater na cabeça dela, esmagá-la contra os pilotis de madeira, e eu continuava só olhando, paralisado, certo de que ela ia se afogar, tremendo de medo enquanto ela morria, mas quieto e mudo. De uma hora para outra, não sei de onde, um vulto negro e nu passou como uma flecha na minha frente, uma sombra escura que mergulhou na água e saiu com a menina loirinha entre os braços. Era um menino da minha idade, ou até um pouco mais novo, pois era mais baixo que eu, mas a salvou, e nesse instante começaram a chegar correndo todos os adultos da casa, gritando assustados, pois ouviram o alvoroço no rancho dos negros ali ao lado. Eu continuava lá, paralisado, olhando minha irmã tossir e vomitar água, chorando e voltando a respirar, abraçada à minha mãe, até que meu pai me pegou pelos ombros, se agachou até ficar com a cabeça à minha altura, me olhou bem nos olhos e disse:

— Por que você não fez nada?

Falou num tom neutro, distante, em voz muito baixa. Não era nem sequer uma recriminação, mas uma constatação de tristeza, de sombria decepção: por que você não fez nada? Por que você não fez nada? E eu ainda não sei por que não fiz nada, ou melhor, sei, sim: por covardia, por medo de eu também me afogar, se me jogasse para salvá-la; mas era um medo injustificado, pois aquele negrinho provou que bastava um segundo, um gesto de coragem e decisão, para que a vida continuasse seu curso e não se transformasse na mais terrível tragédia. E, embora minha irmã não tenha se afogado, guardei para sempre a profunda sensação, a horrível desconfiança de que talvez, se a vida me puser numa circunstância em que eu tenha que provar quem sou, vou ser um covarde.

23.

Talvez tenha sido com a intenção de fortalecer um pouco o meu caráter que, não muito tempo depois desse episódio, dali a um ano ou dois, meu pai resolveu que já tinha chegado a hora de eu ver um morto. A oportunidade surgiu numa madrugada em que lhe telefonaram pedindo que ele fosse ao necrotério de Medellín reconhecer um corpo. Era o de John Gómez, um rapaz com deficiência mental que tinha sido atropelado na estrada, o único filho de Octavia, uma tia do meu pai. Antes de sair para aquele trâmite, meu pai resolveu me acordar, dizendo:

— Vamos para o anfiteatro. Acho que já é hora de você conhecer um morto.

Eu me vesti todo animado, como se fosse sair para um passeio divertido, pois fazia muito tempo que estava pedindo para ele me apresentar a esse mundo do que já não existe. Fomos sozinhos, e a partir do momento em que entramos no necrotério do Pedregal, ao lado do cemitério Universal, não gostei nem um pouco de nada daquilo. A sala estava cheia de cadáveres, mas eu evitei fixar a vista neles, que, de resto, estavam em sua maioria cobertos com lençóis. Havia no ar um cheiro de sangue, de açougue, de formol, de coisa podre. Meu pai me levou pela mão até onde o legista lhe indicou que estava o corpo do rapaz que podia ser John. E era de fato John, por isso o médico convidou meu pai a assistir à autópsia. Minhas lembranças daí em diante não são muito nítidas. Vejo uma serra que começa a cortar o crânio, vejo intestinos azuis sendo depositados num balde, vejo uma tíbia fraturada saindo por um lado da panturrilha, rasgando a carne. Sinto um profundo cheiro de sangue dissolvido no formol, como um misto de açougue com laboratório de química. Depois, como meu pai percebeu que o espetáculo da autópsia era forte demais para mim, resolveu me levar para dar uma volta entre os outros mortos. Na tarde anterior tinha caído um pequeno avião nos arredores de Medellín e havia vários corpos carbonizados e estraçalhados que eu não quis olhar mais detidamente, pelas ânsias de vômito que aquela visão me causava. Mas minha lembrança mais forte é talvez a do cadáver de uma moça muito jovem, completamente nua, de uma palidez transparente, com uma ferida azul, de navalhada, no abdômen. Uma etiqueta pendurada no seu dedão do pé dizia que tinha sido apunhalada num bar de Guayaquil, e meu pai comentou: "Talvez fosse uma puta, coitada". Era a primeira vez que eu via uma mulher nua (afora as minhas irmãs); a primeira vez que via uma puta; a primeira vez que via um morto de perto. Aí desmaiei. Depois me vejo fora do necrotério, tomando uma enjoativa Uva Lux à força, para me reanimar, pálido, mudo, suarento.

Durante várias noites não consegui dormir. Tinha pesadelos em que eu via os ossos quebrados, a carne rasgada e as tripas azuis do John ao lado de minha cama, de um azul-escuro igual ao da navalhada da moça de Guayaquil, e sua figura inteira voltava a aparecer na minha imaginação, com toda a sua palidez, seu púbis peludo, o sangue coagulado no flanco. (Anos mais tarde, sem me dar conta e não sei por que doentia fascinação, resolvi comprar um quadro impressionante chamado *Menina mostrando sua ferida*, em que uma moça exibe os lábios de uma ferida à faca no ventre. Agora que evoco essa ida ao necrotério de Pedregal, acho que entendo por que o comprei e também por que esse quadro perturba e incomoda todo mundo que me visita.) Durante aquelas noites maldormidas que se seguiram, meu pai se sentiu culpado e condoído. Sentava-se no chão ao lado da minha cama e me fazia companhia durante horas, explicando-me muitas coisas enquanto me acariciava os cabelos ou lendo-me contos leves. E cada vez que ele via que meus olhos estavam novamente tomados daquelas imagens do horror, me pedia desculpas. Talvez ele tenha pensado que eu tinha uma vida muito fácil, muito boa, e quis me mostrar o aspecto mais doloroso, trágico e absurdo da existência, como uma lição. Mas se tivesse podido adivinhar o futuro, provavelmente pensaria que essa precoce terapia de choque era completamente desnecessária.

24.

A cronologia da infância não segue uma linha reta, mas é feita de sobressaltos. A memória é um espelho opaco e estilhaçado, ou melhor, é feita de conchas intemporais de lembranças espalhadas numa praia de esquecimento. Sei que aconteceram muitas coisas naqueles anos, mas tentar recordá-las é tão desesperador como tentar lembrar um sonho, um sonho que deixou em nós uma sensação, mas nenhuma imagem, uma história sem história, vazia, da qual resta apenas um vago estado de espírito. As imagens se perderam. Os anos, as palavras, as brincadeiras, as carícias se apagaram, e no entanto, de repente, rememorando o passado, alguma coisa volta a se iluminar na sombria região do esquecimento. Quase sempre é um misto de vergonha e alegria, e quase sempre aparece o rosto de meu pai, colado ao meu como a sombra que arrastamos ou que nos arrasta.

Pouco antes ou pouco depois de minha irmã menor quase se afogar, ela sem querer me deu outra lição, e essa lição coincidiu com outra decepção para meu pai. Havia em Medellín, no centro da cidade, uma Feira Popular do Livro, e ele nos levou lá, a nós dois, os caçulas. Quando chegamos, ele disse que era para cada um escolher um livro, o que quiséssemos, e ele o compraria, para depois lermos e nos divertirmos em casa. Primeiro íamos percorrer todas as bancas, e na volta escolheríamos o livro que mais nos chamasse a atenção.

Fizemos o percurso duas vezes, rua acima e rua abaixo, e meu pai, sem nos forçar muito, fazia algumas sugestões, pegava um livro na mão, elogiava as virtudes da história, a mestria do escritor, ou dizia como o tema era apaixonante. Minha irmã, seguindo seus conselhos, logo escolheu um: *O rouxinol e a rosa e outros contos*, de Oscar Wilde, numa edição muito simples, mas linda, toda branca, com uma rosa vermelha na capa. Eu, em compensação, desde a primeira volta cismei com um livro caro, grande, de capa vermelha, chamado *As regras oficiais de todos os esportes*. Mas, se tinha uma coisa a que meu pai não dava o menor valor, era o esporte, o exercício físico em geral, que para ele era apenas uma possível causa de lesões e acidentes. Tentou me fazer mudar de ideia; disse que aquilo não era literatura, nem ciência, nem história, chegou até a dizer, coisa insólita vindo dele, que era muito caro. Mas eu estava cada vez mais decidido, e cerrando os dentes, contrariado, meu pai me comprou o livro.

Ao chegarmos em casa, fomos os três à biblioteca, e enquanto eu tentava entender as regras do futebol americano, que nem daquela vez nem nunca entraram na minha cabeça, meu pai começou a ler para minha irmã, em voz alta, o primeiro conto do livro de Oscar Wilde, justamente "O rouxinol e a rosa". Quando acabaram de ler a primeira página, eu já tinha me decepcionado, por completo, com as incompreensíveis regras do futebol americano, e ouvia, disfarçadamente, a maravilhosa história de Wilde. Até que, por fim, na hora em que o pássaro morre trespassado pelo espinho da roseira, fechei meu livro e me aproximei deles, humilde e arrependido. Meu pai terminou a leitura com muita emoção. Acho que naquele instante eu me senti quase tão miserável como no dia em que não fui capaz de salvar minha irmã, quando ela caiu no mar, e acho que meu pai estava quase tão desapontado comigo quanto daquela vez. Escondi o livro vermelho das regras dos esportes atrás dos meus outros livros, como se fosse uma revista pornográfica, li e reli os fascinantes contos de Wilde, e daí em diante só fiz ler literatura, ciência, história, as regras do críquete, do rúgbi, do futebol americano ou do judô.

25.

"Desculpa, não sabia que você estava ocupado." Foi essa a frase que ouvi do meu pai numa tarde quente de verão. Ele tinha acabado de chegar em casa com um presente para mim, uma biografia de Goethe, que me entregaria mais tarde (ainda a tenho e ainda não a li: já vai chegar a sua vez), mas quando entrou no meu quarto eu estava entregue àquele exercício manual que para todo adolescente é uma deliciosa e inadiável urgência. Ele sempre batia à porta, mas naquele dia, como vinha todo contente com o livro na mão e estava impaciente para entregá-lo, foi entrando sem bater. Eu tinha uma rede pendurada no quarto e estava lá deitado, em plena atividade, olhando uma revista para ajudar a mão e a imaginação. Ele me olhou por um instante, sorriu e deu meia-volta. Antes de fechar a porta, ainda me disse: "Desculpa, não sabia que você estava ocupado".

Depois, não fez um único comentário sobre o assunto, mas semanas mais tarde, na biblioteca, me contou a seguinte história: "Quando eu estava no último ano de medicina, um primo meu, o Luis Guillermo Echeverri Abad, me pediu que fosse à casa dele. Depois de muitos rodeios, e com ar de mistério, esse primo me confessou que estava muito preocupado com seu filho, o Fabito, que parecia não pensar em outra coisa além de bater punheta. De manhã, de tarde e de noite. 'Você, que é quase médico', disse meu primo, 'fala com ele, dá uns conselhos, explica o mal que o vício solitário faz.' Então fui conversar com o filho do meu primo", continuou contando meu pai, "e falei para ele: 'Fique tranquilo, continue fazendo tudo o que quiser, que isso não faz mal nenhum e é mais do que normal; estranho seria um rapaz da tua idade não se masturbar. Mas ouça o meu conselho: não deixe rastros, nem deixe que seu pai o veja'. Pouco depois, meu primo voltou a me chamar, desta vez para me agradecer. Eu tinha feito um milagre: o Fabito, como num toque de mágica, tinha largado o vício". E meu pai, como se não houvesse melhor moral para essa história, deu uma gargalhada.

O que eu sentia com mais força era que meu pai confiava em mim, fizesse o que eu fizesse, e também que depositava em mim grandes esperanças (sempre apressando-se a dizer que eu não precisava conseguir nada na vida, que minha simples existência bastava para sua felicidade, minha existência feliz, fosse como fosse). Isso significava, por um lado, certa carga de responsabilidade (para não trair essas esperanças nem frustrar essa confiança), certo peso, mas era um peso suave, não uma carga excessiva, pois qualquer resultado, por menor e mais ridículo que fosse, sempre lhe agradava. Meus primeiros rascunhos o entusiasmavam; interpretava minhas loucas mudanças de rumo como uma excelente prática formativa; minha inconstância, como uma marca genética que ele também carregava; minha instabilidade vital e ideológica, como algo inevitável num mundo que estava se transformando diante de nossos olhos e exigia uma mente flexível para saber que partido tomar no reino do mutável e da indeterminação.

Nunca, nem quando mudei quatro vezes de curso, nem quando me expulsaram da universidade por escrever contra o papa, nem quando fiquei desempregado com uma filha para sustentar, nem quando fui morar com minha primeira mulher, sem me casar, nunca ouvi censuras, nem queixas da parte dele, só a mais tolerante e aberta aceitação da minha vida e da minha independência. E acho que foi assim também com todas as minhas irmãs, nunca um censor, nunca um crítico ou um inquisidor, muito menos um repressor ou um carcereiro, sempre uma pessoa liberal, aberta, positiva, que até as nossas falhas aceitava como travessuras inocentes. Talvez pensasse que o ser humano, todo ser humano, está condenado a ser o que é, e que não há castigo capaz de corrigi-lo nem má companhia capaz de estragá-lo. Isso também, talvez, porque teve a sorte de nenhum de nós ter saído crápula, doente, vagabundo, idiota ou inútil. Não sei como teria reagido nesse caso, mas penso que, sem dúvida, com o mesmo espírito aberto, tolerante e alegre, embora, claro, também com uma inevitável dose de dor e impotência.

Em matéria sexual foi sempre muito aberto, como no episódio da masturbação e em outros que não vou contar, porque não há nada mais incômodo que misturar o sexo com os pais. Imaginamos nossos pais sempre assexuados, e, como diz um amigo meu, achamos que "as mães nem sequer fazem xixi". Talvez meu pai fosse mais puritano na vida que nas ideias, e quem sabe um pouco conservador, à sua própria revelia, tradicionalista em questões de moral familiar, mas teoricamente muito liberal. Nisso também era o oposto da minha mãe, que em teoria dizia ater-se aos ensinamentos da Santa Madre Igreja, mas na prática chegava a ser mais aberta e liberal do que meu pai. Uma vez o marido da minha prima, que é da Opus Dei, fez uma conferência na universidade criticando o uso da camisinha e sustentando que, às vezes, a medicina era uma aliada perversa da imoralidade humana, pois pretendia que se pudesse fazer impunemente o que era proibido. Minha mãe, então, disse em segredo a essa prima que tudo aquilo estava muito bem, que ela concordava com o que seu marido tinha dito, mas que, sempre que o dela viajava, ela o aconselhava a pôr na mala uma caixa de camisinhas, porque os homens podiam ser muito bons para fazer discursos sobre a moral, mas na hora da verdade, no momento da tentação, se esqueciam da moral, e nesse caso, pelo menos, era melhor que ele, e principalmente ela, não pegassem uma doença por um excesso de moralidade abstrata, em vez de continuarem com saúde graças a um pouco de imoralidade prática.

Eu podia falar com meu pai sobre todos esses assuntos íntimos, e consultá-lo diretamente, porque ele sempre me escutava, sem se escandalizar, com calma, e respondia num tom amoroso e didático, nunca de censura. No meio da minha adolescência, na escola masculina onde eu estudava, começou a me acontecer uma coisa que achei muito estranha e que me atormentaria por anos a fio. A visão dos genitais de meus colegas, e seus jogos eróticos, me excitava, e cheguei a pensar angustiado que era maricas. Contei essa minha preocupação ao meu pai, cheio de medo e de vergonha, e ele me respondeu, sorrindo, muito tranquilo, que ainda era cedo para saber definitivamente, que era preciso esperar até ter mais experiência do mundo e das coisas, que na adolescência estamos tão carregados de hormônios, que tudo pode ser motivo de excitação, uma galinha, uma burra, umas salamandras ou uns cachorros copulando, mas que isso não queria dizer que eu fosse homossexual. Mas acima de tudo deixou claro que, se assim fosse, também não teria a menor importância, desde que eu escolhesse o que me fizesse feliz, o que minhas inclinações mais profundas me indicassem, porque não devemos contrariar a natureza com que nascemos, seja ela qual for, e ser homossexual ou heterossexual era como ser destro ou canhoto, só que os canhotos eram um pouco menos numerosos que os destros, e que o único problema que eu poderia ter, caso me definisse como homossexual, não era nada de insuportável, apenas uma certa discriminação social, num meio tão obtuso como o nosso, que também poderia ser contornada com doses iguais de indiferença e de orgulho, de discrição e de escândalo, e principalmente com senso de humor, porque a pior coisa na vida é não ser o que se é, e disse essas palavras com uma ênfase e uma firmeza que vinham do fundo mais profundo da sua consciência, e advertindo-me de que, em todo caso, o mais grave, sempre, o mais devastador para a personalidade, eram a simulação ou a dissimulação, esses males simétricos que consistem em aparentar o que não somos ou esconder o que somos, receitas infalíveis para a infelicidade, e também para o mau gosto. Em todo caso, disse, com uma sabedoria e uma generosidade que até hoje lhe agradeço, e com uma calma que ainda agora me acalma, que eu devia esperar um pouco para ter mais contato com as mulheres e ver se com elas não sentia a mesma coisa, ou mais e melhor.

E foi isso que aconteceu, passado algum tempo e depois de eu ter contado minhas angústias — com o dinheiro do meu pai, mas não induzido por ele — a um psiquiatra e a uma psicanalista (Ricardo José Toro e Claudia Nieva, que lembro com muito carinho). Falando com eles, ou deixando meu cérebro amadurecer com seu apoio, enquanto despejava todos os meus medos em seus ouvidos, consegui encontrar em mim mesmo o caminho dos meus desejos mais profundos, que, por sorte ou por monotonia do meu espírito, acabou coincidindo com a trilha seguida pela maioria. Desde então, além disso, também não temo meus desejos mais obscuros, nem me sinto atormentado ou culpado por eles, e se depois senti atração por objetos proibidos, pela mulher do próximo, por exemplo, ou por mulheres muito mais jovens que eu, ou pelas namoradas dos meus amigos, não vivi essas infrações como um tormento, e sim como os apelos persistentes, mas, no fundo, cegos e inocentes da máquina do corpo, que devemos controlar, ou não, dependendo do mal que possam fazer aos outros e a nós mesmos, norteados por esse único critério, mais pragmático e direto que o determinado por uma moral absoluta e abstrata (a dos dogmas religiosos), que não muda conforme as circunstâncias, o momento ou a oportunidade, mas que é sempre idêntica a si mesma, com uma rigidez nociva para a sociedade e para o indivíduo.

A MORTE DA MARTA

26.

Até que, depois desse parêntese de felicidade quase perfeita que durou alguns anos, o céu invejoso se lembrou de nossa família, e aquele Deus furibundo no qual meus antepassados acreditavam descarregou o raio de sua ira sobre nós, que, talvez sem perceber, éramos uma família feliz, e até muito feliz. Costuma ser assim mesmo: quando mais vivemos a felicidade é quando menos nos damos conta de que somos felizes, e talvez as alturas nos mandem uma boa dose de dor para que aprendamos a ser bem-agradecidos. Essa na verdade é uma explicação da minha mãe, que nada explica, e embora eu não a assuma nem endosse, mesmo assim a transcrevo, porque, de fato, enquanto a felicidade nos parece sempre uma coisa natural e merecida, as tragédias nos parecem enviadas de fora, como uma vingança ou um castigo decretado por potências malignas por causa de culpas obscuras, ou por deuses justiceiros, ou anjos que executam sentenças inelutáveis.

Sim. Éramos felizes, porque meu pai tinha voltado da Ásia definitivamente e não pensava em se afastar da família nunca mais, pois da última vez se deprimira até chegar à beira do suicídio, e felizmente tinham deixado de persegui-lo na universidade por comunista — quando muito agora o perturbavam por reacionário (porque toda pessoa feliz, para os comunistas, era essencialmente reacionária, apenas por conseguir sê-lo em meio a tantos infelizes e desvalidos). Éramos felizes porque por um momento parecia que os poderosos de Medellín confiavam em meu pai e o deixavam trabalhar em paz, ao ver que os programas de medicina pública que ele promovia eram úteis — as campanhas de vacinação, as promotoras de saúde, as redes de água comunitárias —, e que suas ações não ficavam só em palavras e mais palavras, como as de tantos outros. E então, como meu pai já não via seu trabalho ameaçado e minha mãe estava começando a ganhar mais dinheiro do que ele, até nos dávamos a certos luxos, como, de vez em quando, irmos todos juntos jantar num restaurante chinês, ou abrir uma garrafa de vinho, coisa inusitada, única, para receber o doutor Saunders, ou ganhar melhores presentes de Natal (uma bicicleta, um gravador de fita cassete), ou ir assistir em procissão familiar a um filme que meu pai achou o melhor que já vira na vida, A *história de Elza*, do qual eu lembro o título, a fila para entrar no Cine Lido, e mais nada.

Éramos felizes porque ninguém na família tinha morrido e passávamos todos os fins de semana, de sexta a domingo, no sítio; um sítio pequeno, de pouco mais de um hectare, nas terras frias de Llanogrande, que o tio Luis, aquele padre doente, tinha comprado para minha mãe com suas economias da vida inteira, e como a nossa situação era melhor, meu pai até me comprara um cavalo, Amigo, foi assim que o chamamos, Amigo, um pangaré magro e xucro, desconjuntado, igualzinho a Rocinante, e mais magro a cada semana que passava, com as costelas à mostra, porque no sítio não havia pastagem, mas que aos meus olhos era um potro árabe, no mínimo, ou um puro-sangue andaluz, quando saía galopando pelas estradas que passavam perto do sítio, e desde então eu confundo a felicidade, além de com as praias de Cartagena, com um passeio a cavalo pelo campo, sem que eu fale com ninguém e ninguém fale comigo, só com meu cavalo, como O *Cavaleiro Solitário*, o meu gibi preferido, cujo protagonista era uma espécie de Quixote sem Sancho que perseguia malfeitores nas planícies do Texas ou de Tijuana, ou de um lugar que eu nunca reconheci como parte deste mundo, e sim desse além-mundo que só existe nas histórias em quadrinhos.

No dia em que o cavalo chegou ao sítio, porém, eu recebi, ou melhor, não fui capaz de receber, um recado da vida, ou da sabedoria que a experiência deveria nos dar (e quase nunca dá), que haveria de ter bastado para me pôr de sobreaviso quanto à permanente ameaça do infortúnio sobre a felicidade. Meu pai já estava com a surpresa preparada quando, ao meio-dia daquele sábado, chegamos a Llanogrande, e quando o carro parou diante da porteira do sítio, ele apontou para o terreiro e disse: "Olha, lá está o que você queria: teu cavalo". Meu coração deu um pulo de felicidade no peito. Finalmente eu ia poder fazer aquilo que mais adorava fazer na fazenda do meu avô (os passeios a cavalo) sem ter que me submeter à desgraça de passar as noites longe do meu pai. Então me lancei para fora do carro, do velho Plymouth azul, abri a porta a toda, pulei no chão, e bati a porta com toda a minha força para disparar em direção ao cavalo. Na afobação, prendi dois dedos na porta e os esmaguei com meu próprio golpe. Senti uma dor lancinante. A alegria e o prazer se transformaram numa horrível tortura. Uma unha se desprendeu e os dois dedos ficaram roxos de sangue pisado. O riso de alegria se misturou com o choro, e só pude ir conhecer meu Amigo algum tempo depois, com os dedos enfiados numa bacia de gelo para diminuir a dor e o inchaço. Eu ria e chorava ao mesmo tempo. Talvez nessa experiência em que o êxtase de repente foi atropelado pela dor eu devesse ter entendido, repito, que nossa felicidade está sempre num equilíbrio perigoso, instável, prestes a desabar num precipício de desolação.

Mas não. Naquele tempo imaginávamos que a vida inteira seria boa, e não havia por que duvidar disso. Éramos felizes porque todas as minhas irmãs eram lindas e alegres, as garotas mais bonitas do bairro de Laureles, como todo mundo dizia — Maryluz, Clara, Vicky (que era como chamávamos a Eva, pois seu nome completo era Eva Victoria, mas ela detestava o primeiro, achava que era um nome muito montanhês, muito de Jericó, e isso sempre a fez sofrer, mesmo sabendo que era o único nome bonito de toda a família) e Marta. Sol ainda não, porque era muito pequena, e limitava-se a olhar escondida comigo atrás das janelas, dois pequenos delatores de beijos furtivos ("Mãe, o Jorge deu um beijo na Clara, e a Clara deixou!"; "Mãe, o Álvaro queria dar um beijo na Vicky, mas a Vicky não deixou!"; "Mãe, a Marta deu um beijo no Hernán Darío, e ele passou a mão num peito dela!"), mas logo chegaria sua vez de também namorar escondido. Pois é, minhas irmãs eram as garotas mais bonitas de Laureles, vocês podem perguntar a qualquer pessoa que as tenha conhecido se estou mentindo; eram também as mais alegres, simpáticas, coquetes e brincalhonas, e por isso a casa era um enxame de jovens colegiais e universitários, zumbindo a toda hora, loucos para conquistá-las, porque elas eram risonhas, boas dançarinas e espirituosas, e isso enlouquecia todos os rapazes de Laureles, e alguns até do centro e de El Poblado, que vinham para vê-las, só para vê-las de dia, para lhes fazer uma visita tremendo de timidez, tontos de medo de serem rejeitados. E a mesma coisa à noite, pois às sextas e aos sábados, depois da meia-noite, voltavam a aparecer os visitantes diurnos, desesperados de amor, e a calçada da minha casa se transformava numa passarela de intermináveis serenatas: para a Mary, do Fernando, seu namorado, a quem ela era fiel desde os onze anos, nunca permitindo a aproximação de qualquer outro, e quando algum atrevido aparecia com outra serenata, ela o barrava e despachava de volta com protestos destemperados. Para a Clara, de seus dois namorados e vinte pretendentes (uma vez lhe dedicaram quatro serenatas numa só noite, puxada por quatro rapazes diferentes, a última com *mariachis*, vendo quem dava mais para conquistar seu resistente coração), porque, embora ela não fosse infiel, era tão bonita e atraía tantos partidos, um mais perfeito que o outro, que sua escolha ficava impossível. Um deles, chamado Santamaría, até se suicidou de mal de amor. Para a Vicky, de um tal de Álvaro Uribe, um baixinho que se derretia por ela, mas não ela por ele, porque lhe parecia sério demais e, acima de tudo, muito genioso. "Como não quer saber de mim", disse o rapaz um dia, "vou trocar você por outra." E chamou de Vicky a sua melhor égua, porque gostava de cavalos mais que de qualquer outra coisa, e dizia: "Agora toda semana eu monto na Vicky". Levava os boletins para lhe mostrar as notas que tirava no colégio dos beneditinos: o máximo em todas as matérias. Só que, faltando um ano para terminar o secundário, ele foi expulso, e por culpa da minha irmã. Não da Vicky, mas da Maryluz, a mais velha. Acontece que, para o bazar dos beneditinos havia um concurso para escolher a rainha do colégio, e as duas finalistas eram Maryluz, a candidata dos rapazes do sexto ano, e a escolhida pelos do quinto, que era a turma do Álvaro, e esta levou a melhor até o último minuto. Não era a mais bonita que ganhava, e sim a que coletava mais dinheiro para o bazar, e a candidata do quinto tinha conseguido mais porque o pai do Álvaro, um rico criador de cavalos, tinha doado muito. A sorte estava lançada, mas no último minuto a Maryluz pediu encarecidamente a doação a um ricaço de Medellín, Alfonso Mora de la Hoz, e ele deu um cheque alto, polpudo. Na hora da contagem, a representante do quinto ganhou na soma do dinheiro vivo, e o Álvaro ficou todo contente, mas o último papel que tiraram foi o cheque do ricaço, que deu a dianteira à rainha do sexto. Gritos de alegria para a Maryluz. Então o Álvaro, que nunca soube perder, e até hoje não sabe, subiu numa carteira e arengou os alunos do colégio, em tom jacobino: "Os padres beneditinos se vendeeeeram!". E os padres beneditinos o expulsaram, por mostrar-se incapaz de aceitar a derrota e as regras do jogo, e ele teve que terminar o secundário no Colégio Jorge Robledo, onde iam parar todos os expulsos de Medellín. Depois a Vicky namorou outro rapaz de sobrenome Uribe, Federico, que não era parente do anterior, mas de outra família Uribe, e acabou se casando com ele. Na hora da decisão, meu pai a aconselhou: "Esse é melhor; o outro era muito ambicioso, e duvido que fosse fiel". Nenhum deles é fiel, mas enfim. Já a Marta, por ser a caçula, de outra geração, nunca foi homenageada com serenatas de trios, que era uma coisa antiquada, de coroa, mas com um carro que a certa hora parava na rua, abria as portas, e de repente seus alto-falantes trovejavam uma bateria e uma guitarra furiosa de rock, com músicas dos Beatles ou dos Rolling Stones, e depois dos Carpenters, de Cat Stevens, de David Bowie e Elton John. Entre minhas quatro irmãs mais velhas já havia uma mudança de geração, e a Marta era a primeira que pertencia à minha, se bem que eu, na realidade, acho que acabei não pertencendo a nenhuma, pois quando ela morreu fiquei sem influência e sem geração. Talvez por isso tenha me dedicado à música clássica, que era um terreno seguro, o de meu pai, e talvez por isso também nunca tenha feito serenata, já nem digo com trios, *bambucos** ou *mariachis*, mas nem sequer com rock no som do carro.

E agora devo contar a morte da Marta, porque ela partiu a história de minha casa ao meio.

---

* Gênero musical da tradição popular colombiana e, por extensão, o conjunto que o executa, geralmente um naipe de cordas formado por violão, violão de doze cordas (*requinto*), viola colombiana (*tiple*) e bandolim andino (*bandola*). (N. T.)

27.

Marta Cecilia para minha mãe, Taché para meu pai, Marta para nós, seus irmãos, era a estrela da família. Desde bem pequena mostrou que entre todos nós não havia pessoa mais alegre, mais inteligente, mais vivaz do que ela (e posso garantir que a concorrência das outras irmãs era duríssima). Começou tocando violino aos cinco anos, e de quando em quando aparecia no conservatório onde lecionava um professor tcheco, Joseph Matza, um extraordinário violinista que chegara a ser *spalla* da Ópera de Freiburg, e segundo ele fazia muitos anos que não via um talento como o da Marta. Matza, perdido nestes trópicos, regia nos fins de semana a banda da universidade (aos domingos meu pai às vezes nos levava ao Parque de Bolívar para escutá-la) e tocou tudo o que aqui se podia tocar com nossa pobre orquestra. Acabou alcoólico, amargurado, e seus alunos o recolhiam de madrugada pelas ruas da cidade, mas até os mendigos o defendiam, dizendo: "O professor está bêbado, deixem o coitado dormir". Em suas aulas, o professor Matza dizia para seus pupilos, olhando seu instrumento com amorosa raiva, "é meu inimigo íntimo". Talvez por isso minha irmã Marta tenha se desencantado do violino quando fez onze anos, pois achava que era um instrumento muito triste, que exigia uma entrega total do tempo, da vida, e era feito para tocar música antiga, dizia, e ela era muito de agora, do tempo do rock. Então largou o violino, sem nenhum remorso nem lamentação do meu pai ou da minha mãe, pois eles nunca nos pressionaram por esta ou aquela vocação, e começou a estudar violão e canto. Trocou aquele "inimigo íntimo" e o professor Matza pelo mais amistoso violão e por uma professora colombiana, Sonia Martínez, que embora lhe ensinasse *bambucos*, gênero que estava longe de ser seu preferido, Marta reconhecia que lhe transmitia muito bem a técnica vocal e o acompanhamento do violão. Com Andrés Posada, seu primeiro namorado, que hoje é um músico extraordinário, e com Pilar, a irmã dele, outra grande musicista, ela estudou mais, e juntos passavam as tardes cantando canções dos Beatles, de Joan Manuel Serrat, de Cat Stevens e de não sei quem mais.

Já aos catorze anos começou a cantar e a tocar num conjunto, o Cuarteto Ellas, que contava com outra cantora extraordinária, Claudia Gómez, e Marta foi a primeira da família (na verdade a única) a ganhar prêmios no mundo do espetáculo e a aparecer nos jornais e em alguns programas de televisão. Suas turnês percorriam toda a Colômbia, e às vezes as meninas eram levadas a Porto Rico, San Andrés e Miami, lugares que nós, os outros irmãos, nem sonhávamos poder conhecer. Além disso, a Marta era uma atriz nata e recitava longuíssimas tiradas de cor nas festas de debutante das irmãs mais velhas, à medida que cada uma foi fazendo quinze anos, que naquele tempo era a idade mais importante da mulher, a de sua "estreia na sociedade". Ela era também a primeira aluna da classe, em La Enseñanza, e suas colegas a adoravam, porque não era uma *nerd* antipática, e sim uma estudante alegre que para aprender qualquer lição só precisava escutá-la uma única vez, sem necessidade de estudar. Lia mais do que eu, e era tão esperta e brilhante que meu pai a preferia acima de todos nós, até de mim, que tinha o mérito sem graça de ser o único homem, e da Maryluz, que, por ser a primogênita e a mais carinhosa com ele, era a menina dos seus olhos.

Minhas duas irmãs mais velhas logo se casaram. Maryluz, com seu namorado de sempre, Fernando Vélez, um economista rico já aos vinte anos graças a uma grande herança que recebeu do pai, o fundador dos laboratórios farmacêuticos Líster, que fora vitimado por um câncer prematuro. Mas o economista, por ser muito mão-aberta, não sabia economizar, tarefa mais difícil ainda ao lado da minha irmã, que era uma esbanjadora, assim como meu pai, pois para ela nunca houve prazer maior que fazer favores e presentear, presentear, presentear: suas coisas, seu tempo, seu dinheiro, seus vestidos, tudo. Os dois, Maryluz e Fernando, eram uma só pessoa, como irmãos siameses, e pareciam casados desde a primeira comunhão. Basta dizer que ele tinha apenas treze anos quando fez a primeira serenata à minha irmã, então com onze. Quando ela completou dezessete, já fazia tanto tempo que estavam juntos que não aguentavam mais tanta virgindade (eram tempos de virgindade), e então Maryluz encostou o namorado na parede e o obrigou a se casar, sem apelação, mesmo antes de terminar a faculdade. Com isso, a Clara se sentiu pressionada a também se casar logo, para não ficar para trás, e três anos mais tarde se casou com um rapaz que era considerado o mais promissor de Medellín, Jorge Humberto Botero: um advogado "divino", segundo todas as mulheres; um moço muito simpático e inteligente, segundo meu pai, embora falasse com palavras rebuscadas, que nos davam vontade de rir e ao mesmo tempo nos enchiam de admiração, num tom pausado, didático, intelectual. Sua maneira artificial de falar era tão constante que quase se podia dizer que o artifício era seu jeito de ser natural. É a única pessoa no mundo, que eu conheça, a ainda usar o futuro do subjuntivo, em castelhano (*"si sucediere, en caso de que tuviere"*), mas foi um dos primeiros colombianos a correr pelas ruas, como os gringos — para fazer *jogging*, como ele dizia —, para se manter esbelto e bonito. A Clara e o Jorge Humberto partiram, recém-casados, para os Estados Unidos, para ele continuar seus estudos em Morgantown, um povoado de West Virginia com universidade.

Ficamos, portanto, em quatro irmãos. Eva Victoria, agora a mais velha, resolveu que ia ser uma mulher muito elegante. Passava o dia inteiro com uma colega do colégio, María Emma Mejía, que lhe dava conselhos de moda e de glamour, e a ensinava a mover as mãos como uma bailarina de balé. É talvez graças às aulas da tal María Emma que a Eva — ou a Vicky — tem até hoje as maneiras mais refinadas da casa, parecendo ter melhor berço que nós outros, e um porte altivo que, no entanto, não acho que denote desdém, e sim contenção. Acho que por um excesso de autocrítica e por receio de uma culpa obscura e incerta como o pecado original, ela padece de uma retidão doentia que às vezes mal a deixa viver, pois vê maldade e desonestidade onde não há nem sombra dessas coisas.

Na escadinha de irmãos, logo abaixo vínhamos a Marta e eu. Marta, a estrela, a cantora, a melhor aluna, a atriz. Ela era muito observadora, tinha um ouvido apuradíssimo e por isso mesmo possuía o dom da imitação perfeita. Bastava conhecer uma pessoa que dali a um minuto era capaz de arremedar os gestos e a voz, o jeito de andar ou de usar os talheres, os tiques nas mãos ou nos olhos e os erros de dicção. Coitado de quem entrava em casa: depois que a visita ia embora, minha irmã lhe fazia, mais do que uma imitação, uma completa radiografia. O brilhantismo da Marta era esmagador; de certo modo, fazia que me sentisse não apenas menor, coisa que de fato eu era, mas diminuído em todos os sentidos. Para tudo ela tinha a frase justa, a resposta brilhante, o comentário adequado, enquanto eu ainda me debatia para desenredar um nó de palavras que nunca acabava de brotar da consciência, que dirá aflorar da garganta. Mas essa inferioridade, no fundo, não tinha grande importância para mim, pois de saída eu me rendera à sua superioridade, e além disso vivia refugiado nos livros, no ritmo sereno dos livros, e nas conversas sérias e lentas com meu pai, para desfazer dúvidas físicas e metafísicas, e o fato de minha irmã ser superior era uma evidência sobre a qual não cabiam dúvidas nem possibilidade de concorrência: seria como comparar o morrinho do Pan de Azúcar com o vulcão Nevado del Ruiz. Talvez por não poder competir com ela nem na fala, nem na dança, nem no canto, nem na representação, nem na imitação, nem nos estudos, é que eu virei leitor e cavaleiro solitário, aluno mediano sem muitos dons de expressão oral, praticamente inepto para os esportes, e desde então bom apenas numa coisa: escrever. Por último vinha a Sol, que ainda não saíra das brumas da infância, o dia inteiro na casa de umas priminhas da mesma idade dela, Mónica e Claudia, que moravam na mesma quadra, brincando de casinha com uma seriedade de fazer inveja a muita dona de casa, com seu mundo de Barbies, e carrinhos de bebê, e mil panos e fantasias. Na realidade, a Solbia (nós a chamávamos assim porque seu nome completo é Sol Beatriz) era mais filha dos tios que de meu pai e minha mãe, e até hoje, quando ela se exalta, embora seja a única médica da família e uma pessoa estudiosa e profissional, deixa escapar uns modos que não são de médico, mas de vaqueiro, que ela só pode ter herdado do tio Antonio, que era criador de gado e, entre os filhos do meu avô, quem mais se parecia com ele.

Tudo, repito, até que Deus, ou melhor, o absurdo acaso, resolveu ter inveja de tanta felicidade e descarregar um raio de ira desumana sobre aquela família feliz. Uma tarde, ao voltar do trabalho, meu pai nos chamou, à Sol e a mim. Estava sério, mais sério do que nunca, mas não de mau humor, e sim com um olhar de profunda preocupação, "abichornado", teria dito minha mãe, e com os tiques em polvorosa nas mãos e na boca, sinal de que o nervosismo tinha dado um golpe de Estado em seu ânimo. Alguma coisa muito estranha devia estar acontecendo, pois aquela sua chegada era totalmente diferente do normal: ou uma chuva de alegria, gargalhadas, brincadeiras; ou uma sessão de música sombria e reparadora leitura ritual. Nada disso desta vez. "Venham comigo dar uma volta de carro", disse, seco, terminante. Lá fomos com ele ao volante, e depois de muitas voltas pelas labirínticas ruas de Laureles, parou num beco solitário, já perto do bairro de La América, quase na rua San Juan. Desligou o carro e começou, devagar, virando-se para nos olhar nos olhos:

— Tenho uma coisa muito dura e muito importante para lhes dizer. — O tom era doloroso, e meu pai fez uma pausa para engolir em seco. — Vocês têm que ser muito fortes e encarar toda a situação com calma. Olhem, é difícil até de falar. A Marta está muito doente, de uma doença chamada melanoma. É um tipo de câncer, um câncer na pele.

Eu, em vez de me controlar, pulei como uma mola e disse a pior coisa que poderia ter dito, a primeira que me veio à cabeça:

— Então ela vai morrer.

Meu pai, que não queria ouvir isso, nem sequer pensar nessa possibilidade, porque era a que ele mais temia, e no fundo sabia que irremediavelmente ia acontecer, enfureceu-se comigo:

— Eu não disse isso, caralho! Vamos levá-la aos Estados Unidos, e pode ser que se salve. Vamos fazer o humanamente possível. Vocês têm que ser fortes, manter a calma e ajudar. Ela não sabe qual é sua doença, e vocês devem tratá-la muito bem, sem lhe dizer nada, pelo menos por enquanto, até que a preparemos. A medicina progrediu muito e, se houver alguma chance de cura, vamos salvá-la.

Então teve início uma temporada de dor dilacerante, de agosto a dezembro, da qual nenhum de nós saiu como era antes.

Um câncer aos dezesseis anos, numa garota como a Marta, causa a qualquer pessoa uma dor e uma revolta insuportáveis. Há um momento em que a vida dos seres humanos se torna mais valiosa, e esse momento, acho, coincide com essa plenitude que vem com o fim da adolescência. Depois de os pais passarem muitos anos cuidando e modelando a pessoa que vai representá-los e substituí-los, finalmente essa pessoa começa a voar por conta própria, e, nesse caso, a voar bem, muito melhor do que eles e que todos os outros. A morte de um recém-nascido, ou a de um velho, são menos dolorosas. Há como uma curva crescente no valor da vida humana, e o cume, acredito, está entre os quinze e os trinta anos; depois a curva começa, lenta, a descer outra vez, até que aos cem anos coincide com o feto, e não ligamos a mínima.

28.

Ficava em Washington o hospital onde mais vinham testando novos tratamentos contra aquele câncer tenebroso, o melanoma. Meu pai e minha mãe venderam coisas; o carro do meu pai e o primeiro escritório que minha mãe tinha comprado, no edifício La Ceiba, com suas economias de anos, para poder dispor dos recursos necessários para o tratamento. Vários casais amigos, Jorge Fernández e Marta Hernández, Fabio Ortega e Mabel Escobar, *don* Emilio Pérez, meu cunhado Fernando Vélez, entregaram nas mãos deles milhares de dólares em dinheiro vivo, como empréstimo sem prazo de devolução ou como um presente, e meu pai e minha mãe os receberam com lágrimas nos olhos. Depois, ao voltar dos Estados Unidos, devolveriam os empréstimos intactos, mas levar aquele dinheiro no bolso lhes transmitia segurança. Estavam dispostos a vender a casa, o sítio, tudo o que tínhamos, se o tratamento da Marta fosse possível e dependesse do pagamento, porque a medicina por lá era, e continua sendo, assim mesmo: melhor para quem tem mais dinheiro. Mas não havia dinheiro no mundo capaz de comprar a saúde no caso daquele câncer. Depositavam-se vagas esperanças numa droga nova, ainda nos primeiros estágios de testes clínicos, e começaram a usá-la com ela no hospital.

 Em Washington, hospedaram-se na casa de Édgar Gutiérrez Castro, que deixou o apartamento para eles e foi morar num quarto na casa de um amigo. Quando ia pegá-los no aeroporto, estava tão ansioso que bateu o carro, e quando chegou, de táxi, meus pais e a Marta já não estavam mais lá, tinham ido de ônibus até um hotel, pensando que o Édgar tivesse se esquecido deles. Ele logo os resgatou do hotel e os deixou instalados em seu apartamento, "pelo tempo que for necessário", um gesto de generosidade que minha família jamais esqueceu. Minha irmã Clara, que então morava não muito longe da capital, juntou-se a eles, e também seu marido, Jorge Humberto, nos fins de semana. Lá, no terraço do apartamento de Édgar Gutiérrez, meu pai ouviu da Marta a pergunta fatal: "Papai, é verdade que o que eu tenho é câncer?". E ele, com os olhos transbordando desespero, só conseguiu fazer que sim com a cabeça, mas acrescentando uma mentira piedosa que pudesse soar verossímil: era câncer, sim, mas de pele, e portanto muito superficial e nada maligno. Ele não achava que ela fosse morrer. Meu pai tentou com isso mantê-la animada, o que ajudaria em uma improvável cura. E ela nunca mais voltou a perguntar nada a respeito. Desse dia em diante, soube controlar sua dor e envolver numa remota esperança sua vontade de nunca se desesperar. De fato, tentou ser feliz até o final.

 Um fim de semana a tiraram do hospital, com autorização médica, para levá-la a conhecer Nova York. Foram com a Clara, e quando estavam passeando em Manhattan a Marta teve uma terrível tontura e desmaiou, com forte taquicardia. Tiveram que chamar uma ambulância para voltar com ela a Washington. Só essa volta urgente de ambulância lhes custou quase o mesmo que tinham conseguido com a venda do carro do meu pai. Não era nada grave, apenas uma reação à droga, que era muito forte, talvez dos primeiros tipos de quimioterapia.

Por fim, quando os médicos do hospital constataram que a Marta já estava com metástase, disseram que agora só restava esperar os efeitos da nova droga. Podiam voltar para a Colômbia, levando as doses necessárias para continuar o tratamento lá mesmo, e todas as semanas enviar os exames de laboratório para o hospital, onde seriam analisados pelos especialistas, que, se fosse o caso, passariam novas indicações por telefone. Quando a Clara foi levá-los ao aeroporto, no dia da volta, despediu-se da Marta com um longo beijo e um grande abraço. Marta lhe disse que estava com medo, e a Clara riu dela, dizendo que deixasse de ser boba, que tudo ia dar certo. Tudo com um falso sorriso no rosto. A caminho do estacionamento, depois de deixá-los na emigração, a Clara sentiu uma coisa quente descendo pelas coxas, um líquido quente. Correu até o banheiro. Tinha uma grande hemorragia, rios de sangue escorrendo da vagina até o chão, e teve que ir ao hospital (outro, na cidadezinha onde morava) para que pudessem estancá-la, fazendo uma curetagem, e precisou receber soro e transfusões de sangue. Talvez, disseram os médicos, ela estivesse grávida sem saber e aquilo fosse um aborto espontâneo. E poderia muito bem ter sido causado, disseram, por aquele imenso desgosto.

Quando voltaram dos Estados Unidos, a Marta foi se extinguindo dia após dia, muito devagar, passo a passo, como para que todos pudéssemos ver claramente como a morte ia tomando conta do seu corpo, centímetro a centímetro, numa moça linda de dezesseis anos, quase dezessete, que um ano antes era a própria imagem da vitalidade, da saúde e da alegria, a mais perfeita encarnação da felicidade. Foi ficando cada dia mais pálida e magra, até restar só pele e osso, cada dia mais dolorida e indefesa, e mais frágil, até praticamente evaporar. Há períodos da vida em que a tristeza se concentra e, assim como se diz, de uma flor, que extraímos sua essência para fazer perfume, ou de um vinho, seu espírito para obter o álcool, às vezes também em nossa existência o sofrimento se decanta até tornar-se devastador, insuportável. Assim foi a morte da minha irmã Marta, que deixou minha família destruída, talvez para sempre.

Seu câncer havia sido descoberto porque atrás do pescoço, na nuca, ela tinha umas bolinhas formando uma fileira, ou melhor, um rosário, foi o que disseram, um rosário de bolinhas de consistência semidura, que se sucediam uma após outra, um rosário, sim, como aqueles que o tio Luis e a vovó Victoria empunhavam, sim, um rosário de metástase, era isso que Deus e Nossa Senhora nos mandavam, depois do Terço da Aurora, depois dos incontáveis rosários na casa de minha avó, um rosário de câncer, isso mesmo, uma sequência de pérolas mortais engastadas à flor da pele. Era o castigo que essa menina feliz e inocente recebia pelos pecados cometidos por meu pai, ou por mim, ou por minha mãe, ou por ela, ou por meus avós e tataravós, ou sabe Deus por quem.

Marta estava nas melhores mãos, primeiro em Washington, acompanhada por luminares da medicina internacional; depois em Medellín, com os amigos e colegas do meu pai na faculdade de medicina. O doutor Borrero, que era um sábio, o melhor clínico geral da cidade, um poço de ciência que tinha salvado milhares de velhos, crianças e jovens de todas as doenças, incluídas as mais graves, como câncer de pulmão, insuficiência cardíaca ou renal, mas que não podia fazer nada pela Marta. Todas as tardes o doutor Borrero passava em casa, e não apenas ajudava minha irmã a suportar as dores, atenuando-as, mas principalmente meus pais a não enlouquecerem de tristeza. Também passavam Alberto Echavarría, hematologista, que tinha salvado crianças com leucemias galopantes, e tratado anemias falciformes, e salvado hemofílicos, mas que não podia fazer nada pela Marta, apenas extrair sangue a cada dois ou três dias, para elaborar umas tabelas de valores sanguíneos que tinha de enviar periodicamente aos Estados Unidos, para que lá pudessem ver como a droga estava agindo e como a doença evoluía lentamente para a morte. Vinha ainda Eduardo Abad, grande pneumologista, tio do meu pai, que curava tuberculosos e doentes de pneumonia, mas que só podia constatar o avanço da metástase também nos pulmões da Marta. E o doutor Escorcia, o cardiologista mais renomado da cidade, que tinha ressuscitado infartados, que tinha feito cirurgias de coração aberto, que estava se preparando para fazer os primeiros transplantes, mas que também não podia fazer nada pelo coração da Marta, que semana após semana trabalhava pior, e começava a ter arritmias, taquicardias, espasmos momentâneos e coisas assim, porque provavelmente a metástase já havia chegado também lá, assim como ao fígado, à garganta, ao cérebro — e isso foi o pior.

Meu pai às vezes se fechava na biblioteca e punha no último volume uma sinfonia de Beethoven ou alguma peça de Mahler (suas dolorosas canções para crianças mortas), e sob os acordes da orquestra que tocava *con tutti*, eu ouvia seus soluços, seus gritos de desespero, amaldiçoando o céu, amaldiçoando a si mesmo por incompetente, por inútil, por não ter extraído a tempo todas as pintas da pele da filha, por deixá-la tomar sol em Cartagena, por não ter estudado mais medicina, pelo motivo que fosse. Por trás da porta trancada, descarregava toda a sua impotência e toda a sua dor, sem conseguir suportar o que via, a menina dos seus olhos se desvanecendo em suas próprias mãos de médico, sem poder fazer nada para evitá-lo, só tentando com mil injeções de morfina pelo menos aliviar sua consciência da morte, da definitiva decadência do corpo, e da dor. Eu me sentava no chão, do lado de fora, como um cachorrinho que o dono não deixou entrar, e escutava seus gemidos por baixo da porta, que lhe vinham de dentro, de muito fundo, como do centro da Terra, com uma dor incontrolável, até que por fim cessavam, e a música continuava mais um pouco, e ele voltava a sair, com os olhos vermelhos e um sorriso postiço no rosto, disfarçando o tamanho sem fim da sua dor, e me via lá no chão, "que é que você está fazendo aí, meu amor?", e me fazia levantar, e me dava um abraço, e subia para o quarto da Marta fazendo cara de contente, para animá-la, e eu ia atrás, para lhe dizer que sem dúvida no dia seguinte ia começar a se sentir melhor, quando a droga fizesse efeito, quando o remédio funcionasse, aquela papa imunda, aquela sopa esbranquiçada com brilhos iridescentes que tinham trazido dos Estados Unidos e que ela tinha que engolir com repugnância, às colheradas, uma droga experimental que a deixava pior, muito pior, e que no fim de nada serviu, talvez nem sequer para criar alguma esperança, até que um dia resolveram suspendê-la, porque a cada semana os exames que Echa, o hematologista, lhe fazia mostravam piora, piora, e mais piora.

Marta de vez em quando se animava um pouco. Estava pálida, quase transparente, e pesava cada dia menos. Sua fragilidade saltava aos olhos em cada dedo, em cada osso do seu corpo, em seu cabelo loiro que caía às mechas. Mas algumas manhãs de sol saía para o quintal, caminhando muito devagar, parecendo uma velhinha, e pedia o violão, e cantava uma música muito doce, de tema alegre, e enquanto ela cantava os beija-flores iam lá fazer sua ronda. Depois já não conseguiu mais sair do quarto, mas, de raro em raro, às vezes ainda pedia o violão e cantava uma música. Quando meu pai estava com ela, cantava sempre a mesma, uma do argentino Piero, aquela que começa assim *"Es un buen tipo mi viejo..."*. Se não, as canções de seu grupo, o Cuarteto Ellas, ou do Cat Stevens, dos Carpenters, dos Beatles e do Elton John. Até que um dia a Marta pediu o violão, tentou cantar, mas sua voz não saiu. Então falou para minha mãe, com um sorriso triste nos olhos:

— Ai, mãe, acho que nunca mais vou voltar a cantar.

E nunca voltou a cantar, porque já não tinha mais voz.

Um dia começou a enxergar mal. "Pai, não estou vendo nada", disse, "só luz e sombras passando pelo teto do quarto, estou ficando cega." Falava assim, sem dramatismo, sem lágrimas, com palavras precisas. Minha mãe diz que saiu do quarto disparando, ajoelhou-se no chão da sala e pediu um milagre, um único favor, para santa Luzia: que levasse sua filha, mas que não a levasse cega. No dia seguinte, a Marta voltou a enxergar, e como morreu poucos dias depois, em 13 de dezembro, que é o dia de santa Luzia, minha mãe nunca duvidou desse pequeno milagre. Nós, humanos, em meio à dor mais profunda, podemos nos sentir reconfortados na aflição quando nos concedem uma oferta mais baixa.

As doenças incuráveis devolvem nossa mente a um estado primitivo. Ressuscitam nosso pensamento mágico. Como não compreendemos bem o câncer, nem podemos tratá-lo (muito menos em 1972, quando a Marta morreu), atribuímos sua súbita e incompreensível aparição a potências sobrenaturais. Voltamos a ter ideias supersticiosas, religiosas: existe um Deus do mal, ou um demônio, que nos manda um castigo sob a forma de um corpo estranho: uma coisa que invade o corpo e o destrói. Então oferecemos sacrifícios a essa deidade, fazemos promessas (largar o cigarro, ir de joelhos até a catedral de Girardota para beijar as chagas do Cristo milagroso, comprar para Nossa Senhora uma coroa de ouro engastada em pedras preciosas), ou recitamos ensalmos e exibimos mostras de humilhação em meio às súplicas. Como a doença é obscura, acreditamos que só uma entidade ainda mais obscura pode ser capaz de curá-la. Pelo menos era isso o que acontecia com algumas pessoas da família. E no desespero qualquer alternativa era possível: uma médium em Belén faz curas milagrosas? Mandem chamar. Um xamã da Amazônia opera milagres com uma beberagem à base de raízes? Deem para ela tomar. Uma freira ou um padre tem comunicação direta com o Senhor, e Ele atende às suas súplicas? Que venham e rezem, e lhes daremos boas esmolas. Não foi só a droga de Washington o que se testou em casa. Experimentou-se de tudo, desde feiticeiros até bioenergéticos, até rituais de todas as cores religiosas, incluída a extrema-unção. Com um fundo de desespero, mais que de desconfiança, recorreu-se a tudo, mas nada serviu de nada. Meu pai, obviamente, não acreditava nessas mandingas, mas deixava as outras pessoas da família tentarem o tratamento que quisessem, desde que não acarretassem dano ou desconforto para a Marta. Ele sabia muito bem o que estava acontecendo e podia prever o que ia acontecer dali em diante, e o próprio doutor Borrero, o clínico que tratava da minha irmã, já o dissera em agosto, com uma brutalidade que tinha muito de generosidade, porque pelo menos não criava falsas expectativas: "A menina vai estar morta em dezembro, não há nada a fazer".

Todo fim de tarde, menos nos fins de semana, vinha a nossa casa tia Inés, irmã do meu pai. Como se não bastasse, às vezes também vinha de manhã. Viúva e, como se costuma dizer, com um coração de ouro, era uma mulher madura, meiga e discreta, carinhosa sem ser melosa, que sempre se dedicara apenas a fazer o bem aos outros. Desde que a Marta voltara dos Estados Unidos, dedicou-se a cuidar dela todas as noites, sem falta, descansando apenas aos sábados e domingos, quando minhas irmãs mais velhas assumiam os cuidados, primeiro só a Maryluz, e de novembro em diante revezando-se com a Clara, depois que ela voltou de Morgantown. Minhas irmãs foram emagrecendo no mesmo ritmo que a Marta, e terminaram quase com o mesmo peso, a Clara com trinta e cinco quilos e a Maryluz com trinta e seis, enquanto meu pai, por uma reação contrária, em três meses aumentou dois números de camisa e um de calça, pois não parava de comer e acabou redondo como uma barrica.

Marta gostava muito da companhia da tia Inés, porque sabia cuidar dos doentes e falava pouco. Quando minha irmã tinha insônia e precisava que alguém conversasse com ela, a tia lhe contava alguma coisa. Contava-lhe, por exemplo, a história de seu marido, Olmedo, morto ao fugir dos *pájaros* conservadores, que o perseguiam para matá-lo pelo simples fato de ser liberal, e a história de seu cunhado, Nelson Mora, o melhor amigo do meu pai, que tinha sido assassinado pelos *pájaros* conservadores, no norte do vale, perto de Sevilla. Tia Inés tinha sido feliz por poucos anos, mas chegara a ter dois filhos, Lida e Raúl. Enquanto falava e costurava, pensava que Deus tinha concedido a ela mais do que à Marta, que só tivera dois namorados, Andrés Posada e Hernán Darío Cadavid, mas não marido e filhos. Marta lhe perguntava por eles, pois naquela altura não tinha certeza de qual dos dois amar, já que gostava deles por igual; do Andrés, porque era um grande músico, e do Hernán Darío, porque era bonito. Até que resolveu não se debater mais e amar os dois.

Andrés e Hernán Darío a visitaram todos os dias, de início em horários diferentes — o Andrés de manhã e o Hernán Darío à tarde —, até que, no último mês, passaram a ir ao mesmo tempo, e um deles segurava sua mão direita enquanto o outro segurava a esquerda. O Andrés cantava canções de Joan Manuel Serrat. O Hernán Darío fazia palhaçadas. Minha irmã explicava à tia Inés, que se espantava um pouco ao ver essa cena, embora também a achasse bonita, de que maneira ela amava um e outro. Uma noite, enquanto tia Inés crochetava o centro de mesa que foi fazendo durante aqueles meses de vigília, junto com minhas irmãs, e que ainda conserva como um tesouro, a Marta lhe explicou que Andrés era seu amor da alma, o espiritual, enquanto Hernán Darío era o amor do corpo, o passional, nas palavras que minha tia recorda, e que ela gostava de ter os dois. Era como se a Marta tivesse lido Platão, aquele diálogo sobre o amor que meu pai adorava e que um dia, anos mais tarde, leria para mim, no qual fala das duas deusas do amor, Afrodite Pandêmica e Afrodite Celeste, que são como uma constante da nossa psique mais profunda, dessa alma já formatada que trazemos ao mundo ao nascer, graças à qual todos nos entendemos e todo conhecimento tem um pouco de lembrança imperfeita.

Uma noite de domingo, como todas as noites de domingo, minha irmã Maryluz estava acompanhando a Marta de madrugada. Maryluz era ainda muito jovem; tinha largado o colégio para se casar com o Fernando, sem terminar o último ano do secundário. Tinha vinte anos, mas já tinha um filho, Juanchi, que era o primeiro neto e a nova adoração do meu pai, sua única alegria e seu maior consolo naqueles meses de desgraça. Dez meses depois da morte de minha irmã, ela teve uma menina, a quem deu o mesmo nome da irmã, Marta Cecilia, e que, como por arte de magia, herdou também sua alegria e sua doçura. Depois da morte da filha, meu pai dirigiu para os netos aquele imenso amor perdido, e lhes dedicou dias e noites inteiras, escreveu-lhes poemas e artigos, e definiu o amor por eles como algo superior ao próprio amor, em páginas tão exaltadas que tocavam as raias do mau gosto. Mas naquela madrugada de domingo, minha irmã doente, pouco antes do amanhecer, acordou passando mal, com náuseas, e vomitou sobre os lençóis. Maryluz viu o vômito e, assustada, foi correndo acordar meu pai:

— Ai, pai, pai! Vem cá, rápido! Vem que a Marta vomitou o fígado!

Meu pai, talvez pela primeira vez em muitos meses, soltou uma risada.

— Impossível, meu amor. O fígado não se vomita.

— Mas é verdade, pai, juro! Vem ver, que está lá — gritava Maryluz.

Ela havia depositado o fígado numa cuba branca, de ágata, onde punham as agulhas quando eram fervidas para esterilizar. Era uma massa vermelha, porosa, do tamanho de um punho. Acontece que, nos últimos dias, a única coisa que a Marta conseguia comer era melancia. Ela não aceitava nenhum outro alimento, porque não lhe descia, por isso nossos tios de Cartagena, Rafa e Mona, a cada semana mandavam montes de melancias (*patillas*, como eles as chamavam) para que a Marta pudesse comer das melhores do país. E o que ela tinha vomitado era um pedaço de melancia que parecia um fígado. Foi talvez a única vez naqueles meses todos em que conseguimos rir, pela inocência da Maryluz, que, embora já fosse uma jovem senhora, com filho e tudo, ainda era uma menina de vinte anos.

As melancias não vinham sozinhas, mas chegavam com a minha prima Nora, que tinha a mesma idade da Marta e era sua melhor amiga, e toda sexta-feira os tios a mandavam de avião para que passasse o fim de semana com ela. "Aí te mando o que eu tenho de melhor", o tio Rafa dizia à minha mãe, e a Nora chegava com sua muda de roupa e a caixa de *patillas*. Muitas amigas lhe faziam delicadezas assim. Como minha irmã tinha dito que sua flor preferida eram as rosas rosadas (as mesmas que meu pai se dedicaria a cultivar vinte anos mais tarde, como numa oração privada à sua filhinha morta), todo dia aparecia alguém trazendo-lhe uma: Clara Emma Olarte, uma colega do colégio, e também suas duas "sogras", María Eugenia Posada, mãe do Andrés, e Raquel Cadavid, mãe do Hernán Darío.

29.

Marta começou a enxergar mal no início de dezembro. O neurologista disse que a metástase já havia atingido o cérebro e que, provavelmente, em dado momento afetara algumas sinapses na área da visão, mas que por sorte, de alguma maneira, as conexões se restabeleceram por outro caminho. Ela morreu no dia 13, ao anoitecer, e aquelas duas últimas semanas foram de grandes dores, convulsões, mal-estares. Minha irmã, no entanto, nunca falou da morte; ela não queria morrer nem pensava que morreria. Achava que seu mal-estar, sua febre e suas dores eram um modo de seu corpo reagir à doença. Quando sentia taquicardia, se assustava e pedia que a levassem à clínica, com medo de morrer. Depois pedia à minha tia que lhe confirmasse se essa doença, por ser da pele, era muito superficial, e portanto curável. Minha tia, a exemplo de meu pai e minha mãe, dizia sempre que sim, claro que sim, mas ao dizer isso todos morriam por dentro.

Quando a Marta entrou em agonia, meu pai reuniu todos os filhos na biblioteca e disse uma mentira a cada um. Para Maryluz, disse que, como ela era a mais velha e já tinha um bebê de um ano, teria sido mais trágico se fosse ela quem morresse; para Clara, a mesma coisa, por já ser casada e ter formado uma família; para Eva quase nem soube o que dizer, exceto que ela era mais importante para minha mãe do que a Marta; para mim, porque eu era o único filho homem; e para Sol, por ser a mais nova. Então, apesar dos pesares, devíamos nos considerar afortunados, e ser muito fortes, porque a família tinha sobrevivido e superaríamos o golpe. Marta, disse ele, seria a lenda mais bonita da história familiar. Acho que foi uma reunião com mentiras inúteis e consolos inventados, que ele nunca devia ter feito.

No dia de sua morte, no quarto dela estavam, além de meu pai e minha mãe, tia Inés, Hernán Darío, o namorado carnal, que naquele dia tinha passado no barbeiro, e a Marta sempre dizia que os homens de cabelo recém-cortado davam azar, e o doutor Jaime Borrero (que durante seis meses a visitara todo santo dia, sem cobrar um centavo, sem fazer outra coisa além de tentar atenuar seu sofrimento, e o nosso). Ele sempre me dizia: "Você tem que ser forte e ajudar seu pai, que está arrasado. Seja forte e ajude-o". Eu dizia que sim com a cabeça, mas não sabia como ser forte, muito menos como poderia ajudar meu pai. Meu pai, quase a única coisa que fazia era dar morfina e mais morfina à minha irmã. Além disso, e de mimá-la, e animá-la, não podia fazer mais nada, exceto olhar como ia indo embora, dia após dia, noite após noite. A droga punha um sorriso sereno no rosto da minha irmã, mas a cada dia ela precisava de uma dose mais alta para ficar bem por algumas horas. Já não havia partes do seu corpo sem picadas, os glúteos, os braços, as coxas estavam cobertos de pontos vermelhos, como se tivesse sido atacada por formigas. Meu pai estava sempre em busca de algum local onde aplicar outra injeção, e exigia uma assepsia de sala de cirurgia, em suas mãos e nas agulhas, que eram fervidas durante horas, para que as picadas não infectassem. Ainda não era o tempo das seringas descartáveis.

Naquela última tarde, quando o doutor Borrero disse que a Marta estava agonizando e autorizou meu pai a lhe aplicar mais morfina, uma dose muito alta, para que não sofresse, aconteceu uma coisa quase absurda. Não havia nenhuma agulha esterilizada, desinfetada, e meu pai se enfureceu com minha mãe e com a tia Inés, e esbravejava porque não havia uma agulha limpa que servisse para aplicar a morfina à sua filha, caralho, até que o doutor Borrero, muito suave, mas com firmeza, teve que dizer: "Héctor, isso já não faz diferença". E pela primeira e última vez naqueles três meses de morfina, meu pai cometeu a falta de higiene de aplicar na minha irmã uma injeção usando uma seringa e uma agulha não esterilizadas. Quando o líquido acabou de entrar, minha irmã, sem dizer uma palavra e sem abrir os olhos, sem convulsões nem estertores, deixou de respirar. E meu pai e minha mãe, por fim, depois de seis meses contendo-se, puderam voltar a chorar diante dela. E choraram, e choraram, e choraram. E ainda hoje, se ele estivesse vivo, choraria ao recordá-la, assim como minha mãe nunca deixou de chorar, nem nenhum de nós, quando volta a pensar nela, porque a vida, depois de casos como esse, não passa de uma absurda tragédia sem sentido para a qual não há consolo possível.

DOIS ENTERROS

30.

"Alegria, Alegria, Alegria!" Um trovão na voz, do púlpito, com o microfone e os amplificadores enchendo todas as naves da igreja com essa única palavra. Ele a repetiu umas dez vezes, por momentos alternando-a com o latim: "Alegria, Aleluia, Alegria!". Era um primo-irmão da minha mãe, o bispo da Santa Rosa de Osos, Joaquín García Ordóñez. Pretendia despedir-se assim da Marta, segundo ele com imensa felicidade porque sua alma acabava de chegar ao reino dos céus, e havia grande regozijo no além, ele podia ver, porque Marta se uniria aos anjos e aos santos para cantar com eles as glórias ao Senhor. Gritava Aleluia, Aleluia, Alegria!, perante uma igreja cheia de pessoas que só podiam chorar e ouvir aquele alegre bispo alucinado, com todos os seus paramentos mais luxuosos, vermelhos, verdes, roxos, mais do que incrédulos, estupefatos. "Alegria, Aleluia, Alegria! Às vezes Deus nos fere tomando o que mais amamos para nos lembrar o que Lhe devemos. Alegria, aleluia, alegria."

A essa altura do sermão, meu pai me disse, num sussurro: "Não aguento mais, vou sair um momento", e enquanto o monsenhor explicava o porquê de tanta alegria (eu me pergunto se não seria sincera, ocasionada justamente pela sorte de nos ver sofrer assim), meu pai e eu saímos para o adro da igreja de Santa Teresita, em Laureles, e ficamos lá por algum tempo, ao sol, sob o cruel azul do firmamento, num daqueles dias radiantes de dezembro, radiante como García Ordóñez, os dois sem dizer uma palavra, sem ouvir as do bispo, até que as três do Cuarteto Ellas, durante a comunhão, começaram a entoar as doces canções do grupo, e entramos de volta, para sentir o único consolo possível na tristeza, que é afundar ainda mais na tristeza, até o limite do suportável.

O presente e o passado da minha família se partiram nesse ponto, com a devastadora morte da Marta, e o futuro nunca mais voltaria a ser o mesmo para nenhum de nós. Digamos que já não foi mais possível voltarmos a ser plenamente felizes, nem sequer por momentos, porque na hora em que nos víamos num momento de felicidade, sabíamos que faltava alguém, que não estávamos completos, e portanto não tínhamos o direito de estar alegres, porque já não podia existir a plenitude. Até no mais limpo céu do verão, para nós, sempre haverá uma nuvem negra em algum ponto do horizonte.

Anos mais tarde eu soube que a partir dessa data meu pai e minha mãe nunca mais voltaram a fazer amor, como se essa felicidade também lhes tivesse ficado vedada para sempre. Continuaram sendo carinhosos um com o outro, sem dúvida, como todos podíamos ver em algumas manhãs de domingo, quando se demoravam na cama num abraço terno, fraternal. Mas o que não podíamos ver era que também sua plena intimidade se perdera definitivamente com a morte da Marta.

Em 29 de janeiro de 2006, vou almoçar com minha mãe, como faço quase todos os domingos. Enquanto tomamos a sopa em silêncio, ela me solta esta frase:

— Hoje a Marta está fazendo cinquenta anos.

Minha mãe continuou a contar a idade da minha irmã. Ela nunca passou dos dezesseis (faltava mais de um mês para completar dezessete), dois anos a menos que minha filha mais velha hoje, mas minha mãe diz: "Hoje a Marta está fazendo cinquenta anos". E eu me lembro da plaquinha de ouro que meu pai mandou fundir para os médicos e familiares que a acompanharam durante a doença (Borrero, Echavarría, Inés e Eduardo Abad), como agradecimento. Dizia: "Não é a morte que leva as pessoas que amamos. Ao contrário, ela as guarda e as fixa em sua adorável juventude. Não é a morte que dissolve o amor, é a vida que dissolve o amor". Fixa em sua juventude e constante no amor, nesse dia, em silêncio, minha mãe e eu comemoramos sem bolo nem velas os cinquenta anos da Marta, aquela menina morta que meu pai, para se consolar, dizia nunca ter existido e ser apenas uma lenda belíssima.

31.

Quinze anos mais tarde, na mesma igreja de Santa Teresita, tivemos que assistir a outro enterro tumultuoso. Era 26 de agosto, e no dia anterior tinham matado meu pai. Nós o velamos, primeiro, de madrugada, na casa da minha irmã mais velha, Maryluz, depois de liberarem o corpo naquele necrotério da minha infância (o mesmo aonde meu pai me levara para conhecer um morto, como se quisesse me preparar para o futuro). De manhã, como costuma acontecer neste país de catástrofes diárias, muitas emissoras de rádio queriam falar com algum membro da família. A única que teve a serenidade necessária para atender os jornalistas foi minha irmã mais velha. Enquanto a entrevistavam, algumas autoridades (o prefeito, o governador, algum senador) entravam ao vivo para dar-lhe os pêsames. Depois também puseram no ar o arcebispo de Medellín, monsenhor Alfonso López Trujillo, que declarou lamentar imensamente essa desgraça e recomendou resignação cristã à minha irmã. Ela, que é muito católica, agradeceu ao vivo.

Poucas horas depois, no entanto, por volta das dez da manhã, ligaram da igreja de Santa Teresita, a paróquia de minha mãe e minhas irmãs, para avisar que a missa de corpo presente marcada para as três teria que ser cancelada. O cardeal López Trujillo acabava de falar com o pároco proibindo-o expressamente de realizá-la, uma vez que meu pai não era devoto e nunca ia à missa, nem lá nem em lugar nenhum. Não tinha sentido, disse o arcebispo, celebrar uma cerimônia religiosa para alguém que se declarara publicamente ateu e comunista. Isso não era verdade, pois em suas estranhas profissões de fé, por mais contraditório que possa parecer, meu pai sempre se declarara "cristão em religião, marxista em economia e liberal em política".

A missa de corpo presente seria rezada pelo meu tio Javier, o irmão sacerdote do meu pai, e ele já havia chegado de Cali para oficiá-la e nos acompanhar. Ao saber da ordem do cardeal, o tio foi diretamente até a igreja e se pôs a discutir com o pároco. Ele mesmo, pessoalmente, assumiria toda a responsabilidade perante o arcebispo, mas seria uma infâmia com a família negar-lhe esse consolo. Para o tio Javier, bastava que minha mãe e minhas irmãs, todas católicas praticantes, quisessem aquela cerimônia e aquele enterro. O enterro religioso não é para o morto, e sim para seus parentes e familiares, portanto as crenças do morto pouco importam quando aqueles que lhe sobrevivem preferem que se realize algum tipo de funeral. É verdade que, para um ateu, é uma ofensa ser obrigado — quando já não pode decidir — a assistir (é um modo de dizer) a uma missa de despedida, e eu mesmo não gostaria nem um pouco que fizessem isso comigo. No caso, porém, meu pai não sabia ao certo se acreditava ou não, e acima de tudo era uma ofensa inclemente negar esse consolo — por mais irracional e ilusório que fosse — a uma viúva devota que busca aliviar seu sofrimento com a esperança de uma nova vida. O cardeal, com sua ordem desumana, parecia pronunciar as palavras com que Creonte quis deixar insepulto o irmão de Antígona: "O inimigo morto jamais é amigo". E meu tio, o irmão do meu pai, parecia repetir as palavras de Antígona, irmã de Polinice: "Eu não nasci para partilhar o ódio, mas somente o amor".

Eu só fiquei sabendo dessas coisas alguns dias depois, ao ler uma carta de protesto que minha mãe estava redigindo para López Trujillo, e então pude repetir mais uma vez, em voz alta, o apelativo que sempre me vem à cabeça quando penso nesse cardeal, hoje presidente do Conselho Pontifício para a Família, em Roma; o apelativo que lhe cai melhor, e que não repito aqui por conselho do meu editor e para evitar um processo por injúria (nunca por calúnia). O pároco, apesar de assustado, concordou em fazer vista grossa e abriu as portas da igreja para que meu tio pudesse rezar a missa, e para que milhares e milhares de pessoas condoídas pudessem passar por lá e render a última homenagem ao meu pai. Havia uma multidão, pois a família e muitas outras pessoas tinham anunciado a cerimônia nos jornais, e o assassinato causara uma grande comoção na melhor parte da cidade, embora tivesse alegrado a alguns poucos. O pároco só impôs uma condição, que pelo menos não houvesse música, pois uma missa cantada seria uma homenagem excessiva ao morto. Meu tio Javier não respondeu nada, mas quando o coro da universidade, e vários músicos lá reunidos mais ou menos espontaneamente, começaram a cantar e a tocar, ele não os deteve. Seu sermão, em meio a rios de lágrimas, foi triste e bonito. Falou do martírio do irmão, da defesa até a morte de suas convicções, do seu extremo sacrifício movido por um profundo sentimento de compaixão humana e de recusa da injustiça. Expôs, convencido de sua verdade, que no além ninguém condenaria esse homem justo, como alguns aqui na terra tinham feito. Desta vez não ouvimos gritos de alegria, aleluia, alegria, e sim murmúrios e frases entrecortadas que tentavam expressar o que todos sentíamos, uma profunda tristeza. Esse gesto de coragem, esse toque de rebeldia, vindo de um padre da Opus, é algo pelo qual seremos sempre gratos ao tio Javier. E minha mãe e minhas irmãs tiveram esse consolo, tão alheio a mim, oferecido pela esperança numa justiça sobrenatural restabelecida em outro mundo, numa recompensa pelas boas obras e num possível reencontro em outra vida. Eu não senti essa consolação, nem posso tê-la, mas a respeito como algo tão enraizado em minha família quanto o bom apetite ou o orgulho por todas as coisas que meu pai fez em sua passagem pelo mundo.

ANOS DE LUTA

32.

Não sei em que momento a sede de justiça ultrapassa essa perigosa fronteira em que se transforma numa tentação de martírio. Um sentimento moral muito elevado sempre corre o risco de se exacerbar e cair na exaltação da militância frenética. Uma fé otimista muito forte na bondade intrínseca dos seres humanos, quando não atenuada pelo ceticismo de quem conhece mais profundamente as inevitáveis mesquinharias ocultas na natureza humana, leva a pensar que é possível construir o paraíso na terra, com a "boa vontade" da maioria. E esses reformadores a qualquer preço, Savonarolas, Brunos, Robespierres, podem tornar-se pessoas que, à sua revelia, fazem mais mal do que bem. Marco Aurélio já dizia que os cristãos — os loucos da Cruz — faziam muito mal em chegar até o sacrifício por uma simples ideia de verdade e de justiça.

Tenho certeza de que meu pai não sofreu a tentação do martírio antes da morte da Marta, mas depois dessa tragédia familiar qualquer inconveniente parecia menor, e qualquer preço já não parecia tão alto como antes. Depois de uma grande calamidade, a dimensão dos problemas sofre um processo de redução, de miniaturização, pois agora pouco importa à pessoa que lhe cortem um dedo ou roubem o carro, quando já perdeu um filho. Quando levamos dentro de nós uma tristeza sem limite, morrer já não é grave. Mesmo que não queiramos o suicídio, ou não sejamos capazes de erguer a mão contra nós mesmos, a opção de nos fazer matar por outro, e por uma causa justa, torna-se mais atraente depois que perdemos a alegria de viver. Penso que há episódios de nossa vida privada determinantes para as decisões que tomamos em nossa vida pública.

O amor excessivo que meu pai tinha pelos filhos, seu amor exagerado por mim, o levaram, alguns anos depois da morte de minha irmã, a se comprometer até a loucura com batalhas impossíveis, com causas perdidas. Lembro, por exemplo, a de um desaparecido, filho de *doña* Fabiola Lalinde, um rapaz que tinha quase a minha idade, que meu pai abraçou com obstinação justiceira, como se se tratasse do próprio filho. Talvez pela coincidência entre nossas idades fosse para ele insuportável ver que as pessoas viravam as costas àquela mãe em busca do filho, sem o apoio de ninguém, só com a força do seu amor, de sua tristeza e seu desespero.

A compaixão é, em boa medida, uma qualidade da imaginação: consiste na capacidade de pôr-se no lugar do outro, de imaginar o que sentiríamos se sofrêssemos uma situação análoga. Sempre achei que os impiedosos carecem de imaginação literária — essa capacidade que os grandes romances nos dão de nos pôr na pele dos outros —, e são incapazes de ver que a vida dá muitas voltas, e que o lugar do outro uma hora pode ser ocupado por nós: em dor, pobreza, opressão, injustiça, tortura. Se meu pai foi capaz de se compadecer de *doña* Fabiola e de seu filho desaparecido, foi porque ele podia imaginar perfeitamente o que sentiria numa situação como aquela, se minha irmã ou eu estivéssemos perdidos na névoa dos desaparecidos, sem nenhuma notícia, nenhuma palavra, nem sequer a certeza e a resignação diante da morte que dá um corpo inerte. O desaparecimento de alguém é um crime tão grave quanto o sequestro ou o assassinato, e talvez mais terrível, pois é pura incerteza, e medo, e esperança vã.

Depois da morte da minha irmã, o compromisso social do meu pai se tornou mais forte e mais claro. Sua paixão pela justiça cresceu, e suas precauções e cuidados se reduziram a nada. Tudo isso aumentou ainda mais quando minha irmã caçula e eu entramos na universidade e, salvo engano, já se podia dizer que seu compromisso com a nossa criação tinha acabado. "Se me matarem pelo que eu faço, não será uma bela morte?", perguntava meu pai, quando algum parente lhe dizia que estava se arriscando demais com suas denúncias de torturas, sequestros, assassinatos ou detenções arbitrárias, que foi a causa à qual dedicou seus últimos anos de vida, a defesa dos direitos humanos. Mas ele não ia desistir de suas denúncias por causa dos nossos temores, e tinha certeza de estar fazendo a coisa certa. Como dizia Leopardi: "É preciso ter uma alta ideia de si mesmo para ser capaz de sacrificar a si mesmo".

A primeira luta que meu pai travou, depois da morte da Marta, foi com a Associação dos Professores da Universidade de Antioquia, da qual era presidente, e à frente da qual liderou uma greve dos professores, com o apoio dos estudantes, em defesa de sua categoria e contra um reitor astuto e reacionário, Luis Fernando Duque, ex-aluno de meu pai em sua mesma especialidade, saúde pública, e por um tempo suposto amigo dele, mas depois inimigo acérrimo e rival até o limite do ódio.

Isso ocorreu entre o final de 1973 e o início de 1974 (a Marta tinha morrido em dezembro de 1972), numa das crises cíclicas que assolam a universidade pública na Colômbia. O presidente da

Associação, em 1973, era Carlos Gaviria, um jovem professor de direito que depois se tornaria amigo íntimo da minha família. Naquele ano, num confronto dos estudantes com o Exército, que tinha ocupado a cidade universitária por ordem do reitor, os soldados mataram Luis Fernando Barrientos, um aluno, e sua morte provocara uma revolta. Os estudantes, enfurecidos, tomaram o prédio da reitoria, deixaram o corpo do estudante, que tinham levado nos ombros por todo o campus, sobre a mesa do reitor e depois atearam fogo na sede administrativa da universidade.

Carlos Gaviria, na qualidade de presidente da Associação dos Professores, escreveu uma carta que depois, pelo resto da vida, sempre lhe jogariam na cara para acusá-lo de incendiário, mas que tinha uma argumentação e um propósito muito claros. Sua tese era de que, em meio a uma série de atos irracionais, os estudantes tinham feito uma coisa irracional, tocar foco no prédio, mas o mais irracional de tudo não tinha sido isso, e sim o assassinato do estudante, para ele um fato muito mais grave, e que o culpado de tudo era Duque, um reitor reacionário, que queria submeter a universidade à sua vontade autoritária, demitindo os professores mais avançados e pretendendo que o Exército patrulhasse a cidade universitária noite e dia.

Poucos meses depois, meu pai sucedeu o Carlos na presidência da Associação dos Professores, que teve de resistir ao novo estatuto docente decretado unilateralmente pelo reitor Duque, aproveitando um período de estado de sítio no país para ditá-lo, cujo texto anulava as garantias de estabilidade trabalhista e acadêmica dos professores. Segundo o novo estatuto, o reitor e os decanos podiam exonerar os professores quase sob qualquer pretexto, e o mais grave era que logo começaram a usá-lo para expulsar, alegando pretensos motivos acadêmicos ou disciplinadores, todos os professores progressistas. A liberdade de cátedra desapareceu, e os professores passaram a ser vigiados por meio de visitas periódicas e não anunciadas às suas aulas, para apurar o que exatamente ensinavam nelas.

O Exército continuava ocupando a universidade, e os membros da Associação se recusavam a lecionar enquanto as Forças Armadas não se retirassem. Luis Fernando Vélez, professor de antropologia que também ocupava um cargo na diretoria da Associação, disse certa vez que ele se negava a dar aula com a presença do Exército Nacional, e também com a presença do Exército de Libertação Nacional, porque na época a guerrilha estava tentando penetrar no recinto da universidade para aumentar o caos e a desordem.

Foi uma longa luta, no final do governo de Misael Pastrana, e por um momento pareceu que seria ganha pelo reitor. Mais de duzentos professores, encabeçados por Carlos e por meu pai, foram exonerados de seus cargos como resultado da greve. Esse momento, felizmente, coincidiu com a chegada ao poder de um presidente liberal, López Michelsen. Meu pai, que anos antes tinha sido militante de uma dissidência do liberalismo liderada por López, o MRL (Movimento Revolucionário Liberal), pôde então contar com um aliado no comando do governo. No fim, o exonerado foi o próprio reitor Duque, e pelo menos dessa vez os professores puderam cantar vitória depois de uma longa luta sindical. Os cargos foram restituídos àqueles duzentos expulsos, entre os quais estavam alguns dos melhores docentes da universidade (Jaime Borrero, Bernardo Ochoa e meu pai, na faculdade de medicina; Carlos Gaviria e Luis Fernando Vélez, na de direito; Hugo López, Santiago Peláez e Rafael Aubad, na de economia; Darío Vélez na de matemática). A liberdade de cátedra que Duque pretendia anular foi salva nesse ano, ainda que depois o ministro da Educação cometesse o erro de ampliar as vagas universitárias até excessos populistas, e a universidade, para poder atender à multidão de novos estudantes que nela ingressavam, encheu-se de professores despreparados, em boa parte de extrema esquerda (de uma esquerda militarista e pouco amante da academia), que começaram a ver pessoas como Carlos Gaviria e meu pai como professores burgueses, decadentes, retrógrados e conservadores, pelo simples fato de defenderem o estudo sério e não concordarem com o extermínio físico de exploradores e capitalistas. Em poucos anos passou-se de um extremo ao outro, e a universidade perdeu qualidade, porque muitos dos professores mais bem formados academicamente preferiram sair e fundar universidades privadas, ou lecionar nas já existentes, a ter de suportar aqueles novos extremistas, agora da pior esquerda amante da violência.

ACIDENTES DE ESTRADA

33.

No dia da minha formatura no secundário — era novembro de 1976, e eu acabava de completar dezoito anos—, a caminho do colégio no carro que tinham me emprestado em casa, um Renault 4 amarelo, se não me falha a memória, atropelei uma senhora entre Envigado e Sabaneta: *doña* Betsabé. Ela estava saindo da missa com o véu sobre os ombros e um missal na mão. Despedia-se de suas amigas, caminhando de costas para a rua, sem olhar. Eu freei, ou melhor, pisei no freio, os pneus cantaram, o carro rabeou e tentei jogá-lo para o outro lado da estrada, no acostamento, mas peguei aquela senhora de cheio, e ela voou para o alto. Seu corpo de costas, inteiro, bateu primeiro contra o para-choque, depois bateu contra o para-brisa, quebrou o vidro em mil caquinhos, entrou brevemente onde eu estava com meu primo Jaime, e ricocheteou para fora, onde caiu, inerte, sobre o asfalto. Todos gritavam, as devotas que saíam da igreja com ela, os transeuntes, os curiosos: "Ele a matou, ele a matou!". Uma multidão se aglomerava em volta do corpo, e começavam a me olhar e a apontar para mim, ameaçadores.

Eu desci do carro e me inclinei sobre ela. "Temos que levá-la ao hospital!", gritava. "Me ajudem a colocá-la no carro!", mas ninguém me ajudava, nem sequer meu primo Jaime, que tinha ficado meio abobalhado depois do impacto. Passou uma picape, dessas com caçamba aberta. Meu primo por fim me ajudou a carregá-la e a pusemos lá. Eu fui atrás com ela, sozinho, crente de que estava morta. Um osso, a tíbia, saía por um lado da panturrilha, rasgando a pele (igual, idêntico ao osso do John, aquele do necrotério). A picape buzinava e corria para o hospital de Envigado, e o motorista abanava um pano vermelho pela janela, para que as pessoas vissem que se tratava de uma emergência. A senhora entrou no hospital em estado de choque e foi levada a uma sala de reanimação. Comecei a falar com os médicos. Era um pesadelo, eu me sentia como louco. Não podia acreditar que tivesse matado alguém. Identifiquei-me. Todos tinham sido alunos do meu pai. Telefonaram para ele. Na época era diretor da Previdência Social de Medellín. Os médicos diziam: "A senhora está em choque e pode morrer. Estamos fazendo de tudo para reanimá-la e estabilizá-la, depois vamos mandá-la de ambulância para o hospital de Medellín, direto para a UTI".

Havia outro problema, os médicos explicavam a meu pai, pelo telefone: "Seu filho é filiado à prisão de motoristas?".* Não. "Nesse caso, se essa senhora morrer, ele vai para a prisão de Bellavista, para um pátio medonho, muito perigoso, e lá pode lhe acontecer uma desgraça. Ele tem uns cortes no braço: podemos interná-lo enquanto vocês o filiam à prisão de motoristas, isso deve levar um ou dois dias." Meu pai pediu que me perguntassem onde eu queria que me internassem, para não ser preso em Bellavista. Ele nem queria falar comigo, estava com raiva, e

---

* Centro de detenção especial para condenados por crimes de trânsito. (N. T.)

com razão, pois sempre me dizia que eu corria muito. Eu, sem pensar, ou pensando melhor no que sentia naquele momento, quer dizer, que estava enlouquecendo, falei: "No manicômio". E meu pai, que raramente opunha resistência, disse "está bem". Então os médicos me deram uns pontos no pulso cortado com os vidros do para-brisa e me puseram uma pulseira de gaze como curativo. *Doña* Betsabé tinha saído do choque, permanecia estável, com soro, antibióticos e analgésicos, e a despacharam de ambulância para o centro de Medellín, a toda, com as sirenes uivando. "Eu acho que ela escapa", disse o médico do pronto-socorro. "Além da ferida aberta na perna, com fratura exposta da tíbia e do perônio, fraturou um braço, uma clavícula e muitas costelas, mas não parece ter sofrido nada nos órgãos vitais nem na cabeça. Tomara."

Fui levado para o manicômio de Bello, em outro carro. Ao chegar lá, me entregaram aos enfermeiros tratadores de loucos. Não lhes explicaram o motivo da minha internação. Os enfermeiros olhavam para a gaze em volta do meu pulso e sorriam: tinham certeza de que se tratava de uma tentativa de suicídio. Começaram então a me interrogar, perguntando o mês em que estávamos, o ano, o dia da semana, os nomes dos meus avós, tios e bisavôs. Eu estava confuso, me esquecia de tudo. Revia sem parar o filme do acidente, *doña* Betsabé voando pelo ar, o grito da freada, seu corpo feito uma baleia cinza entrando no carro pelo para-brisa e voltando a sair, seus ossos quebrados pelo impacto. Essa imagem repetida estava me enlouquecendo de verdade.

Fui internado num quarto com outros três dementes reais, e comecei a me sentir igual a eles. Chorava em silêncio. Via *doña* Betsabé, imaginava a cerimônia da formatura a que não poderia assistir, a entrega dos diplomas. *Doña* Betsabé em minha cabeça, como um pesadelo interminável, e eu, um criminoso, um assassino, um delinquente ao volante. Havia um louco que repetia a mesma coisa sem parar, em voz alta: "Eu tenho uns sobrinhos bananeiros que moram em Apartadó, eu tenho uns sobrinhos bananeiros que moram em Apartadó, eu tenho uns sobrinhos bananeiros que moram em Apartadó, eu tenho uns sobrinhos bananeiros que moram em Apartadó". Minha cabeça também repetia uma ladainha: acabo de matar uma senhora. Outro dos loucos do meu quarto colecionava livros ilustrados de Júlio Verne, e queria que eu os visse com ele. Sorria, insinuante, e apoiava os livros sobre meus joelhos. O terceiro olhava pela janela, imóvel, sem pronunciar nenhuma palavra nem mexer um músculo, o olhar fixo e vazio num ponto morto, abobalhado. Eu sentia que se ficasse com eles ia enlouquecer de verdade. Começou a anoitecer, e eu não sabia nada de nada da realidade, do que estava acontecendo lá fora, da vida ou da morte de *doña* Betsabé. Meu mundo começava a ser aquele confinamento terrorífico. Comecei a gritar chamando pelos enfermeiros: "Quero ligar para minha casa, quero saber se essa senhora está viva! Quero telefonar, se não me tirarem daqui vou enlouquecer de verdade! Se não me tirarem, vou enlouquecer!". Não há lugar melhor que um manicômio para ficar doente da cabeça. Até o mais são e sensato dos sãos, se internado num manicômio, em poucos dias, nada disso, em poucas horas também enlouquece. Os loucos de outros quartos se aproximavam ao ouvir meus gritos, meu delírio, e zombavam de mim: "Esse aí está mesmo mal", diziam, "que o sosseguem, que o sosseguem, que o sosseguem". E batiam palmas em uníssono para chamar os enfermeiros, como se estivessem numa roda de flamenco.

    E dali a pouco vieram, vestidos de verde-escuro, com sua farda de tratadores de loucos. Três deles me pegaram, baixaram minhas calças e me deram uma injeção nas nádegas, longa, densa. Nem quero descrever o efeito que essa droga teve em mim. Via *doña* Betsabé, via seu sangue, via minhas mãos ensanguentadas, via seus ossos triturados, via minha loucura, todas as imagens ao mesmo tempo, sem poder me concentrar em nada, a memória invadida por lembranças desconexas, por imagens terríveis que não duravam nada porque outra chegava para tomar seu lugar. Não sei quanto tempo isso durou. Acho que peguei no sono. De manhã, ao acordar, falei para mim mesmo: tenho que ser um paciente exemplar. Vou ficar bem calmo, preciso conseguir que me deixem telefonar. Olhei em volta: o sujeito folheando os livros de Júlio Verne, o outro com o olhar perdido no nada, o terceiro na sua eterna ladainha imutável, "eu tenho uns sobrinhos bananeiros que moram em Apartadó, eu tenho uns sobrinhos bananeiros que moram em Apartadó, eu tenho uns sobrinhos bananeiros que moram em Apartadó". Tive uma boa ideia: procurei minha carteira, tinha algum dinheiro.

"Olhe, eu sei que isso é muito difícil aqui, mas eu preciso dar um telefonema, um único telefonema. Tome (entreguei-lhe tudo o que tinha), com isso eu acho que o senhor pode dar um jeito para eu telefonar." O enfermeiro pegou o dinheiro, ávido, e dali a pouco voltou: "Venha comigo". Levou-me até um telefone público, num corredor, e me deu uma moeda. Disquei o número de minha casa, que eu não tinha esquecido, que não me esqueci até hoje, trinta anos depois, embora a casa não esteja mais lá nem existam telefones de seis dígitos na minha cidade: 437208. Atendeu a minha irmã Vicky. "Se não me tirarem daqui hoje mesmo, agora mesmo, vou enlouquecer de verdade e nunca mais volto a me recuperar. Venham me pegar logo, correndo, agora mesmo, agora mesmo, prefiro que me mandem para a prisão." Eu estava chorando, e desliguei. A Vicky jurou que iam me tirar. Uma ou duas horas depois, horas eternas em que meus companheiros de pátio fizeram de tudo para me transformar num deles, os enfermeiros vieram me buscar. O psiquiatra me mandou assinar um papel em que declarava sair por minha própria vontade e isentava o hospital psiquiátrico de qualquer responsabilidade.

Doña Betsabé estava melhor e ia melhorando, se bem que ainda levaria meses para se recuperar por completo. Minha mãe logo arranjaria trabalho para seus filhos desempregados, como porteiros ou faxineiros em alguns edifícios. Meu pai também conseguiria algum emprego para os outros filhos dela. Eram muito pobres, e *doña* Betsabé passaria depois a dizer uma coisa terrível, muito triste, e que retrata bem o que é esta sociedade: "Esse acidente foi uma bênção para mim. Eu o ofereço ao Senhor. Foi Ele que o mandou, porque eu estava saindo da missa, e acabava de pedir que desse trabalho aos meus filhos. Mas antes eu tinha que pagar pelas minhas culpas. Paguei pelas minhas culpas, e o Senhor lhes deu trabalho. É uma bênção". Eu fui visitá-la uma vez, e depois nunca mais quis voltar. Quando a via, na minha mente aparecia seu fantasma, seu corpo morto, inerte, que só reagira por um instante, com uns gemidos, já quase chegando ao hospital de Envigado. Se ela tivesse morrido, não quero nem pensar o que seria. Talvez eu ainda estivesse no manicômio de Bello.

"Você estava correndo demais", disse meu pai, "a marca da freada era muito longa. Isso não pode voltar a acontecer." E no entanto, apenas um ano e meio depois, voltou a acontecer.

34.

No início de 1978 fomos, só meu pai e eu, para a Cidade do México. O presidente López Michelsen, a pedido da embaixatriz, María Elena del Crovo, tinha nomeado meu pai conselheiro cultural na embaixada no México. Eu acabava de completar dezenove anos e era a primeira vez que tinha um passaporte (e diplomático) e a primeira vez que saía do país. Pela primeira vez peguei um voo internacional; pela primeira vez me deram uma bandejinha com comida quente num avião. Tudo me parecia grande, importante, maravilhoso, e a viagem, de cinco horas, me pareceu uma façanha. No Distrito Federal chegamos a viver, de início, em umas residências, espécie de apart-hotel, na Colonia Roma, onde nos faziam a cama e lavavam a roupa.

O cônsul, um sujeito amável, era sobrinho do ex-presidente Turbay Ayala. A embaixatriz, depois de sua atribulada passagem pelo Ministério do Trabalho (tivera de enfrentar o assassinato do líder sindical José Raquel Mercado, nas mãos da esquerda, e uma terrível greve de médicos da Previdência Social, com os doentes morrendo nas salas de urgência e as grávidas parindo nos corredores), vivia atormentada, talvez certa de que sua carreira política tinha desabado para sempre quando estava no auge. A embaixada no México, para ela, não tinha sido um prêmio, e sim uma espécie de desterro, e ao mesmo tempo uma despedida da vida política. Talvez por isso bebia além da conta, e tinha pedido a meu pai que assumisse a rotina da embaixada e lhe desse cobertura no escritório, agora que ela não tinha ânimo para trabalhar em nada. Meu pai, que a considerava uma boa amiga, fez aquilo de boa vontade.

Formávamos um par desajeitado, meu pai e eu, e minha mãe — que tinha de continuar à frente de sua empresa em Medellín — só chegaria em maio ou junho. Não sabíamos cozinhar, e os poucos cafés da manhã que eu tentei fazer consistiam em pão duro e ovos chamuscados. Comíamos sempre fora, e o cônsul nos emprestou um fusca vermelho no qual aprendi a ir e vir pelas intermináveis e caóticas avenidas do DF, com o trânsito mais infernal que existe sobre a face da terra, e as distâncias mais inacreditáveis. Houve ocasiões em que um engarrafamento no Periférico chegou a durar mais do que uma viagem de avião até a Colômbia. O trânsito, simplesmente, parava por completo, e só restava ler um livro enquanto o mundo continuava girando e tudo se movia, menos o trânsito no Periférico. De manhã bem cedo eu levava meu pai até a embaixada, na Zona Rosa, e depois tinha o dia inteiro pela frente, só para mim, embora não soubesse o que fazer com ele. Tive de ser socorrido por um amigo do meu pai, Iván Restrepo (o marido da secretária dele na faculdade de medicina), que tinha emigrado para o México vinte anos antes. Desde então, quando penso no México, penso no Iván Restrepo, e em sua casa da rua Amatlán, na Colonia Condesa, onde sempre fico quando viajo para lá, muito perto da casa do Fernando Vallejo, outro amigo que tive e que deixei de ter.

Acho que nunca li tanto como nesses meses no México, de manhã na excelente biblioteca da casa do Iván, que me abriu suas portas para eu ficar lá, sozinho, em silêncio, na companhia de seus milhares e milhares de livros, e à tarde no apartamentinho que por fim alugamos, meu pai e eu, na Colonia Irrigación, rua Presa las Pilas, num número que já não recordo. Só sei que em cima de nós vivia um diplomata francês que me ensinou a ouvir Jacques Brel, e que no terraço do edifício havia uns cubículos onde dormiam as empregadas. Da Colômbia, depois de algumas semanas de ovos chamuscados e café solúvel, mandaram a Teresa, a empregada que trabalhou a vida inteira em casa, e que ainda hoje, embora esteja aposentada, continua indo todas as quintas-feiras à casa da minha irmã caçula, para passar a roupa dela. Até hoje aquela viagem ao México é o maior orgulho da Teresa, e, para que ninguém duvide desse passado glorioso que ela teve em 1978, conserva em sua fala alguns modismos mexicanos, trinta anos depois de ter voltado. Não diz *"a la orden"*, como nós, e sim *"mande"*; e não diz *"cuidado"*, e sim *"aguas"*; nem *"vamos"*, e sim *"ándele"*. Com a Teresa em casa, e com as recepções diplomáticas, meu pai e eu voltamos a comer bem. Melhor do que nunca, talvez, e pela primeira vez na vida com vinho, pois meu pai, como diplomata, podia recebê-lo em domicílio e livre de impostos.

Umas poucas vezes, na casa do Iván, fiquei para os almoços do "Ateneu de Angangueo", ao qual assistiam pessoas importantes. Escritores como Tito Monterroso, Carlos Monsiváis, Elena Poniatowska, Fernando Benítez; pintores como Rufino Tamayo, José Luis Cuevas e Vicente Rojo; atrizes como Margo Su, que era a namorada secreta do Iván e a melhor empresária de teatro popular que o México já teve; grandes músicos como Pérez Prado; cantoras e bailarinas como Tongolele e Celia Cruz. Esses almoços duravam a tarde inteira e consistiam em mil pratos nativos da mais sofisticada gastronomia mexicana, frango verde de Xalapa, *huachinangos* de Veracruz (que é o nosso pargo vermelho), peito de *huajolote* (nosso peru) com *mole poblano*, ou com *mole* branco de pinhões e especiarias, *tamales* de todo tipo, peixinhos de Pátzcuaro, *gorditas** com feijão e toucinho, pimentões recheados, polvos amendoados, milho com coentro... Lembro que o Benítez sempre se despedia de mim da mesma maneira: "Jovem, seja muito feliz", e fazia uma reverência teatral. Essa saudação, quando eu saía para a rua, me causava um ataque de riso e de repentina felicidade; tinha que pular para assimilá-la. Depois tentei seguir sua recomendação, sem muito êxito. Mas quem eu mais admirava e queria conhecer, só que não conheci nessa viagem, eram Juan Rulfo, que era taciturno e saía muito pouco; García Márquez, que não era deste mundo; Octavio Paz, de quem, naqueles meses, li toda a poesia e todos os ensaios, mas que tinha uma atitude de pontífice e não via ninguém, ou só quem marcasse entrevista com três meses de antecedência; e um poeta mais jovem que me deslumbrava e ainda me apaixona, José Emilio Pacheco, mas este passava metade do tempo nos Estados Unidos. Nem Rulfo, nem Paz, nem Gabo, nem Pacheco pertenciam ao digníssimo Ateneu de Angangueo, que era para pessoas mais felizes que famosas, e que não levavam tão a sério sua vida, nem seu ofício, nem nada. Talvez na vida sempre devamos escolher entre ser felizes como o Benítez ou famosos como o Paz; quem dera todos tivéssemos a sabedoria de escolher a primeira opção, como meu amigo Iván Restrepo, ou como Monsiváis e a princesa Poniatowska, que são pessoas mais felizes do que famosas, ou pelo menos tão famosas quanto felizes.

---

* *Mole*: gama de pratos de ingredientes variados, forte condimento e consistência espessa, entre o purê e o molho, que pode servir de acompanhamento ou recheio. *Gorditas*: variedade artesanal da *tortilla* mexicana, que deve o nome ao seu feitio mais bojudo. (N. T.)

Eu morei nove meses no México, até outubro. Meu pai ficou até dezembro, apenas um ano, e o que quero ressaltar é que ele me permitiu passar toda aquela gestação sabática sem pressão alguma, nem acadêmica nem de trabalho, sem estudar nada nem entrar na universidade, só lendo, desfrutando a vida e acompanhando-o de vez em quando em algum compromisso diplomático. Lembro-me especialmente de ter lido, entre muitos outros livros, os sete volumes de *La recherche*, de Proust, com uma paixão e uma concentração que talvez nunca tenha voltado a sentir com nenhum outro livro. Se há uma leitura fundamental em minha vida, acho que aqueles meses — fevereiro, março, abril —, lendo à tarde a grande saga proustiana de *Em busca do tempo perdido* (na edição da Alianza, com tradução de Pedro Salinas, os três primeiros volumes, e de Consuelo Berges, todos os demais), foram algo que me marcaria para sempre como pessoa. Aí confirmei que eu queria fazer exatamente o mesmo que Proust: passar minhas horas lendo e escrevendo. Dois nomes imensos marcaram os rumos da literatura no século xx, Joyce e Proust, e acho que seguir um, ou preferir o outro, é uma escolha tão importante no gosto literário quanto ser de direita ou de esquerda no campo político. Algumas pessoas se entediam com Proust e se exaltam com Joyce; comigo acontece exatamente o contrário.

Meu pai me dera permissão para não fazer nada, bastava eu ler e conhecer uma grande metrópole, seus cinemas, concertos e museus, que ele se dava por satisfeito. A outra coisa que fiz foi me inscrever numas oficinas literárias na Casa del Lago. De poesia com David Huerta, de conto com José de la Colina e de teatro já não me lembro com quem. À noite, uma vez por semana, ia a outra oficina mais restrita que se realizava na Casa da Espanha, com um grande professor centro-americano de quem nunca voltei a saber nada, Felipe San José. Era uma espécie de discípulo de Rubén Darío, e tinha uma imensa cultura literária, além de uma generosidade sem limites em seus comentários sobre os escritos que nós, seus pupilos, cometíamos. Com ele tive meu primeiro contato sério com a literatura do Século de Ouro e com o romance espanhol contemporâneo. Foram meses lentos, de ócio, leitura, abulia e felicidade.

Em meados desse ano, vovô Antonio escreveu uma carta a meu pai, muito preocupado. Tinha chegado ao seu conhecimento que eu, em meu ideal de vida proustiano, passava dias a fio largado numa cama, ou num sofá, lendo romances intermináveis e bebericando vinho de Sauternes, como se fosse uma solteirona retirada do mundo, um Oblomov dos trópicos, ou um dândi maricas do século XIX. Nada lhe parecia mais preocupante para a formação da minha personalidade, e para o meu futuro, do que isso, e visto de fora, pelos olhos de um criador de gado ativo e pragmático, ou até com meus olhos de hoje, devo reconhecer que o quadro era meio aberrante, e talvez meu avô tivesse razão. Mas meu pai, como fez toda a vida comigo, ao ler essa carta, limitou-se a dar uma gargalhada e comentou que o vovô não entendia que eu estava fazendo a universidade por conta própria. De onde será que ele tirava essa confiança em mim, apesar daqueles gritantes sintomas de indolência?

Em março fizemos a primeira de várias viagens por terra aos Estados Unidos, no luxuosíssimo BMW que o cônsul nos emprestou. Era minha primeira entrada nesse grande país, e cruzamos a fronteira por Laredo, na divisa com o Texas. Íamos visitar dois alunos do meu pai, um em San Antonio, Héctor Alviar, anestesista, e outro em Houston, Óscar Domínguez, cirurgião plástico. Além disso, íamos comprar um carro livre de impostos, que era uma regalia do meu pai como diplomata. Compramos um imenso Lincoln Continental, com todo o luxo que nunca tínhamos visto na vida: câmbio automático, vidros elétricos, ar-condicionado, bancos e espelhos com ajuste por botões, e um motor imenso que bebia mais gasolina que um bêbado garrafas de mescal. Nos meus dezenove anos, com minha aparência andrógina de adolescente que amadurece devagar e ainda é quase uma criança, efebo lânguido e voluptuoso, lembro como atravessava naquele carro imenso, branco, os caminhos do parque do Chapultepec, a caminho da Casa del Lago, onde fazia meus parcos cursos de literatura. Eu me sentia como o Proust num luxuoso cabriolé último modelo, indo visitar a duquesa de Guermantes e no caminho falando de catleias com Odette de Crécy. Com a exceção de uma moça que uma vez me levou à casa dos pais, uns industriais riquíssimos, que se não me engano moravam em Polanco, não me lembro de nenhum outro colega daqueles cursos — logo se vê que nunca desfolhamos catleias. Pensando bem, lembro de mais duas pessoas. Uma aluna muito bonita, na Casa da Espanha, uma senhora de uns trinta anos, que era amante do professor San José. E outro estudante mestiço, muito inteligente, que estava escrevendo um romance histórico cheio de poesia sobre os índios de Texcoco, no tempo da chegada de Hernán Cortés. No último dia do curso, quando eu me despedia de todos porque ia voltar para a Colômbia, lembro que ele me disse: "Héctor, digo-lhe isso muito seriamente, por favor: nunca deixe de escrever". Esse pedido me pareceu muito estranho, pois era como me sugerir que eu não deixasse de viver. Já desde aquela época, e embora ainda faltassem mais de dez anos para publicar meu primeiro livro, eu não tinha a menor dúvida sobre o que queria fazer na vida. No México escrevi o conto com o qual, um ano mais tarde, ganharia um concurso nacional: "Piedras de silencio". Acho que devo a José de la Colina e a Felipe San José as correções que o tornaram menos ruim. E a David Huerta, o filho de Efraín, devo o definitivo abandono da poesia, gênero para o qual eu pensava ser mais bem-dotado, mas para o qual, desde então, parece que não sirvo, e sempre que deixo escapar um decassílabo ou um alexandrino, prefiro, a publicá-lo, disfarçá-lo dentro de um parágrafo de prosaica prosa.

Mas aquele ano de excessiva intimidade com meu pai foi também o ano em que eu me dei conta de que devia me afastar dele, mesmo que fosse matando-o. Não quero que isso soe muito freudiano, porque a coisa é mesmo literal. Um pai tão perfeito pode chegar a ser insuportável. Embora ele ache bom tudo o que você faz (ou melhor: *porque* ele acha bom tudo o que você faz), chega uma hora em que, por um confuso e demencial processo mental, você quer que esse deus ideal já não esteja lá para dizer sempre "que bom", sempre "sim", sempre "como preferir". É como se a gente, seja como for, nesse final da adolescência, não precisasse de um aliado, e sim de um antagonista. Mas era impossível brigar com meu pai, portanto a única forma de me enfrentar com ele era fazendo-o desaparecer, mesmo que eu morresse junto.

Acho que na verdade só me libertei dele, do seu excessivo amor e do seu trato perfeito, e do meu excessivo amor, quando, em 1982, fui viver na Itália com a Bárbara, minha primeira mulher, mãe dos meus dois filhos. Mas o clímax da total dependência e comunhão foi no México, em 1978, aos meus dezenove anos, quando digo que quis matá-lo, matá-lo e me matar, e vou contá-lo muito brevemente, pois é uma lembrança que eu não gosto de evocar, de tão confusa, imprecisa e violenta, embora nada tenha acontecido de fato.

Vínhamos por uma estrada deserta, pelo norte do país, voltando do Texas, num carro velho e possante (o Lincoln tinha sido roubado poucas semanas depois que o levamos ao DF), enorme como um carro funerário, que seu aluno Óscar Domínguez nos emprestara depois do roubo. Era um deserto imenso, lindo em sua desolação. Eu senti uma espécie de impulso suicida e acelerei sem pensar. Levei aquela possante velharia, um Cadillac, a oitenta, cem, cento e vinte milhas (que equivalem a quase duzentos quilômetros por hora). O carro rugia e tremia, sua velha carroceria vibrava como um foguete prestes a subir, e eu tinha a clara sensação de que íamos nos matar, mas não deixava de pisar no acelerador, com vontade de me matar. Meu pai estava ao meu lado, dormindo. Seria a morte instantânea dos dois, no deserto. Eu não sei se cheguei a pensar nisso, mas quando um rebanho de cabras de repente surgiu na estrada, alguns metros mais adiante, eu vi a morte de perto, e freei, freei, freei, assim como tinha freado no atropelamento de *doña* Betsabé, e o velho trambolho americano aguentou a longuíssima freada sem rodar nem tombar, balançando-se em meio a um barulho infernal, e as cabras pularam para longe, seus enormes saltos formando arcos escuros no ar, enquanto o cabreiro gritava e gesticulava agitando os braços como pás de moinho, mas nada nos tocou, nem um chifre, nem um rabo, e o carro acabou de parar sem um arranhão alguns metros à frente do rebanho espantado. Meu pai acordou assustado com o barulho e a freada, seguro a duras penas pelo cinto de segurança, e sem dizer uma palavra pareceu entender tudo, porque me fez trocar de lugar com ele, em silêncio, e, embora fosse um péssimo motorista, fez questão de dirigir até o DF durante a tarde inteira, a cinquenta por hora, sem pronunciar uma palavra.

DIREITO E HUMANO

35.

Em 1982, poucos meses depois de eu ir viver na Itália pela primeira vez, e pouco antes de completar os sessenta e um, meu pai recebeu uma breve carta de um secretário de recursos humanos da Universidade de Antioquia. Em tom frio e burocrático, informava que ele devia se apresentar na seção para tratar de sua aposentadoria imediata. Ele recebeu a notícia, de todo inesperada, como uma marretada na cabeça. Sua aluna predileta, Silvia Blair, que acabara de ser admitida como professora da faculdade, lembra que seu velho mestre a procurou em sua sala, com os olhos feitos duas bolas de sangue, chorando copiosamente (meu pai chorava sem vergonha de suas lágrimas, não como os filhos do estoicismo espanhol, mas como os heróis homéricos), pois achava impossível que a universidade onde tinha estudado por sete anos, e onde tinha sido catedrático por mais vinte e cinco, o enxotasse como um cão, simplesmente por ter completado sessenta, sem nem sequer agradecer por um trabalho ao qual dedicara a vida inteira, interrompido apenas por breves pausas internacionais. Tinha sido o representante dos estudantes no

Conselho Superior, havia fundado o departamento de Medicina Preventiva e a Escola Nacional de Saúde Pública, tinha sido professor de várias gerações de sanitaristas, fizera greves em defesa dos professores da universidade, de cujo sindicato fora presidente várias vezes, quase todos os médicos de Antioquia tinham sido alunos dele, mas de um dia para outro, sem nenhuma consideração, o chutavam para a rua, aposentado.

Em seu segundo livro, *Cartas desde Asia*, escrito nas Filipinas, meu pai sustenta que ele se tornou professor cedo demais, e que os verdadeiros professores só chegam a sê-lo depois de muitos anos de amadurecimento e meditação. "Quantos erros", escrevera lá, "cometemos aqueles que pretendemos ensinar sem ainda ter atingido a maturidade do espírito e a tranquilidade de julgamento que a experiência e os maiores conhecimentos vão nos dando no final da vida. O mero conhecimento não é sabedoria. A sabedoria sozinha tampouco basta. São necessários o conhecimento, a sabedoria e a bondade para ensinar outros homens. O que deveríamos fazer, todos aqueles que alguma vez fomos professores antes de sermos sábios, é pedir humildemente desculpas aos nossos discípulos pelo mal que lhes fizemos."

E agora, justamente quando sentia que estava chegando a essa etapa da vida, quando já a vaidade não o influenciava, nem as ambições tinham muito peso, e era guiado menos pela paixão e pelos sentimentos e mais por uma amadurecida racionalidade construída com muitas dificuldades, era jogado no olho da rua. Para ele, a docência, que nada tinha a ver com o agonismo do esporte, nem com a beleza ou os ímpetos da juventude, estava ligada à maturidade e à serena sabedoria, esta que é mais comum obter com o passar dos anos. Está certo que se aposente da docência quem assim o desejar, mas se um professor não perdeu suas faculdades mentais, antes, ao contrário, atingiu a maturidade e a serenidade para saber o que é realmente importante em sua profissão, se além disso seus estudantes querem aprender com ele, proibi-lo de uma hora para outra que continue lecionando é um verdadeiro crime e um desperdício. Na Europa, no Oriente, nos Estados Unidos, quando os grandes professores envelhecem não são afastados de suas cátedras; apenas têm mais cuidado com eles, diminuindo sua carga docente, mas os deixam lá, como mestres de mestres, acompanhando o crescimento intelectual dos alunos e de outros professores. De fato, muitos estudantes protestaram contra sua aposentadoria compulsória, e Silvia Blair escreveu uma carta furiosa, que distribuiu em milhares de cópias, assinada por professores e alunos, sustentando que pouco futuro tinha uma universidade que aposentava seus melhores professores, à sua revelia, só para poder contratar, mais baratos, três mocinhos sem experiência do mundo nem da matéria que pretendiam ensinar.

Essa aposentadoria forçada lhe doeu muitíssimo, mas não o amargurou por muito tempo. Declarou, simplesmente, numa breve homenagem que recebeu dos discípulos mais queridos, que ia viver mais feliz, que ia ler mais, passar mais tempo com seus netos e, sobretudo, que ia se dedicar a "cultivar rosas e amigos". E foi isso que ele fez. Passava três ou quatro dias por semana, de quinta a domingo, no sítio de Rionegro, as manhãs inteiras dedicadas às suas roseiras, fazendo enxertos, testando cruzamentos, capinando as eiras e podando as touceiras, enquanto à tarde lia e ouvia música clássica, ou preparava seu programa radiofônico (*Pensando en voz alta*, chamava-se), ou seus artigos de jornal. No fim da tarde, visitava seu amigo do peito, o poeta Carlos Castro Saavedra, e à noite lia mais um pouco até o sono chegar. As roseiras foram-se enchendo das rosas mais exóticas, para ele e para todos nós, como um jardim de grande valor real e simbólico. Na última entrevista que concedeu, no final de agosto de 1987, quando lhe perguntaram sobre a rebeldia, falou de suas roseiras: "A rebeldia é algo que eu não quero perder. Nunca vivi ajoelhado, só me ajoelhei ao pé das minhas rosas e só sujei as mãos com a terra de meu jardim".

Muitos amigos e parentes temos lembranças ligadas às roseiras do meu pai, que ainda existem, um tanto maltratadas, no sítio de Rionegro. Ele não dava suas flores a qualquer um, só às pessoas que lhe pareciam boas, e às vezes as negava com um obscuro sorriso no rosto, e um silêncio que só nós sabíamos interpretar. Para as pessoas que lhe agradavam, ao contrário, explicava tudo o que podia sobre seu cultivo. "As rosas fêmeas são as únicas que florescem, mas têm espinhos. As rosas machos não têm espinhos, mas nunca florescem", dizia sempre, sorridente, ao explicar a maneira como eram feitos os enxertos. Gostava de mostrar todo o jardim do sítio, não apenas as roseiras, mas também o pomar, as goiabeiras de goiabinhas vermelhas, os abacateiros que davam frutos o ano inteiro, porque estavam plantados em cima da fossa séptica, e as físalis que ele mesmo colhia e nos dava na boca. Diante de uma única árvore que nunca dava flor, uma camélia estéril que continua no mesmo lugar, postava-se ressentido, como se aquele arbusto lhe estivesse fazendo uma afronta pessoal: "Por que será que ela nunca quer florescer?". Nunca floresceu, exceto uma vez em que justamente estava lamentando esse fato com a Mónica, irmã da Bárbara, minha primeira mulher, e de repente viu uma solitária e única camélia branca. Então a cortou e a entregou a ela, intrigado e feliz por essa exceção em tantos anos de vida.

Voltava para Medellín às segundas pela manhã, e foi nesses anos sem compromissos de trabalho que dedicou todo o seu tempo livre de aposentado (quando não estava mimando os netos ou cultivando rosas e amigos) à defesa dos direitos humanos, que de resto lhe parecia a luta médica mais urgente daquele momento na Colômbia. Quis aplicar seus sonhos de justiça à prática daquilo que considerava mais urgente.

Adorava ser jardineiro, porque lhe dava impressão de voltar às origens rurais da família. Mas, ao mesmo tempo que desfrutava desse apego ao campo e à terra, continuava com seus sonhos de reforma da medicina. Sonhava com que houvesse um novo tipo de médico, o *poliatra*, dizia ele, o que curaria a pólis, e queria dar o exemplo de como deveria se comportar esse novo médico da sociedade, que não se dedicaria a combater e curar doenças, caso a caso, mas sim a intervir em suas causas mais profundas e remotas. Por isso, ainda à frente de sua cátedra de medicina preventiva e saúde pública, saiu cada vez mais das salas de aula para levar seus estudantes a olhar a cidade inteira: os bairros populares, as vilas, as fontes de água, o matadouro, as prisões, as clínicas dos ricos, os hospitais dos pobres, e também o campo, os latifúndios, os minifúndios e as condições em que viviam os camponeses nos povoados e nas zonas rurais.

Dois anos depois de sua aposentadoria, por pressão de estudantes e colegas, voltaram a chamá-lo à universidade, ainda que só para dar alguns seminários, e ele aceitou o convite com a condição de que pudesse dar a maioria de suas aulas, como sempre tinha sonhado, fora das salas. Minha irmã mais nova, Sol, que por aqueles anos estava começando a estudar medicina numa universidade privada, lembra que meu pai a convidou, a ela e a todos os seus colegas, para fazer uns cursos de *poliatria* na prisão de Bellavista. Minha irmã levou a proposta à sua turma, mas seus colegas recusaram. Um deles, hoje cardiologista, levantou-se e disse, no tom mais ferino e agressivo que conseguiu: "Nós não temos nada a aprender numa prisão". Como era o líder do grupo, todos os colegas aceitaram seu veredicto, e então, daquela turma, a única a comparecer foi minha irmã, e ela recorda essas jornadas como as semanas em que mais medicina aprendeu, ainda que fosse uma medicina diferente, de tipo social, em contato com os que mais sofriam, e com seus específicos problemas pessoais, econômicos ou familiares.

Durante esses trabalhos de campo, meu pai não dava respostas, como se costuma fazer nas aulas, mas utilizava o velho método socrático de ensinar perguntando. Os estudantes se desconcertavam e até protestavam: de que servia um professor que em vez de ensinar só fazia perguntas e mais perguntas? Quando iam ao hospital, não era para tratar dos pacientes, mas para interrogá-los ou para medi-los; a mesma coisa com os camponeses. Deviam investigar as causas sociais, as origens econômicas e culturais da doença: por que essa criança desnutrida estava nessa cama de hospital, ou esse ferido de bala, de trânsito, de facada ou navalhada, e por que certas categorias sociais tinham mais tuberculose, ou mais leishmaniose, ou mais paludismo do que outras. Na prisão estudavam a gênese do comportamento violento, mas além disso tentavam fazer com que os tuberculosos não permanecessem em locais onde pudessem contagiar outros reclusos e controlar a dependência de drogas, o abuso sexual, o contágio da aids etc. por meio de programas alternativos (aulas, leituras, cineclubes).

Sua noção inovadora da violência como um novo tipo de epidemia vinha de muito longe. Já no primeiro Congresso Colombiano de Saúde Pública, organizado por ele em 1962, lera uma comunicação que se tornaria um marco na história da medicina social do país: sua conferência se chamava "Epidemiologia da violência" e nela insistiu em que se estudassem cientificamente os fatores desencadeantes da violência. Propôs, por exemplo, que se investigassem os antecedentes pessoais e familiares dos violentos, sua integração social, seu "sistema cerebral", sua "atitude perante o sexo e seus conceitos de dignidade (machismo)". Recomendava que se fizesse "um completo exame físico, psicológico e social do violento, e um exame comparativo, igual ao anterior, de outro grupo de não violentos, semelhante em número, idades e condições, dentro das mesmas áreas e grupos étnicos, para analisar as diferenças detectadas entre um e outro".

Observava com atenção as causas de morte mais frequentes, e confirmava as intuições sem números que ele tinha só de olhar o que acontecia e ouvir o que lhe contavam: na Colômbia, estava voltando a crescer a epidemia cíclica de violência que vinha fustigando o país desde tempos imemoriais, a mesma violência que dizimara seus colegas do colégio e que levara seus avós à guerra civil. O mais nocivo para a saúde dos humanos, aqui, não era a fome, nem as diarreias, nem a malária, nem os vírus e as bactérias, nem o câncer, nem as doenças respiratórias e cardiovasculares. O pior agente nocivo, que mais mortes causava entre os cidadãos do país, eram os outros seres humanos. E essa epidemia, em meados dos anos 1980, tinha o rosto típico da violência política. O Estado, mais exatamente o Exército, auxiliado por esquadrões de assassinos civis, os paramilitares, com o apoio dos órgãos de segurança e às vezes também da polícia, estava exterminando os opositores políticos de esquerda, para "salvar o país da ameaça do comunismo", como eles diziam.

Sua última luta foi, portanto, também uma luta médica, de sanitarista, embora fora das salas de aula e dos hospitais. Constante e ávido leitor de estatísticas (dizia que sem um bom censo era impossível planejar cientificamente qualquer política pública), meu pai contemplava com terror o avanço progressivo da nova epidemia que no ano de sua morte registrou mais homicídios que num país em guerra, e que no começo dos anos 1990 levou a Colômbia a ter a triste primazia de país mais violento do mundo. Já não eram as doenças contra as quais tanto lutara (tifo, enterite, malária, tuberculose, pólio, febre amarela) que ocupavam as primeiras posições entre as causas de morte no país. As cidades e os campos da Colômbia cobriam-se cada vez mais com o sangue da pior das doenças padecidas pelo homem: a violência. E como os médicos de antigamente, que contraíam a peste bubônica ou o cólera em seu desesperado esforço por combater essas doenças, assim caiu Héctor Abad Gómez, vítima da pior epidemia, da peste mais aniquiladora de que pode padecer uma nação: o conflito armado entre diversos grupos políticos, a delinquência galopante, as explosões terroristas, os acertos de contas entre mafiosos e narcotraficantes.

Para combater tudo isso não existiam vacinas: a única coisa a fazer era falar, escrever, denunciar, explicar como e onde estava se dando o massacre, e exigir do Estado que fizesse alguma coisa para deter a epidemia, tendo sim o monopólio do poder, mas exercendo-o dentro das regras da democracia, sem aquela prepotência e crueldade que eram idênticas às dos criminosos que o governo dizia combater. Em seu último livro publicado em vida, poucos meses antes de ser assassinado, *Teoría y práctica de la salud pública*, escreve e frisa que as liberdades de pensamento e de expressão são "um direito arduamente conquistado ao longo da história por milhares de seres humanos, portanto um direito que temos o dever de conservar. A história demonstra que a conservação desse direito requer esforços constantes, lutas ocasionais e, às vezes, até sacrifícios pessoais. A tudo isso estivemos dispostos muitos de nós, professores, e continuaremos dispostos no futuro, aqui e em todos os lugares da Terra". E acrescentava uma reflexão que continua tão vigente como na época:

"A alternativa é cada vez mais clara: ou nos comportamos como animais inteligentes e racionais, respeitando a natureza e acelerando tanto quanto possível o nosso incipiente processo de *humanização*, ou a qualidade da vida humana se deteriorará. Sobre a racionalidade dos grupos humanos, há quem comece a ter certas dúvidas. Mas se não nos comportarmos racionalmente, sofreremos a mesma sorte de algumas culturas e algumas estúpidas espécies animais, de cujo processo de extinção e sofrimento restam apenas fósseis. As espécies que não mudam biológica, ecológica ou socialmente quando muda seu hábitat estão fadadas a perecer depois de um período de inenarráveis sofrimentos."

Desde 1982 (embora o Comitê tivesse sido fundado alguns anos antes) até a data de seu assassinato, em 1987, trabalhou sem descanso no Comitê de Defesa dos Direitos Humanos de Antioquia, que presidia. Lutava contra a nova epidemia da violência usando a única arma que lhe restava: a liberdade de pensamento e de expressão; a palavra, as manifestações pacíficas de protesto, a denúncia pública dos violadores dos direitos de todo tipo. Enviava sem cessar, e na maioria das vezes sem resposta alguma, cartas às autoridades (presidente da República, procurador, ministros, generais, comandantes da polícia), com nomes próprios e casos concretos. Publicava artigos nos quais apontava os torturadores e os assassinos. Denunciava cada massacre, cada sequestro, cada desaparecimento, todas as torturas. Fazia marchas de protesto, em silêncio, com um punhado de jovens e colegas docentes da universidade que acreditavam na mesma causa (Carlos Gaviria, Leonardo Betancur, Mauricio García, Luis Fernando Vélez, Jesús María Valle); participava de fóruns, conferências e manifestações em todo o país. E sobre seu escritório choviam centenas de denúncias dos desesperados que não tinham a quem recorrer, nem aos tribunais nem às autoridades do Estado, só a ele. Só de olhar esses documentos, alguns dos quais ainda se conservam na casa de minha mãe, sente-se ao mesmo tempo nojo e uma dor sem tamanho: fotos de torturados e de assassinados, cartas desesperadas de pais e irmãos que têm um parente sequestrado ou desaparecido, padres a quem ninguém ouve e recorrem a ele com suas denúncias, e semanas depois a notícia do assassinato do mesmo pároco denunciante num povoado remoto. Cartas apontando esquadrões da morte, com nome e sobrenome dos assassinos, mas cartas que só recebem como resposta o desprezo e a indiferença do governo, a incompreensão da imprensa e a acusação injusta de ser um aliado da subversão, como escreviam alguns colunistas colegas do meu pai.

Mas ele não denunciava somente o Estado e fechava os olhos para as atrocidades da guerrilha, como alguns diziam. Quem reler seus artigos e suas declarações verá que meu pai abominava o sequestro e os atentados indiscriminados da guerrilha, e que também os denunciava com veemência, até com desespero. Mas achava mais grave que o próprio Estado que dizia respeitar a lei fosse quem se encarregasse, ou encarregasse outros matadores a soldo (paramilitares e esquadrões da morte), de fazer a guerra suja. "Se o sal se corromper...", era uma de suas citações bíblicas preferidas.

No ano de sua morte, a guerra suja, a violência, os assassinatos seletivos estavam golpeando sistematicamente a universidade pública, pois alguns agentes do Estado, e seus cúmplices do para-Estado, entendiam que lá estava a semente e a seiva ideológica da subversão. Nos meses anteriores ao assassinato do meu pai, só em sua querida Universidade de Antioquia tinham matado sete estudantes e três professores. Qualquer pessoa pensaria que diante desses números a cidadania estaria alarmada, comovida. Nada disso. A vida parecia seguir seu curso normal, e somente aquele "maluquinho", aquele professor calvo e amável de mais de sessenta e cinco anos, mas com um vozeirão e uma paixão juvenil arrasadora, gritava a verdade e execrava a barbárie. "Estão exterminando a inteligência, estão eliminando os estudantes mais inquietos, estão matando os opositores políticos, estão assassinando os padres mais comprometidos com seu povo e suas paróquias, estão decapitando os líderes populares dos bairros ou das vilas. O Estado só faz ver comunistas e perigosos opositores em qualquer pessoa inquieta ou pensante." O extermínio da União Patriótica, um partido político de extrema esquerda, aconteceu perto daquela data e chegou a fazer mais de quatro mil vítimas civis em todo o país.

Ao seu redor, na mesma universidade onde trabalhava, caía muita gente, assassinada por grupos paramilitares. Entre julho e agosto desse ano, 1987, numa clara campanha de perseguição e extermínio, tinham matado os seguintes estudantes e professores da Universidade de Antioquia: em 4 de julho, Edisson Castaño Ortega, estudante de odontologia; em 14 de julho, José Sánchez Cuervo, estudante de veterinária; em 26 de julho, John Jairo Villa, estudante de direito; em 31 de julho, Yowaldin Cardeño Cardona, estudante do colégio da universidade; em 1º de agosto, José Ignacio Londoño Uribe, estudante de comunicação social; em 4 de agosto, o professor de antropologia Carlos López Bedoya; em 6 de agosto, o estudante de engenharia Gustavo Franco; em 14 de agosto, o professor da faculdade de medicina e senador pela UP, Pedro Luis Valencia.

De alguns desses crimes sabiam-se detalhes terríveis, que meu pai nos contava: um dos estudantes, depois de ser torturado e assassinado, foi amarrado a um poste e seu corpo esquartejado por uma granada. José Sánchez Corvo foi encontrado com o septo quebrado, chagas na cintura, um globo ocular estourado por um golpe, vários dedos decepados e um tiro na orelha. Ignacio (Nacho) Londoño, com sete tiros na cabeça e um na mão esquerda. Quando encontraram seu corpo, tinha um dedo da mão direita decepado. Esse rapaz ganhava a vida como agente recreativo (especialmente em asilos de velhos, pois era carinhoso com os idosos) e estava fazendo o curso de comunicação social muito lentamente, porque sustentava o pai, um senhor de oitenta e dois anos. A esse mesmo velho coube recolher o corpo do filho, acima do bairro Belén, numa zona montanhosa, e o reconheceu porque a primeira coisa que viu foi a mão sem um dedo, jogada no mato. Mais adiante estava o corpo, com sinais de tortura. O moço estava prestes a se formar, mas era suspeito aos olhos dos paramilitares por ter passado quase dez anos estudando, e isso era típico dos infiltrados da guerrilha, que faziam de tudo para permanecer mais tempo na faculdade. Londoño não tinha nem um fio de cabelo de guerrilheiro, e a grande felicidade de seu pai era que em pouco tempo teria um filho com diploma, que pelo menos "ia pagar seu enterro". Coube a ele enterrá-lo, com uma dor à qual já não quis sobreviver.

Em minha casa, por esses tempos, acontecia exatamente o contrário que em todas as casas normais, onde os pais procuram evitar que os filhos participem de protestos e manifestações que possam pôr sua vida em risco. Como meu pai era o menos conservador dos velhos, e cada dia que passava ia se tornando mais liberal e mais contestador, em casa os papéis se invertiam, cabendo a nós, os filhos, o conselho de que ele não se expusesse tanto nem participasse das passeatas, nem escrevesse suas denúncias escancaradas, dado o clima de extermínio em que vivíamos. Além disso começaram a surgir boatos de que sua vida corria perigo. Jorge Humberto Botero, que trabalhava na cúpula do governo, dizia à minha irmã Clara, sua ex-mulher: "Diz para o teu pai ter mais cuidado, e diz para ele que eu sei o que estou dizendo". O marido da Eva, minha outra irmã, Federico Uribe, que estava muito a par do que se comentava no Club Campestre, também dizia a mesma coisa: "Teu pai está se expondo muito, desse jeito vai acabar assassinado".

Havia também indícios indiretos de que a antipatia geral de muita gente importante estava aumentando perigosamente. Como os filhos da Eva jogavam polo, a exemplo do pai, ela de vez em quando assistia às partidas no Club Llanogrande. E um dia, por pura coincidência, ela se sentou ao lado de outro jogador, não tão bom quanto meus sobrinhos: Fabio Echeverri Correa. Ele tinha bebido e a interpelou num tom destemperado: "Eu escolho quem senta perto de mim, e não vou deixar a filha de um comunista sentar do meu lado". A Eva, sem dizer nada, levantou-se e mudou de lugar. Luigi, o filho de Echeverri, que sempre foi muito amável com minha família, defendeu a Vicky com veemência na frente do pai.

Minha mãe era a única que não acreditava nesses boatos, nunca, nem no final, e até se zangava quando alguém os divulgava: "Como podem pensar numa coisa dessas? Não podem fazer nada contra o Héctor!". Para ela, meu pai era um homem tão bom que ninguém nunca ousaria atentar contra ele. Duas semanas depois, quando seu marido já estava morto, mesmo em frangalhos ela tentou voltar a trabalhar e foi ver as contas do "estábulo", como chamavam o edifício das "vacas sagradas" de Medellín, quer dizer, dos seus mais ricos industriais e homens de negócios. Era conhecido como "estábulo", mas seu nome na verdade é Edifício Plaza, se bem que agora quase todos os seus ocupantes daquela época já morreram ou se mudaram. Uma hora ela não conseguiu suportar mais a dor e a tristeza e se sentou nas escadas para chorar desconsoladamente. Justo nesse momento ia entrando em seu apartamento *don* José Gutiérrez Gómez, que também tinha sido, assim como Fabio Echeverri, presidente da Associação Nacional de Industriais, e mais seu fundador. *Don* Guti se aproximou dela, tentou levantá-la, e minha mãe teve que lhe dizer: "Agora eu desconfio de todos vocês; nem sei se não fui uma traidora e uma ingênua administrando os edifícios dos mais ricos de Medellín. Acho que entre essa gente estão os que mandaram matar o Héctor, mas claro que não estou falando do senhor, *don* Guti". O senhor Gutiérrez ficou lá com ela por um bom tempo, sem dizer nada, fazendo-lhe companhia sentado nos degraus.

Tanto para minha mãe como para todos os filhos ficou, e em parte ainda persiste, uma dúvida que é difícil esclarecer. Quem, exatamente, assessorava Carlos Castaño e comandava os militares que davam a ordem de matar e decidiam quem seria morto? Só tivemos respostas indiretas e genéricas: que foram os bananeiros de Urabá, ou os fazendeiros de Puerto Berrío e do médio Magdalena aliados aos paramilitares; ou agentes do DAS (os serviços de inteligência) incitados por políticos de extrema direita; ou oficiais atingidos pelas denúncias do Comitê dos Direitos Humanos... Só uma vez um de meus sobrinhos, durante umas férias que passou numa imensa fazenda da Costa, perto de Magangué, ouviu sem querer uma confissão explícita do grupo de paramilitares que fazia a segurança da propriedade. Era aniversário do assassinato, e meu pai apareceu fugazmente num noticiário de televisão. "Esse filho da puta foi um dos primeiros que a gente matou em Medellín", comentaram. "Era um comunista muito perigoso; e precisa ter cuidado com o filho, que vai pelo mesmo caminho." Meu sobrinho, apavorado, não quis dizer que aquele senhor de quem estavam falando era seu avô.

Quando minha irmã Maryluz, a mais velha e a filha preferida, implorava a meu pai que não continuasse organizando aquelas marchas de protesto porque iam matá-lo, ele, para tranquilizá-la, respondia com seus beijos e suas gargalhadas. Mas nas passeatas e nos comícios de que participava assumia sempre uma expressão séria, de profunda preocupação, embora ao mesmo tempo mostrasse entusiasmo, quase alegria, ao ver a quantidade de gente que o acompanhava, ainda que seus protestos fossem um grito desesperado, uma pregação às vezes inútil em que não raro ele acabava sozinho. Além de tudo, era ingênuo. Uma vez, com um grupo de estudantes, professores e ativistas dos direitos humanos, avançou em passeata rumo ao palácio do governo e de repente se viu completamente só, sem um único companheiro de marcha, caminhando com seu cartaz. Todos tinham dado meia-volta, pois à frente havia um blindado antimotim, mas ele seguiu em frente; quando o detiveram e o jogaram violentamente num camburão, outros detidos lhe perguntaram por que não tinha recuado a tempo, como todo mundo: ele explicou que tinha confundido o blindado antimotim com um caminhão de lixo.

Às vezes, ao discursar, de frente para os manifestantes, como sempre acontecia no final das marchas, também ficava falando sozinho: via que seu auditório de uma hora para outra se dispersava apavorado. Então olhava às suas costas e via um esquadrão do Exército aproximando-se. Nunca lhe faziam nada e, se o detinham, logo o liberavam, meio envergonhados diante da sua evidente inocência e dignidade. Sempre limpo, sempre impecavelmente vestido, de terno e gravata, sempre ingênuo, franco e sorridente. Seu melhor escudo era seu velho prestígio de professor bonachão, seu jeito amável, sua imensa simpatia. Ele se expunha a muitos riscos, mas a maioria pensava: com o doutor Abad não vão mexer, nunca vão tocar nele, todos sabem que é apenas um homem bom. Afinal, fazia quinze anos que vinha fazendo a mesma coisa, e nunca tinham tocado nele. O governo sempre o chamava para resolver questões complicadas: a ocupação de uma igreja, de um consulado ou de uma fábrica, a entrega de um guerrilheiro ou de um sequestrado. Todos confiavam em sua palavra.

Em 11 de agosto daquele ano fatídico, ele escreveu um manifesto "Em defesa da vida e da universidade". Nele denunciou que no mês anterior tinham assassinado (e em alguns casos torturado) cinco estudantes e três professores de diferentes faculdades, e explicava esses ataques nos seguintes termos: "A universidade está na mira dos que desejam que ninguém questione nada, que todos pensemos igual; é o alvo daqueles que veem o saber e o pensamento crítico como um perigo social, por isso utilizam a arma do terror para fazer com que esse interlocutor crítico da sociedade perca o equilíbrio, caia no desespero dos submetidos por meio da perseguição".

Relendo seus artigos, quase sempre se encontra uma pessoa muito tolerante e equilibrada, sem os dogmatismos da esquerda, típicos daqueles anos exacerbados. Não faltam, contudo, algumas notas que, lidas hoje, podem parecer exageradas por causa do otimismo e da sanha com que ele defendia as reivindicações sociais da esquerda. Às vezes, ao lê-lo, eu mesmo me sinto tentado a censurá-lo, e é o que muitas vezes faço, no meu íntimo. Uma vez, porém, achei num livro dele um escrito de Bertolt Brecht várias vezes sublinhado, um fragmento que me explica certas coisas e me mostra o caminho para ler seus artigos com a perspectiva daquele momento: "Íamos mudando mais frequentemente de país do que de sapatos, através das lutas de classes, desesperados, quando havia só injustiça e nenhuma indignação. E, contudo, sabemos que também o ódio contra a baixeza endurece a voz. Ah, os que quisemos preparar terreno para a bondade não pudemos ser bons".

Voltando aos seus artigos daqueles anos, quase todos publicados no jornal *El Mundo* de Medellín, e alguns também em *El Tiempo* de Bogotá, reencontro algumas de suas causas desesperadas. Há um texto particularmente duro e corajoso contra a tortura, publicado pouco depois que um amigo e discípulo dele fora detido e torturado pelo Exército em Medellín:

"Eu acuso perante o senhor presidente da República e seus ministros de Guerra e da Justiça, e perante o senhor procurador-geral da nação, os 'interrogadores' do Batalhão Bombená da cidade de Medellín de estarem aplicando torturas físicas e psicológicas aos detidos pela IV Brigada.

"Eu os acuso de pô-los no meio de um quarto, vendados e amarrados, em pé, por dias e noites a fio, submetidos a vexames físicos e psicológicos da mais refinada crueldade, sem deixá-los sequer sentar no chão por um instante, sem deixá-los dormir, dando-lhes pontapés e murros em várias partes do corpo, insultando-os, deixando-os ouvir os gritos de outros detidos nos quartos vizinhos, desvendando seus olhos só para verem simular o estupro de suas mulheres e carregar um revólver, e serem levados para dar uma volta pelos arredores da cidade, ameaçados de morte se não confessarem e delatarem seus supostos 'cúmplices'; contando-lhes mentiras sobre pretensas 'confissões' envolvendo o torturado, obrigando-os a ficar de joelhos e a abrir as pernas até extremos limites físicos impossíveis, para causar-lhes fortes dores, agravadas com o peso dos que montam sobre seu corpo para assim prosseguir com o contínuo, extenuante, intenso 'interrogatório'; deixando-os frente a janelas abertas, sem camisa, a altas horas da madrugada, para que tremam de frio; causando edemas em seus membros inferiores por forçá-los a permanecer em pé e imóveis, até tornar insuportáveis as cãibras, as dores, o desespero físico e mental, que levou alguns a se atirar pelas janelas, a cortar os pulsos com cacos de vidro, a gritar e a chorar como crianças ou loucos, a contar histórias imaginárias e fantásticas, só para descansar um pouco dos refinados martírios que lhes impõem.

"Eu acuso os interrogadores do Batalhão Bomboná de Medellín de serem desumanos torturadores sem alma e sem compaixão pelo ser humano, de serem psicopatas treinados, de serem criminosos com salário oficial, pagos pelos colombianos para submeter os detidos políticos, sindicais e corporativos de todas as categorias a condições incompatíveis com a dignidade humana, causadoras de toda espécie de traumas, muitas vezes irreversíveis e irremediáveis, que deixam graves sequelas por toda a vida.

"Eu denuncio formal e publicamente esses procedimentos da chamada média oficialidade de violarem sistematicamente os direitos humanos de centenas de nossos compatriotas.

"E acuso os altos-comandos do Exército e da nação que lerem este artigo de criminosa cumplicidade se não interromperem imediatamente essa situação que atenta contra os sentimentos mais elementares de solidariedade humana dos colombianos não tomados pela vesânia ou pelo fanatismo."

Denúncias com essa coragem e clareza causavam a ira do Exército e de algumas autoridades do governo, mas nunca respostas. Raras vezes algum juiz ou procurador se dignava a acolher suas denúncias. Mas em geral essas acusações só produziam um silêncio hostil. E a hostilidade foi crescendo ano após ano até o desenlace final. Uma vez minha irmã Vicky, que frequentava os círculos mais altos e ricos da cidade, disse a meu pai: "Papai, não gostam de você aqui em Medellín". E ele respondeu: "Meu amor, tem muita gente que gosta, sim, só que não está nos lugares onde você anda, mas em outra parte da cidade; um dia ainda vou te apresentar essa gente". A Vicky diz que no dia do enterro do meu pai, quando milhares de pessoas seguiram o cortejo agitando lenços brancos pelas ruas do centro, nas janelas e depois no cemitério, ela se deu conta de que, nesse momento, meu pai lhe apresentou aquela gente que de fato gostava muito dele.

Seria muito longo transcrever as dezenas de artigos em que meu pai denunciava, muitas vezes citando nomes e sobrenomes, os desmandos cometidos por funcionários do Estado ou por membros da força pública contra cidadãos indefesos. Fez isso por anos a fio, embora às vezes essa luta lhe parecesse uma pregação no deserto. A expulsão de indígenas dos latifúndios (com o assassinato do padre que os apoiava); o desaparecimento de um estudante; a tortura de um professor; os protestos reprimidos com sangue; o assassinato de líderes sindicais que se repetia todos os anos, como um ritual macabro; os sequestros injustificáveis da guerrilha... Coisas que denunciou sem descanso, afrontando a ira surda dos acusados, que preferiam não responder às suas palavras, usando a estratégia do silêncio e da indiferença na esperança de que, sem eco, as denúncias dele caíssem no esquecimento.

Sua busca mais radical era a que visava a uma sociedade mais justa, menos infame que a classista e discriminadora sociedade colombiana. Não pregava uma revolução violenta, e sim uma mudança radical nas prioridades do Estado, advertindo que, se este não oferecesse a todos os cidadãos, e logo, pelo menos igualdade de oportunidades e as mínimas condições para uma vida digna, necessariamente padeceríamos durante muito mais tempo a violência, o crime, a proliferação dos bandos armados e de furiosos grupos guerrilheiros.

"Uma sociedade humana que aspira a ser *justa* tem de oferecer as mesmas oportunidades de ambiente físico, cultural e social a todos os seus membros. Se não o fizer, estará criando desigualdades artificiais. São muito diferentes os ambientes físicos, culturais e sociais em que vivem, por exemplo, os filhos dos ricos e os filhos dos pobres na Colômbia. Uns nascem em casas limpas, com bons serviços, com bibliotecas, recreação e música. Outros nascem em barracos, ou em casas sem serviços sanitários, em bairros sem brinquedos, nem escolas, nem assistência médica. Uns frequentam luxuosos consultórios particulares; outros, abarrotados postos de saúde. Uns vão a escolas excelentes. Outros, a escolas miseráveis. São-lhes oferecidas assim as mesmas oportunidades? Muito pelo contrário. Desde o nascimento, vivem em injusta desvantagem. E até antes mesmo de nascer, por causa da alimentação deficiente das mães, sua vida intrauterina já se desenvolve em condições de inferioridade. No hospital de San Vicente pesamos e medimos grupos de crianças nascidas na ala dos segurados (famílias que podem pagar pelos serviços) e na chamada ala da caridade (famílias que podem pagar muito pouco ou nada por esses serviços) e verificamos que a média de peso e tamanho ao nascer é muito maior (estatisticamente significante) entre as crianças dos segurados que entre as dos pacientes de caridade. O que significa que desde o nascimento são *desiguais*. Não por causa de fatores biológicos, mas devido a fatores sociais (condições de vida, desemprego, fome).

"Essas são verdades irrefutáveis e evidentes, que ninguém pode negar. Por que nos empenhamos, então — negando essa realidade —, em conservar o estado de coisas? Porque o egoísmo e a indiferença são características dos cegos às evidências e dos satisfeitos com suas próprias vantagens, que negam a desvantagem dos demais. Não querem ver o que está à vista de todos, para assim manterem seus privilégios em todos os campos. O que fazer diante dessa situação? A quem cabe agir? É claro que quem deveria agir são os prejudicados. Mas eles, em meio às suas necessidades, angústias e tragédias, dificilmente têm consciência dessa situação objetiva, não a interiorizam, não a tornam subjetiva.

"Por mais paradoxal que pareça — mas a história mostra que tem sido assim —, cabe a alguns daqueles que a vida pôs em melhores condições despertar os oprimidos e explorados para que reajam e tentem mudar as injustas condições que os prejudicam. Foi assim que ocorreram as mais importantes mudanças nas condições de vida dos habitantes de muitos países, e estamos sem dúvida vivendo uma etapa histórica em que, por todo o mundo, há grupos de pessoas eticamente superiores que não aceitam como um fato *natural* a perpetuação da desigualdade e da injustiça. Sua luta contra o *establishment* é uma luta dura e arriscada. Têm de enfrentar a resistência e a ira dos grupos política e economicamente mais poderosos. Têm de enfrentar consequências, com o prejuízo de sua própria tranquilidade e seus interesses individuais, abdicando de alcançar o chamado 'sucesso' na sociedade estabelecida.

"Mas há uma força interior que os impele a trabalhar em prol dos que necessitam de sua ajuda. Para muitos, essa força constitui a razão de sua vida. É essa luta que dá significado à sua vida. Tem sentido viver se, ao morrer, o mundo é um pouco melhor graças ao nosso trabalho e esforço. Viver simplesmente para desfrutar a vida é uma legítima ambição animal. Mas para o ser humano, para o *Homo sapiens*, é contentar-se com muito pouco. Para nos diferenciarmos de outros animais, para justificarmos nossa passagem pela Terra, temos de aspirar a metas mais altas que o mero gozo da vida. A *fixação de metas distingue uns homens dos outros*. E aqui o mais importante não é alcançar tais metas, mas lutar por elas. Nem todos podemos ser protagonistas da história. Como células que somos do grande corpo universal humano, somos entretanto conscientes de que cada um de nós pode fazer algo para melhorar o mundo em que vivemos e onde viverão os que vierem depois de nós. Devemos trabalhar para o presente e para o futuro, e isso nos trará maior gozo que o simples desfrute dos bens materiais. Saber que estamos contribuindo para um mundo melhor deve ser a mais alta aspiração humana."

Em tudo que ele escreveu pode sentir-se seu marcado acento humanista, emocionado, vibrante. Lutava por meio de uma voz consciente e convincente, para tentar que todas as pessoas, ricas e pobres, despertassem e se empenhassem em fazer algo para melhorar as iníquas condições do país. Fez isso até o último dia de sua vida, num esforço desesperado por combater com palavras as ações bárbaras de um país que resistia e resiste a funcionar de outra maneira que não seja mantendo suas enormes injustiças, e defendendo a todo custo essa injustiça intolerável, inclusive pelo assassinato daqueles que querem combatê-la.

36.

Não quero fazer hagiografia nem me interessa pintar um homem alheio às fraquezas da natureza humana. Se meu pai tivesse sido um pouco menos suscetível, se se tivesse desprendido completamente da vaidade de se destacar, se por momentos tivesse refreado sua paixão de justiça, que às vezes chegava quase às raias do fanatismo justiceiro, sobretudo no final de sua vida, talvez tivesse podido ser mais eficaz, porque de resto lhe faltou uma dose maior de firmeza e perseverança para levar a cabo o excesso de tarefas empreendidas. Ele mesmo reconhecia esse defeito e muitas vezes declarou: "Sou ótimo pai, mas péssima mãe", o que queria dizer que era bom para fecundar, para plantar a semente de uma boa ideia, mas ruim para a paciência da gestação e da criação.

Cometeu tolices, como todos, meteu-se em movimentos absurdos, foi enganado por ingenuidade, às vezes serviu de alto-falante para interesses estranhos, de quem soube manipulá-lo mediante a adulação. Quando percebia que tinha sido usado, repetia sempre a mesma frase cômica e desenganada: "É que no meu caso a inteligência só me serviu para ser burro".

Envergonhava-se, por exemplo, de ter mandado para o manicômio um cunhado da minha irmã mais velha, Maryluz, que uma noite, exaltado, dizia estar sendo perseguido pelos mafiosos. Para meu pai, nos anos 1970, não lhe cabia na cabeça que pudesse haver mafiosos em Medellín. Muito menos o que dizia aquele moço, Jota Vélez, que repetia como um louco que os mafiosos matavam gente, ameaçavam pessoas, exportavam cocaína e maconha, compravam mulheres nos bairros, pagavam sicários e matadores... Meu pai confundiu essas verdades com o delírio de um louco, com esquizofrenia, e levaram o Jota, com camisa de força, para o manicômio de Bello. Quando o que o Jota tinha dito começou a saltar à vista, com aqueles absurdos todos sendo confirmados dia após dia numa cidade que ia resvalando na barbárie, meu pai não teve remédio senão declarar-se louco ele próprio, por cego e ingênuo, e pedir perdão ao Jota, o moço que tinha denunciado o horror num acesso de exaltada lucidez que meu pai confundiu com um delírio demente.

Meteu-se também, porque souberam adular sua vaidade, num comitê de amizade entre os povos da Colômbia e da Coreia do Norte. Chegou até a trazer para casa uns livros de Kim Il Sung, sobre a "ideia Juche", e participou de um lamentável congresso em Portugal onde se analisava o pensamento desse megalomaníaco e sanguinário ditador do século xx. O pior é que meu pai percebia que tudo aquilo não tinha o menor sentido, quando falava da ideia Juche soltava gargalhadas de sarcasmo e perplexidade, mas tinha embarcado naquele grupo, e quem sabe por que se deixou levar pela corrente, sem sair do opróbrio, convertendo-se em cúmplice de uma ditadura. Por outro lado, nunca quis ir à Coreia do Norte, talvez porque soubesse que, só de olhar mais ou menos de perto a distância que havia entre as palavras e a realidade, não teria sido capaz de continuar sustentando a mentira.

Algumas vezes, nos últimos anos de sua vida, foi manipulado pela extrema esquerda colombiana. Embora sempre tenha detestado a luta armada, chegou a ser compreensivo e quase desculpar (embora nunca explicitamente) os insurgentes da guerrilha; e como estava de acordo com algumas de suas posições ideológicas (reforma agrária e urbana, divisão da riqueza, ódio aos monopólios, abominação por uma classe oligárquica e corrupta que tinha levado o país à miséria e à desigualdade mais vergonhosas), às vezes fechava os olhos quando eram os guerrilheiros que cometiam atrocidades: atentados a quartéis, explosões absurdas. Sempre condenou, isso sim, o sequestro e os atentados terroristas contra vítimas indiscriminadas e inocentes. Como às vezes ocorre com alguns ativistas dos direitos humanos, via mais as atrocidades do governo que as dos inimigos armados do governo. Ele o explicava de um modo mais ou menos coerente: era mais grave um padre estuprar uma criança do que um depravado fazer a mesma coisa. É o sal que não pode se corromper. Os guerrilheiros se declaram fora da lei, mas o governo diz respeitar a lei. Isso era verdade, mas por esse caminho pode-se facilmente perder o equilíbrio, e ele às vezes o perdeu. O que nunca poderá justificar seu assassinato, mas pode explicar em parte a ira assassina de quem o matou.

Lembro que uma vez discutimos uma frase, talvez de Pancho Villa, que ele adorava repetir: "Sem justiça não pode haver paz". Ou então: "Sem justiça não pode, nem deve, haver paz". Eu lhe perguntei se, nesse caso, era necessária a luta armada para combater a injustiça. Ele me disse que contra Hitler era necessária; não era um pacifista radical. Mas, no caso da Colômbia, estava absolutamente certo de que a luta armada não era o caminho, e que as condições existentes não justificavam o uso e abuso da força que a guerrilha cometia. Acreditava que pela via das reformas radicais era possível transformar o país. Nunca, nem quando estava mais furioso pelas atrocidades cometidas pelos militares e pelo governo, sua fúria o tirava do seu pacifismo mais profundo, e embora entendesse o caminho que outros haviam escolhido, como Camilo Torres e José Alvear Restrepo, pensava que essa não era a saída. Ele nunca seria capaz de empunhar um fuzil, nem de matar ninguém, por nenhuma causa, nem de apoiar com suas palavras aqueles que o empunhavam, e preferia o método de Gandhi, a resistência pacífica, inclusive até o supremo sacrifício da vida.

ABRIR GAVETAS

37.

Uma das coisas mais duras que nos cabe fazer quando alguém próximo morre, ou é morto, é esvaziar e remexer em suas gavetas. Duas semanas após o assassinato do meu pai, fui incumbido da tarefa de examinar as gavetas (os arquivos, os papéis, a correspondência, as contas) do seu escritório. Das de casa, a Maryluz e minha mãe se encarregariam. Abrir gavetas é como abrir frestas no cérebro do outro: descobrir o que ele mais amava, quem encontrava (segundo os compromissos de sua agenda ou as anotações de um caderno), o que comia ou comprava (recibos de lojas, extratos de cartões de crédito, notas fiscais), que fotos ou lembranças guardava, que documentos mantinha à mostra e quais em segredo.

Um fato curioso foi que a Isabelita, a secretária do meu pai nos últimos dez anos, tinha desaparecido no mesmo dia em que ele morreu. Quer dizer, não desapareceu no triste sentido latino-americano do termo, porque sabíamos que ela estava bem, mas também sabíamos que não queria nos ver, não queria voltar ao escritório e se recusava a responder a qualquer pergunta (da família ou dos juízes). Em resumo, estava com medo. Faz quase vinte anos que ninguém da minha família voltou a ver a Isabelita, e acho que a esta altura nenhum de nós tem mais nada a lhe perguntar. Se vinte anos atrás as perguntas se amontoavam na garganta, agora elas estão escondidas, e resolvidas de um modo pessoal e secreto, no mais recôndito do nosso pensamento.

Cerca de dez dias depois do crime, coube a mim ir ao necrotério buscar a roupa e os pertences do meu pai. Eles me foram entregues num saco plástico que levei ao seu escritório na rua Chile. Desembrulhei tudo no quintal: o terno ensanguentado, a camisa manchada de sangue, com os buracos das balas, a gravata, os sapatos. Da gola do paletó saltou algo que ricocheteou com força no chão. Olhei bem: era uma bala. Os juízes nem sequer tinham se dado ao trabalho de revistar sua roupa. No dia seguinte, levei a bala ao tribunal, mesmo sabendo que isso de nada valeria. E como as roupas cheiravam mal, queimei tudo, menos a camisa, que pendurei ao sol, com suas terríveis manchas de sangue escuro.

Por muitos anos, guardei em segredo essa camisa ensanguentada, com uns coágulos que ressecaram e enegreceram com o tempo. Não sei por que a guardava comigo. Era como se eu a quisesse ter lá como um ferrão que não me deixasse esquecer, sempre que minha consciência adormecesse; como um atiçador da memória, como a promessa de que eu tinha que vingar a sua morte. Quando escrevi este livro, também a queimei, porque entendi que a única vingança, a única recordação, e também a única possibilidade de esquecimento e de perdão, consistia em contar o que aconteceu, e mais nada.

Naqueles dias em que revirei todos os seus papéis, fui selecionando, aos poucos, alguns fragmentos de seus escritos, novos e antigos, e montando um livrinho que, mais tarde, publicamos, com a colaboração do governador, Fernando Panesso Serna, que desde o primeiro dia se portou muito bem com toda a minha família, e do ministro da Educação, Antonio Yepes Parra, um médico que tinha sido aluno do meu pai e fez questão de dar seu apoio a essa compilação que mais tarde intitulei *Manual de tolerancia*. Carlos Gaviria, do seu exílio argentino, nos mandou o prefácio.

Mas entre esses papéis e documentos que eu ia revirando em seu escritório, também achei informações muito mais pessoais, que eu gostei de encontrar, embora também tenham me surpreendido. Eu lembrava que muitas vezes meu pai me dissera que todo ser humano, a personalidade de cada um de nós, é como um cubo em cima de uma mesa. Há uma face que todos podem ver (a de cima); faces que alguns podem ver e outros não e, se nos esforçarmos, nós também podemos ver (as dos lados); uma face que só nós vemos (a que está diante de nossos olhos); outra face que só os outros veem (a que está diante deles); e uma face oculta para todos, para os outros e para nós mesmos (a face de baixo, em que o cubo está apoiado). Abrir as gavetas de um morto é como mergulhar nessa face que só era visível para ele e que só ele queria ver, a face que ocultava da vista dos outros: a da sua intimidade.

Meu pai me mandara muitas mensagens indiretas sobre sua intimidade. Não confissões, nem franquezas brutais, que costumam ser mais um peso para os filhos do que um alívio para os pais, mas pequenos sintomas e sinais que deixavam entrar raios de luz em suas zonas de sombra, nesse interior do cubo que é a caixa oculta da nossa consciência. Eu deixara esses indícios numa zona também intermediária entre o conhecimento e as sombras, como essas sensações que a intuição nos dá, mas que não queremos ou não podemos confirmar nos fatos, nem deixamos aflorar nitidamente na consciência com palavras claras, exemplos, experiências ou provas cabais.

Duas vezes, por exemplo, duas vezes meu pai me levou para assistir a *Morte em Veneza*, de Luchino Visconti, esse filme belíssimo, baseado numa novela de Thomas Mann, em que um homem, no declinar da vida (talvez o modelo de Visconti fosse o próprio Mahler, e também era dele a música do filme, que é um de seus maiores acertos), sente ao mesmo tempo se exaltar e sucumbir perante a beleza absoluta representada pela figura de um jovem polonês, Tadzio. Mann diz que não quis encarnar a beleza numa moça, e sim num rapaz, para os leitores não pensarem que aquela admiração era puramente sexual, uma simples atração de corpos. O que o protagonista, Gustav von Aschenbach, sentia era mais do que isso, e também menos: a paixão por um corpo quase abstrato, a personificação de um ideal, digamos, platônico, encarnado na beleza andrógina de um adolescente. Eu estava muito mergulhado no meu próprio mundo quando meu pai insistiu em que voltássemos a ver o filme pela terceira vez, talvez por perceber que eu ainda não tinha sido capaz de entender seu sentido mais profundo e mais oculto.

Numa carta que me escreveu em 1975, e que publicou como epílogo do seu segundo livro (*Cartas desde Asia*), ele dizia o seguinte: "Para mim, paulatinamente, vai-se tornando mais evidente que o que mais admiro é a beleza. Não é verdade que eu seja um cientista, como pretendi — sem sucesso — a vida inteira. Nem um político, como teria gostado de ser. Talvez, se eu tivesse resolvido, pudesse ter chegado a ser escritor. Mas você já começa a entender e a sentir na pele todo o esforço, o trabalho, a angústia, o isolamento, a solidão e a intensa dor que a vida exige de quem escolhe esse difícil caminho de criar beleza. Tenho certeza de que você aceitará meu convite para assistirmos juntos, hoje à tarde, *Morte em Veneza*, do Visconti. A primeira vez que o vi, só me impressionou a forma. Da última vez, entendi sua essência, seu conteúdo. Falaremos disso à noite".

Assistimos ao filme, mais uma vez, naquela tarde, mas não o comentamos à noite, talvez porque houvesse alguma coisa que eu, nos meus dezessete anos, não quisesse entender. Acho que só uma década mais tarde, depois da sua morte, e ao vasculhar suas gavetas, consegui compreender bem o que meu pai queria que eu visse quando me levou para ver *Morte em Veneza* de novo.

Todos nós temos em nossa vida algumas zonas de sombra. Não são necessariamente zonas vergonhosas; é até possível que sejam as partes da nossa história de que mais nos orgulhamos, aquelas que, depois de certo tempo, nos fazem pensar que, apesar de tudo, nossa passagem pela Terra se justificou, mas que, como fazem parte da nossa intimidade mais íntima, não queremos compartilhar com ninguém. Também podem ser zonas ocultas porque nos parecem vergonhosas, ou porque sabemos que a sociedade que nos rodeia, nesse momento, as rejeitaria como odiosas, ou monstruosas, ou sujas, mesmo que para nós não o sejam. Ou essas zonas podem estar à sombra porque, de fato, e independentemente de qualquer tempo ou cultura, são atos reprováveis, detestáveis, que a moral humana de qualquer pessoa não poderia aceitar.

Não eram sombras desse último tipo as que achei nas gavetas do meu pai. Tudo o que lá encontrei o faz, aos meus olhos, maior, mais respeitável e mais valioso. Mas assim como ele não quis que sua mulher nem nenhuma de suas filhas soubessem dessas sombras, eu também deixarei fechada essa gaveta que, aberta, só serviria para alimentar um inútil falatório digno de telenovelas, e indigno de uma pessoa que amou todas as manifestações humanas da beleza e que foi, ao mesmo tempo, espontânea e discreta.

CHEGA-SE A MORTE

38.

Existe uma verdade banal, pois não há a menor dúvida nem incerteza quanto a ela, que ainda assim é importante ter sempre presente: todos nós vamos morrer, o desenlace de todas as vidas é o mesmo. A presença e consciência da morte são uma das facetas mais marcantes da poesia lírica clássica castelhana. Algumas das melhores páginas da literatura espanhola falam dela com uma beleza ao mesmo tempo descarnada e comovente, com esse consolo paradoxal que tem a evocação da morte quando envolta na perfeição da arte: San Juan de la Cruz, Cervantes, Quevedo... Meu pai recitou de cor algumas das *Coplas de don Jorge Manrique pela morte de seu pai*, em nossas longas caminhadas pelo campo, tantas vezes que eu também acabei decorando os versos, e acho que, assim como o acompanharam, eles vão me acompanhar a vida inteira, martelando com seu ritmo maravilhoso as paredes do meu crânio, com sua melodia perfeita e consoladora que aflora ao ouvido e ao pensamento vinda das dobras mais profundas de uma consciência que tenta explicar o inexplicável:

Recorde a alma dormida,
avive o senso e desperte,
contemplando
como perpassa a vida,
chega-se a morte solerte
tão calando;
quão prestes se vai o prazer,
como depois de lembrado,
causa dor;
como, a nosso parecer,
qualquer momento passado
foi melhor.

E pois vemos o presente
como é num instante vencido
e acabado,
se julgamos sabiamente,
daremos até o não sido
por passado.
Não se enganem em pensar
que seguirá o que vem
outra norma,
mais que o já visto durar,
porque passará também
por essa forma.

Nossas vidas são os rios
que vão lançar-se no mar
que é o morrer;
ali vão os senhorios
diretos a se acabar
e se perder;

> *ali os rios caudais,*
> *ali os outros meãos*
> *e menores,*
> *lá chegados são iguais*
> *os que vivem por suas mãos*
> *e os senhores.*

Sabemos que vamos morrer, pelo simples fato de estarmos vivos. Sabemos o quê (que morreremos), mas não o quando, nem o como, nem o onde. E embora esse desenlace seja certo, inelutável, quando isso que sempre ocorre com o outro, queremos saber o instante, e contar com pormenores o como, e conhecer os detalhes do onde, e conjeturar o porquê. De todas as mortes possíveis, há uma que aceitamos com bastante resignação: a morte por velhice, na própria cama, ao fim de uma vida plena, intensa e útil. Assim foi a morte do "senhor mestre Rodrigo Manrique, tanto famoso e tão valente", e por isso as coplas de seu filho, *don* Jorge, embora falem da morte de seu pai, têm um final, em certo sentido, não apenas resignado, mas também feliz. O pai não só aceita a própria morte, como também a recebe com alegria:

> *Assim, com tal entender,*
> *todos os sentidos humanos*
> *conservados,*
> *cercado de sua mulher*
> *e de seus filhos, seus manos*
> *e criados,*
> *deu a alma a quem lha deu*
> *(O qual no céu a porá,*
> *em sua glória),*
> *e embora a vida perdeu,*

*grão consolo deixará
sua memória.**

Já velho, conservando os sentidos e rodeado dos entes queridos. Essa é a única morte que aceitamos com tranquilidade e com o consolo da memória. Quase todas as outras são odiosas, e as mais inaceitáveis e absurdas são a morte de uma criança ou de uma pessoa jovem, ou a morte causada pela violência assassina de outro ser humano. Diante destas, há uma rebelião da consciência, e uma dor e uma raiva que, pelo menos no meu caso, nunca se aplaca. Nunca aceitei com resignação a morte da minha irmã, nem nunca poderei aceitar com tranquilidade o assassinato do meu pai. É verdade que ele, de certo modo, já estava satisfeito com sua vida e preparado para morrer, disposto a morrer se fosse necessário, mas abominava essa morte violenta que evidentemente lhe preparavam. Isso é o mais doloroso e o mais inaceitável. Este livro é a tentativa de deixar um testemunho dessa dor, um testemunho ao mesmo tempo inútil e necessário. Inútil, porque o tempo não volta atrás, nem os fatos se modificam; mas necessário, pelo menos para mim, porque minha vida e meu ofício perderiam o sentido se eu não escrevesse o que sinto que devo escrever, e que, em quase vinte anos de tentativas, não fui capaz de escrever, até agora.

Na segunda-feira 24 de agosto de 1987, muito cedo, por volta das seis e meia da manhã, telefonaram para meu pai de uma emissora de rádio, para dizer que seu nome constava de uma lista de pessoas ameaçadas que aparecera em Medellín, e que nela se dizia que iam matá-lo. Leram para ele o parágrafo pertinente: "Héctor Abad Gómez: presidente do Comitê dos Direitos

---

* Tradução de Rubem Amaral Jr. (Coleção Orellana, 1993).

Humanos de Antioquia. Médico apoiador de guerrilheiros, falso democrata, perigoso por simpatia popular para eleição de prefeitos em Medellín. Inocente útil do PCC-UP". Meu pai foi entrevistado ao vivo, e pediu que lessem outros nomes da mesma lista. E leram. Entre eles estavam o jornalista Jorge Child, o ex-chanceler Alfredo Vázquez Carrizosa, o colunista Alberto Aguirre, o líder político Jaime Pardo Leal (assassinado poucos meses depois), a escritora Patricia Lara, o advogado Eduardo Umaña Luna, o cantor Carlos Vives e muitos outros. A única coisa que meu pai disse foi que se sentia muito honrado de estar na companhia de pessoas tão boas e importantes, que faziam tantas coisas pelo país. Depois da entrevista, em *off*, pediu ao jornalista que, por favor, mandasse uma cópia da lista para o seu escritório.

Uma semana antes, em 14 de agosto, tinham matado o senador de esquerda Pedro Luis Valencia, também médico e professor da universidade, e meu pai organizou e encabeçou, em 19 de agosto, uma marcha "pelo direito à vida" em protesto por seu assassinato. Essa grande marcha percorreu em silêncio as ruas do centro de Medellín e terminou no parque de Berrío, onde o único discurso foi feito por meu pai. Muitas pessoas o viram pela televisão, ou o viram passar pelas janelas de seus escritórios, e depois nos disseram o que pensaram: vão matá-lo também, vão matá-lo. Seu penúltimo artigo falava desse crime e denunciava os paramilitares. Também dera uma conferência na Universidade Pontifícia Bolivariana, acusando o Exército e os funcionários do Estado de cumplicidade com os criminosos.

Naquela mesma segunda-feira 24 de agosto, ao meio-dia, ele telefonou para a casa de Alberto Aguirre (depois de procurá-lo a manhã inteira no escritório) e o convenceu a pedir uma audiência com o prefeito, William Jaramillo, para apurarem a origem das ameaças e quem sabe pedir alguma proteção; ficaram de se ver na quarta-feira, às onze, no escritório do meu pai.

Na tarde desse mesmo dia, o Comitê de Defesa dos Direitos Humanos se reuniu e, diante da gravidade da situação, decidiu emitir um comunicado à opinião pública denunciando os esquadrões da morte e os grupos paramilitares que vinham atuando na cidade e matando pessoas ligadas à universidade. Dessa reunião participaram, entre outros, Carlos Gaviria, Leonardo Betancur e Carlos Gónima. Leonardo e meu pai foram assassinados no dia seguinte; Carlos Gónima, poucos meses depois, em 22 de fevereiro; Carlos Gaviria se salvou porque deixou o país.

No final do encontro, Carlos Gaviria perguntou a meu pai se ele achava que era mesmo séria a ameaça pessoal da qual se falara, de manhã, no rádio. Meu pai o convidou a esticarem um pouco a conversa, para lhe dizer o que pensava. Abriu uma pequena garrafa de uísque em forma de sino (que Carlos depois levou vazia, e ainda guarda de lembrança, em seu estúdio), leu a lista que tinham lhe mandado e, embora admitindo que a ameaça era séria, repetiu que se sentia muito orgulhoso de estar tão bem acompanhado. "Não quero que me matem, nem quero correr riscos, mas talvez essa não seja a pior das mortes; e até, se me matarem, talvez sirva de alguma coisa." Carlos voltou para casa com uma sensação de angústia.

Naqueles dias, meu pai falou várias vezes da morte num tom ambíguo, entre resignado e temeroso. Fazia tempo que ele vinha pensando muito na própria morte. Inclusive um dos poucos contos que escreveu na vida é protagonizado por ela, em sua figura mítica de velha, vestida de preto, com a foice ao ombro, que vem visitá-lo, mas lhe concede uma prorrogação. Entre os papéis que reuni depois de sua morte, e que publiquei sob o título de *Manual de tolerancia*, encontrei a seguinte reflexão: "Montaigne dizia que a filosofia é útil porque ensina a morrer. Para mim, que neste processo de nascimento-morte que chamamos vida estou mais perto da última etapa que da primeira, o tema da morte vai se tornando cada vez mais simples, mais natural, e até diria que — já não como tema, e sim como realidade — mais desejável. E não porque esteja desenganado de nada nem de ninguém. Talvez justamente pelo contrário. Porque acho que vivi plenamente, intensamente, suficientemente".

Já estava, sem dúvida, preparado para morrer, mas isso não quer dizer que quisesse ser morto. Numa entrevista concedida naquela mesma semana, quando perguntado sobre a morte ou, melhor dizendo, sobre a possibilidade de que o matassem, respondeu o seguinte: "Eu estou muito satisfeito com a minha vida e não tenho medo da morte, mas ainda tenho muitos motivos de alegria: quando estou com meus netos, quando cultivo minhas rosas ou converso com minha esposa. Sim, embora não tenha medo da morte, também não quero que me matem, e espero que não me matem: quero morrer rodeado dos meus filhos e dos meus netos, tranquilamente [...]. A morte violenta deve ser uma coisa aterradora, não gostaria nem um pouco de terminar assim".

39.

Naquela terça-feira 25 de agosto, minha irmã mais velha e eu madrugamos para ir até La Inés, a fazenda em Suroeste que meu pai herdara do vovô Antonio. Tínhamos mandado fazer uma piscina, que ia ser entregue naquele dia. Como não havia estrada até a sede, tínhamos pedido permissão a *doña* Lucía de la Cuesta, proprietária da fazenda vizinha, Kalamarí, para que deixasse passar os veículos carregando os materiais de construção. De tanto transportar pedras e cimento num jipe Suzuki, formou-se um pequeno atalho no campo, e foi por lá que Maryluz e eu passamos naquele dia para receber a obra. Pela primeira vez vimos a piscina encher, e nos alegramos com a perspectiva de logo, logo aproveitá-la. Antes do meio-dia já estávamos de volta em Medellín, e minha irmã levou dois grandes melões para meu pai. Eram os primeiros que colhíamos de um pé que ele mesmo havia plantado alguns meses antes.

Durante o almoço, como a Maryluz queria lhe fazer uma surpresa em dezembro, quando fôssemos passar as férias na fazenda perto do rio Cauca, ela não disse onde tinham construído a piscina (se nos fundos da casa ou na frente, e ainda inventou uma mentira para aumentar a surpresa: disse que não havia o dinheiro necessário para derrubar uma mureta que rodeava a varanda, e que meu pai detestava). Pouco depois ele recebeu um telefonema de *doña* Lucía de la Cuesta, para lhe dizer que, como a piscina já estava pronta, a passagem por sua propriedade ficava suspensa, pois se continuassem a usá-la acabaria virando uma servidão. Meu pai lhe perguntou se não o deixaria passar de carro, só ele, em dezembro, e Lucía, gentilmente, respondeu que não, pois ele estava esbanjando saúde e podia muito bem ir até a sede a cavalo. "E quando eu ficar velho e já não puder mais passar a cavalo?", insistiu meu pai, e Lucía então lhe disse: "Isso está muito longe de acontecer, Héctor. Quando for o caso, voltamos a conversar". A própria *doña* Lucía me contou essa conversa, anos mais tarde. Todas as pessoas que falaram com ele nesse dia se lembram de cada palavra.

Na época, meu pai era pré-candidato a prefeito de Medellín pelo Partido Liberal, na que viria a ser a primeira eleição direta para o cargo na Colômbia. Na quinta-feira, ele promoveria um almoço no sítio de Rionegro com todos os demais pré-candidatos e o líder liberal doutor Germán Zea Hernández, que viajaria de Bogotá para tentar costurar um acordo em torno de um único nome. O presidente do partido, Bernardo Guerra, opunha-se à escolha do meu pai, que de todos os postulantes era o que tinha maiores chances eleitorais, e até recusara o convite ao almoço da quinta-feira. Já desde terça-feira, minha mãe estava fazendo os preparativos para esse almoço. Outra das minhas irmãs, a Vicky, estava preparando outro almoço para o dia seguinte, em sua casa, ao qual estariam presentes os líderes liberais da dissidência, entre eles seu ex-namorado Álvaro Uribe Vélez, que na época era senador. Apesar de sua ingenuidade pessoal em matéria política, meu pai tinha boa intuição sobre as pessoas que poderiam se destacar nesse terreno. Na sua última entrevista, que *El Espectador* publicou postumamente em novembro de 1987, declarou o seguinte: "Neste momento, gosto de Ernesto Samper Pizano e de Álvaro Uribe Vélez; acho que eles têm boas propostas". Anos mais tarde, ambos chegariam à presidência da Colômbia.

Nessa mesma terça-feira 25, de manhã, tinham assassinado o presidente do sindicato dos professores de Antioquia, Luis Felipe Vélez, na porta da sede. Meu pai estava indignado. Muitos anos depois, num livro publicado em 2001, Carlos Castaño, chefe dos paramilitares durante mais de dez anos, revelaria como o grupo liderado por ele em Medellín, com o apoio da inteligência do Exército, assassinou, entre muitas outras vítimas, tanto o senador Pedro Luis Valencia, diante de seus filhos pequenos, como o presidente do sindicato dos professores, Luis Felipe Vélez. Acusava os dois de serem sequestradores.

Ao meio-dia dessa terça-feira, conta minha mãe, quando os dois estavam indo para casa almoçar, meu pai quis ouvir alguma notícia sobre o assassinato de Luis Felipe Vélez, mas em todas as estações só se falava de futebol. Para meu pai, o excesso de notícias esportivas era o novo ópio do povo, o que o mantinha adormecido, sem ideia do que acontecia na realidade, e chegara a escrever sobre isso em várias ocasiões. Ainda no carro com minha mãe, esmurrou o volante e comentou com raiva: "A cidade está se acabando, mas aqui ninguém fala de outra coisa que não seja futebol". Minha mãe lembra que nesse dia ele estava alterado, com um misto de raiva e tristeza, quase à beira da desesperança.

Nessa mesma manhã de 25 de agosto, meu pai tinha passado pela faculdade de medicina, e depois por seu escritório, no segundo andar do sobrado onde funcionava a empresa da minha mãe, no centro, na rua Chile, ao lado da casa onde Alberto Aguirre tinha morado em sua juventude e onde hoje mora o irmão dele. Ali funcionava a sede do Comitê dos Direitos Humanos de Antioquia. Imagino que tenha sido em algum momento dessa manhã que meu pai copiou à mão o soneto do Borges que levava no bolso quando o mataram, ao lado da lista dos jurados de morte. O poema se chama "Epitáfio" e diz assim:

> *Já somos a ausência que seremos.*
> *O pó elementar que nos ignora,*
> *que foi o rubro Adão, e que é agora*
> *todos os homens, e que não veremos.*
>
> *Já somos sobre a campa as duas datas*
> *do início e do fim. O ataúde,*
> *a obscena corrupção que nos desnude,*
> *o pranto, e da morte suas bravatas.*
>
> *Não sou o insensato que se aferra*
> *ao som encantatório do seu nome.*
> *Penso com esperança em certo homem*
>
> *que não há de saber o que eu fui na terra.*
> *Sob o cruel azul do firmamento*
> *consolo encontro neste pensamento.*

À tarde voltou para o escritório, escreveu sua coluna para o jornal, teve algumas reuniões com o pessoal de sua campanha política e combinou de se encontrar com os responsáveis pela publicidade no diretório do partido, no fim da tarde. Queriam planejar o "empapelamento" da cidade com cartazes estampando o nome e a foto do candidato. Antes de sair para o diretório, uma mulher, cujo nome não sabemos e que nunca voltamos a ver, abordou meu pai e sugeriu que ele fosse até o sindicato dos professores para render uma última homenagem ao líder assassinado. Meu pai achou que era uma boa ideia, e até convidou Carlos Gaviria e Leonardo Betancur para irem com ele. Ele se dirigia para lá quando o vi pela última vez.

Foi na porta do escritório. Eu estava chegando com minha mãe, dirigindo o carro dela, e ele ia saindo na companhia daquela mulher gorda, sem cintura, de vestido roxo, como as imagens fúnebres da Semana Santa. Ao vê-los juntos, comentei com minha mãe, brincando: "Olha lá, mãe, o papai te traindo com outra". Ele se aproximou do carro, e nós descemos. Feliz por me ver, como sempre, lascou seu mais sonoro beijo no meu rosto e me perguntou como tinha me saído na entrevista na universidade.

Eu tinha voltado da Itália fazia poucos meses, tinha vinte e oito anos, mulher, uma filha que mal começava a andar, e estava desempregado. Para me arranjar, tinha voltado à empresa da minha mãe para redigir cartas, atas e circulares e administrar edifícios, enquanto procurava outra coisa mais afim aos meus estudos. Meu pai me conseguira uma entrevista com um professor-chave da área de humanas, Víctor Álvarez, e eu estava voltando daquela reunião. O resultado era triste para mim, pois o professor não me dera nenhuma esperança para os novos concursos de professor, no médio prazo. Meu título não era válido na Universidade de Antioquia, e, além disso, a área dos meus estudos em literaturas modernas, segundo ele, estava completamente monopolizada. Quem sabe mais tarde, no ano seguinte, poderia surgir alguma chance. Relatei ao meu pai o saldo quase nulo da entrevista, e notei sua cara de profunda desilusão. Ele tinha uma confiança desmedida em mim, achava que todos deviam me receber de braços e portas abertos. Depois de um segundo em que seu rosto se escureceu, com um misto de tristeza e assombro pelo fracasso, de repente, como se um pensamento bom lhe tivesse passado pela cabeça, sua expressão voltou a se iluminar e, com um sorriso feliz, disse a última frase que me diria na vida (faltavam dez minutos para seu assassinato), no meio do infalível beijo das despedidas: "Calma, meu amor, você vai ver como, um dia, eles é que vão te procurar".

Estávamos nisso quando chegou seu discípulo mais querido, Leonardo Betancur, de moto. Meu pai o cumprimentou efusivamente, pediu que subisse até seu escritório para assinar o último comunicado do Comitê dos Direitos Humanos (que tinham redigido na véspera e já haviam passado a limpo), e o convidou para acompanhá-lo até o velório do professor assassinado, a três quadras dali, na sede do sindicato. Foram a pé, batendo papo, e minha mãe e eu entramos no escritório do térreo, eu para preparar a assembleia do edifício Colseguros, marcada para as seis; ela para suas próprias tarefas. Deviam ser umas cinco e quinze da tarde.

40.

O que aconteceu depois eu não vi, mas posso reconstruí-lo por meio do relato de algumas testemunhas, ou do que li no processo 319 do Primeiro Tribunal de Instrução Criminal Itinerante, pelo delito de homicídio e lesão corporal, aberto em 26 de agosto de 1987 e arquivado poucos anos depois, sem indiciados nem detidos, sem esclarecimento algum, sem nenhum resultado. Esse inquérito, lido agora, quase vinte anos depois, mais do que uma investigação séria, parece um deliberado exercício de acobertamento e de esforço cúmplice para favorecer a impunidade. Basta dizer que, um mês depois de o caso ser aberto, a juíza responsável foi afastada e em seu lugar puseram funcionários vindos de Bogotá, para vigiar de perto a investigação, ou seja, para evitar que se investigasse seriamente.

Meu pai, Leonardo e a tal mulher caminharam pela rua Chile até a rua Argentina e lá viraram à esquerda, pela calçada do lado norte. Chegaram à esquina com El Palo e atravessaram. Continuaram subindo em direção à rua Girardot. Passaram a Girardot e, na esquina seguinte, bateram à porta da ADIDA (Associação de Institutores de Antioquia), o sindicato dos professores. Quando abriram, formou-se uma pequena aglomeração na porta, pois outros professores também estavam chegando nesse momento, em busca de informações. Fazia mais de duas horas que tinham levado o corpo de Luis Felipe Vélez para uma capela-ardente, e logo seria realizado um ato público no ginásio municipal. Meu pai procurou, intrigado, o rosto da senhora que o acompanhara até lá, mas já não estava por perto; tinha sumido.

Uma das testemunhas relata que uma moto com dois jovens subiu pela rua Argentina, primeiro devagar, depois muito rápido. Os homens tinham o cabelo bem curto, disse outro depoente, com o corte típico dos recrutas, que é a marca de alguns sicários. Depois de parar a moto em frente ao sindicato, junto ao meio-fio, sem desligar o motor, os dois se aproximaram do pequeno grupo diante da porta, já puxando as armas do cinturão.

Meu pai chegou a vê-los? Soube que iam matá-lo? Durante quase vinte anos tentei pôr-me no lugar dele, lá, de cara para a morte, naquele instante. Eu me imagino aos meus sessenta e cinco anos, de terno e gravata, perguntando na porta de um sindicato sobre o velório do líder assassinado pela manhã. Ele devia ter acabado de perguntar sobre o crime perpetrado poucas horas antes, e acabado de escutar em detalhes que Luis Felipe Vélez fora morto ali, no mesmo lugar onde ele está agora. Meu pai olha para o chão, a seus pés, como tentando ver o sangue do professor assassinado. Não vê nenhum rastro, mas ouve passos rápidos se aproximando, e uma respiração atropelada que parece soprar em seu pescoço. Ergue os olhos e vê o rosto malévolo do assassino, vê as chamas saindo do canhão da pistola, ao mesmo tempo que ouve os tiros e sente no peito um golpe que o derruba. Cai de costas, seus óculos saltam longe e se quebram, e já no chão, enquanto pensa por último, tenho certeza, em todas as pessoas que ama, com o dorso transido de dor, chega a ver confusamente a boca do revólver cuspindo fogo outra vez para acabar de matá-lo com vários tiros na cabeça, no pescoço, de novo no peito. Seis tiros, o que quer dizer que um dos sicários descarregou nele toda a munição de sua arma. Enquanto isso, o outro matador persegue Leonardo Betancur até dentro da sede do sindicato e o mata ali. Meu pai não vê seu querido discípulo morrer; na verdade, já não vê mais nada, já não recorda mais nada; sangra, e em poucos instantes seu coração para e sua mente se apaga.

Está morto, e eu não sei. Está morto, e minha mãe não sabe, nem minhas irmãs sabem, nem seus amigos sabem, nem ele mesmo sabe. Estou dando início à assembleia do edifício Colseguros. O presidente da sessão, o advogado e grafólogo Alberto Posada Ángel (que também seria assassinado a navalhadas poucos anos depois), lê a ata da assembleia anterior, enquanto um dos participantes chega um pouco atrasado e, antes de se sentar, comenta que acabou de ver uma pessoa ser morta a poucas quadras dali. Fala dos tiros dos sicários, do horror que tomou conta de Medellín. Eu não imagino quem possa ser o morto, e quase com displicência pergunto quem seria. O senhor não sabe. Nesse instante recebo uma ligação. É estranho que me interrompam em plena assembleia, mas dizem que é urgente, e saio para atender. É um jornalista, velho conhecido meu, que me diz: "Quase não consigo te escutar, mas aqui estavam dizendo que você foi assassinado". Eu digo que não, que estou bem, e desligo, mas na mesma hora repenso e, antes que me avisem, já sei quem é o morto. Se estão dizendo que Héctor Abad foi assassinado, é porque mataram alguém com o mesmo nome que eu. Vou direto para a sala da minha mãe e lhe digo: "Acho que aconteceu o pior".

Minha mãe está conversando ao telefone com uma amiga, Gloria Villegas de Molina. Desliga precipitadamente e me pergunta: "Mataram o Héctor?". Acho que sim, respondo. Levantamos, queremos ir para o local onde dizem que há uma pessoa morta. Perguntamos ao senhor da assembleia, e ele nos dá uma esperança: "Não, não. Eu conheço o doutor, e o morto não era ele". Mesmo assim, saímos para lá. Um mensageiro do escritório vai na frente. Fazemos o mesmo percurso a pé que, minutos antes, meu pai fez ao lado do Leonardo: rua Chile, virar à esquerda na Argentina, atravessar El Palo. Quando nos aproximamos da Girardot, ao longe, vemos uma multidão de curiosos em frente à porta de uma casa, a sede do sindicato. Do meio da aglomeração, sai o mensageiro fazendo gestos afirmativos com a cabeça, "sim, é o doutor, é o doutor". Corremos, e lá está ele, de barriga para cima, numa poça de sangue, embaixo de um lençol que vai sendo tomado por uma mancha vermelha, escura, espessa. Sei que pego na mão dele e que lhe dou um beijo no rosto e que esse rosto ainda está quente. Sei que grito e que insulto, e que minha mãe se atira aos pés dele e o abraça. Não sei quanto tempo depois vejo minha irmã Clara chegar com Alfonso, seu marido. Depois chega Carlos Gaviria, com o rosto transfigurado de dor, e eu lhe peço aos gritos que suma dali, que se esconda, que vá embora porque não queremos mais mortos. Juntos, minha irmã, meu cunhado, minha mãe e eu rodeamos o cadáver. Minha mãe tira o anel de casamento, e eu tiro os papéis dos bolsos. Mais tarde, verei o que são: um é a lista dos jurados de morte, uma fotocópia; o outro, o epitáfio de Borges copiado com seu punho e letra, manchado de sangue: "Já somos a ausência que seremos".

Nesse momento não consigo chorar. Sinto uma tristeza seca, sem lágrimas. Uma tristeza completa, mas aniquilada, incrédula. Agora, enquanto escrevo, sou capaz de chorar, mas naquele momento me invadia uma sensação de estupor. Um espanto quase sereno diante do tamanho da maldade, uma raiva sem raiva, um pranto sem lágrimas, uma dor interior que não parece comovida, e sim paralisada, uma inquietação quieta. Tento pensar, tento entender. Prometo, contra os assassinos, manter a calma por toda a minha vida. Estou a ponto de desabar, mas não vou deixar que me derrubem. Filhos da puta!, grito, é só isso que eu grito, filhos da puta! E ainda por dentro, todos os dias, grito a mesma coisa, que é o que eles são, o que foram, o que continuam sendo se estiverem vivos: filhos da puta!

Enquanto minha mãe e eu estamos sentados ao lado do corpo inerte do meu pai, minhas irmãs e os amigos ainda não sabem de nada, mas aos poucos vão sendo informados. Todos em casa, minhas quatro irmãs, meus sobrinhos, temos uma lembrança nítida do instante em que soubemos que ele tinha sido assassinado. Uma tarde, em La Inés, contemplando a terra e a paisagem que meu pai nos deixou, cada um de nós foi contando, por seu turno, o que estava fazendo e o que lhe aconteceu naquela tarde.

Maryluz, a mais velha, contou que estava na sala de sua casa. Recebeu um telefonema de Néstor González, que acabava de ouvir a notícia no rádio, mas ele não teve coragem de lhe contar. Só perguntou, depois de muitos rodeios: "E seu pai? Como vai seu pai?". "Muito bem, sempre dedicado às suas coisas, sua campanha para a prefeitura e os direitos humanos." Néstor desligou, incapaz de dar a notícia. Em seguida ligou outra amiga, Alicia Gil, e ela também não teve coragem de lhe dar a notícia, que já tinha ouvido no rádio. Dali a pouco, a Maryluz viu entrar uns sapatos de homem, com uma maleta. Era o Mono Martínez. "Que novidade é essa?", pergunta minha irmã. "Mary, aconteceu uma coisa horrível." E aí ela soube: "Mataram meu pai?".

Todos nós adivinhamos, antes que nos contassem. "Depois de um primeiro momento de loucura", contou Maryluz, "eu sosseguei e fiquei muito tranquila, não chorava, acalmava os outros. O Juan David [seu filho mais velho, o primeiro neto, o que meu pai mais amava] gritava e se jogava contra as paredes, corria pela rua, ia da minha casa até a casa do 'Aba' [era assim que os netos chamavam o avô]. Minhas amigas chegavam gritando. A Martis, que estudava no colégio Mary Mount, ficou sabendo por uma coleguinha, que lhe disse, toda feliz: 'Você viu que legal, Martis? Amanhã não vai ter aula, diz que é porque mataram um homem muito importante'. A Pili [sua outra filha, de seis anos] trancou-se no quarto e não abria a porta para ninguém: 'Tenho muito que estudar, tenho um monte de lição, por favor não me interrompam!', gritava. O Ricky estava com os primos, com os filhos da Clara."

Maryluz contou que nessa hora também afloraram velhos rancores. Falou para as amigas: "Digam para o Iván Saldarriaga que nem pense em aparecer". Era o dono de uma fábrica de sorvetes, e ele e a Maryluz, fazia muito tempo, tinham discutido feio por causa das coisas que meu pai dizia e escrevia. Ela tinha dito, no fim do bate-boca: "Se por acaso matarem meu pai, você nem pense em aparecer no enterro". Quando ele chegou naquela noite, chorando, ela o perdoou. Saldarriaga pôs um anúncio no jornal e comprou a comida para todos os acompanhantes do enterro.

Maryluz continua contando: "Todos me perguntavam, no velório, por que eu não chorava. Só fui chorar quando vi o Edilso, o querido administrador de Rionegro, entrar com um enorme ramo de rosas da roseira do meu pai, e pôr sobre o caixão. Nesse momento não pude mais, e desatei a chorar. No enterro não. Via meus amigos escondidos atrás das árvores do Campos de Paz, o cemitério. Lembro do Fernán Ángel atrás de uma árvore, com medo de que houvesse tiroteio, uma correria, qualquer coisa assim. Foi um enterro muito medroso, com muita gente gritando palavras de ordem, e com uns tipos armados rondando a casa e o cemitério. Muitos achavam que também iam ser mortos, que a qualquer momento ia explodir um tumulto e um tiroteio. Lembro quando o Carlos Gaviria falou, os papéis tremiam na mão dele, mas falou muito bem. Também o Manuel Mejía Vallejo leu um discurso, com um megafone, ao lado do túmulo".

Ainda conservo os discursos de Mejía Vallejo e de Carlos Gaviria. O romancista antioquenho, nascido no mesmo povoado que meu pai, Jericó, falou da ameaça iminente do esquecimento: "Vivemos num país que esquece seus melhores rostos, seus melhores impulsos, e a vida seguirá em sua monotonia irremediável, de costas para os que nos dão a razão de ser e de continuar vivendo. Eu sei que lamentarão a tua ausência e um choro sincero umedecerá os olhos que te viram e conheceram. Depois virá essa terrível varredura, porque somos terra fácil para o esquecimento do que mais amamos. A vida, aqui, está sendo transformada no pior dos horrores. E virá esse esquecimento, e será como um monstro que tudo arrasa, e tampouco do teu nome guardarão memória. Eu sei que tua morte será inútil, e que teu heroísmo se somará a todas as ausências".

Já o Carlos se concentrou mais na figura do humanista confrontado a um país que se degrada: "O que fez Héctor Abad para merecer esse fim? Temos que buscar a resposta, sob a forma de contraponto, contrastando o que ele encarnava com a tábua de valores que hoje impera entre nós. Consequente com sua profissão, lutava pela vida, e os sicários ganharam a batalha; em harmonia com sua vocação e seu estilo vital (de universitário), lutava contra a ignorância concebendo-a, à maneira socrática, como a fonte de todos os males que assolam o mundo. Os assassinos então o apostrofaram com a bárbara expressão de Millán Astray, que certa vez estremeceu Salamanca: 'Viva a morte, abaixo a inteligência!'. Sua consciência de homem civilizado e justiceiro o levou a fazer da luta pelo império do direito uma tarefa prioritária, enquanto aqueles a quem cabe essa função dentro do Estado mostram ter mais fé no apelo das metralhas".

Maryluz também lembra que, na noite daquele 25 de agosto, embora não tenha querido ir até o local do crime, foi até o escritório do meu pai, pouco depois de saber do acontecido. Lá nos encontramos todos os irmãos, menos a Sol, que se trancara no quarto e não quis sair até bem tarde. Ela recorda outro detalhe: "Naquela manhã, quando voltávamos de La Inés, você me disse: 'Apesar da morte da Marta, nós tivemos muita sorte na vida; essa fazenda tão bonita, todos na família tão bem'.

"E eu te respondi que claro que sim, porque a vida recompensa os bons. Se não fazemos mal a ninguém, se somos boas pessoas, por que é que as coisas não iriam bem?, falei. E a primeira coisa que você gritou para mim, furioso, quando nos reencontramos à noite no escritório do papai, foi isso: 'Sim, claro, não fazemos mal a ninguém e por isso tudo vai correr sempre bem para nós, não é? Olha aí o que aconteceu com meu pai por se portar bem com todo mundo'. Você estava furioso com o mundo inteiro. Depois entrou a cunhada do Alberto Aguirre, a Sonia Martínez, que vivia na casa ao lado e tinha dado aula de violão para a Marta, e você gritou para ela: 'Diga para o Aguirre sumir agora mesmo da Colômbia, ele é o próximo da lista, e não queremos mais mortos!'."

A Clara, minha segunda irmã, lembra que estava numa reunião na Ultra Publicidad, com Alfonso Arias, seu marido, e com Carlos López. De lá, ela e o Alfonso saíram antes das seis, a caminho do escritório. O Caliche López soube da notícia poucos minutos depois, e pensou, "tomara que não liguem o rádio". A Clara e o Alfonso não ligaram; chegaram ao escritório, e a Clara conta:

"Quando íamos chegando, vi muita gente na calçada. Primeiro achei estranho, mas depois pensei que podia ser normal, porque era a hora da saída. Quando estacionei, vi que todo mundo me olhava esquisito, de um jeito diferente. A Ligia, a que morava na casa do escritório, veio até o carro bem devagar. Eu nem tinha coragem de descer, estava tremendo, pensava que tinha acontecido alguma coisa horrível, pelo jeito como todos me olhavam. E aí Ligia chegou na janela: 'Tenho uma má notícia. Mataram seu pai'. Eu pedi que me levassem aonde ele estava, e ninguém queria me levar. Darío Muñoz, o mensageiro, falou: 'Eu levo a senhora'. Fui com ele e com o Alfonso, a pé. Até que uma hora senti uma coisa quente escorrendo pelas pernas. Tive uma grande hemorragia, por baixo, como daquela vez nos Estados Unidos, quando meus pais entraram no avião levando a Marta doente, de volta para Medellín. Era uma hemorragia terrível. Uma cachoeira. Eu estava desesperada, enquanto caminhava e corria aquelas poucas quadras do escritório até lá, desabalada feito uma louca. Quando ia chegando, vi o ajuntamento, a multidão. É lá?, perguntei para o mensageiro. 'É, sim.' Quando cheguei, minha mãe e o Quiquín já estavam lá. Eu não podia acreditar, não podia acreditar.

"Num cantinho, eu vi a Vicky, que não se aproximava. Eu chamava por ela: 'Vicky, vem cá! Vem!'. Por que será que ela ficava assim, longe? Ela caminhava pelo cantinho, mas não se aproximava, não tinha coragem. Já pretendiam levar o corpo, mas nós queríamos que todas as filhas o vissem lá. Repetíamos, não sei por quê: 'Daqui ele não sai enquanto a Maryluz e a Solbia não vierem. Mesmo que precisemos sentar em cima do corpo. Elas têm que ver o que fizeram com ele'. Até que apareceu a juíza, e explicou que ia ter que levá-lo, senão logo se armaria um tumulto. O Alfonso nos convenceu, e acabamos deixando que o levassem. Aí ergueram o corpo entre várias pessoas, pelos pés e pelas mãos, e o jogaram de qualquer jeito na caçamba de uma caminhonete, o jogaram com violência, como se fosse um saco de batatas, sem nenhum respeito, e foi duro ver isso, como se estivessem quebrando seus ossos, mesmo que já não sentisse nada."

Alfonso Arias, que na época era marido da Clara, lembra que quando chegou ao local com minha irmã sentiu a pressão baixar e achou que ia desmaiar. "Estávamos lá agachados, ao lado do teu pai, e quando me levantei tudo rodou e quase vou pro chão, mas ninguém percebeu. Só depois que teu pai morreu é que eu comecei a ver todo o reconhecimento que ele tinha e como ele era importante para a sociedade, para o país, e para muita gente. No dia a dia a gente se acostumou a ver nele um membro da família, grande pai e grande avô, mas nunca valorizou tudo o que ele era e representava, mas que a repercussão da sua morte nos mostrou bem, quando deu para ver quanta gente ele ajudava, e ninguém na família sabia. Nos fins de semana ele costumava ler para a gente o rascunho dos artigos que ia publicar no jornal, e depois os discutíamos e cada um dava sua opinião. Mas para nós era uma coisa do dia a dia, e não dávamos a esses artigos toda a importância que eles tinham. Eu respeitava teu pai como pessoa e como ser humano, mas esse seu lado de homem público, com tanto impacto social, eu passei a respeitar muito mais depois que ele morreu.

"Eu cuidei das rosas do teu pai em Rionegro com grande carinho, diria até que com amor, durante vários anos. Eu gostava de fazer isso porque era uma forma de homenageá-lo. A imagem do teu pai ajoelhado com seu jeans e seu chapéu de palha, enlameado, é a mais bonita que guardo dele. Esse jardim era muito importante, uma espécie de símbolo, e teu pai também achava isso, não era só um hobby, ele estava dizendo alguma coisa ao dedicar tanto esforço e trabalho à beleza. Não pela utilidade, só pela beleza. Teu pai, ao dedicar tanto esforço e trabalho às rosas, estava dizendo alguma coisa. Aí tinha uma mensagem implícita. Eu tentei pegar essa mensagem. Às vezes, quando passo por lá de avião, ainda consigo ver o jardim, pela janela, porque ao descer ele passa bem por cima do roseiral, e consigo ver de relance os pontinhos coloridos, e são a última coisa que eu vi desse jardim."

A Vicky, minha terceira irmã, conta que estava com os filhos dela e da Clara no Shopping Villanueva, nos brinquedos do parquinho. Pouco antes das seis foi levá-los até o apartamento da Clara, pela Suramericana. Ao chegar, Irma, a empregada, lhe disse: "*Doña* Vicky, vá para o escritório que aconteceu uma coisa muito horrível". A Vicky também adivinhou do que se tratava: "Que foi? Mataram meu pai?". "Deixei as crianças embirradas e chorando, porque me ouviram, e disparei para o escritório. Cheguei e me disseram: 'Corra que mataram seu pai'. Todos chorando feito loucos. Me explicaram onde era, lá em cima. E eu saí correndo. Lá encontrei um mundo de gente, a Clara feito louca. Muitos curiosos, e vi meu pai estirado no chão, coberto com um lençol. Não tinha coragem de me aproximar, aquilo era tão chocante que não queria vê-lo morto de perto. Mais tarde, lembro bem do noticiário da Pilar Castaño, que começou dizendo: 'Hoje não podemos dar boa-noite, porque aconteceram muitas tragédias no país'." A Vicky também lembra que Álvaro Uribe Vélez, seu ex-namorado, que na época era senador, se comportou muito bem. Ela soube que ele pediu que interrompessem a sessão do Senado, para um minuto de silêncio, e em seguida redigiu uma moção de repúdio e de pêsames pelo assassinato do meu pai. A Eva, que frequentava as altas-rodas de Medellín, foi quem percebeu mais indícios de que os ricos, de certo modo, aprovavam o assassinato do meu pai. Ouviu falar dos bananeiros de Urabá, dos fazendeiros da Costa, dos latifundiários do médio Magdalena aliados a oficiais do Exército. Ela não tem uma lembrança nítida das coisas que lhe contaram, e eu também não posso escrevê-las, pois não temos certeza de quanto elas são verdadeiras, nem temos provas.

A Sol estava no plantão da residência, e voltou para casa perto das seis. Emma, nossa querida empregada de toda a vida, lhe contou, chorando, que acabara de ouvir pelo rádio que tinham matado o Leonardo Betancur. "E parece que também o seu pai", disse a Emma. Solbia não acreditou, não queria acreditar, e se trancou no quarto, furiosa com os absurdos que a Emma dizia. Quando o telefone tocava, eram pessoas gargalhando e dizendo: "Que bom, que bom que mataram esse filho da puta". Então a Sol pegou umas tesouras e cortou todos os cabos de telefone. Logo em seguida, olhando pela janela, viu o carro vermelho do meu pai encostar e pensou: "Essa Emma é mesmo maluca, me dizer que mataram meu pai, e aí vem ele". Mas quando viu que quem vinha dirigindo era um chofer, afinal acreditou, e desabou no choro e na tristeza.

Nessa mesma noite telefonei para o gerente das Empresas Públicas, Darío Valencia, que imediatamente providenciou a troca do nosso número, para que não continuassem a nos ligar rindo e celebrando o assassinato. Emendamos os cabos que a Sol tinha cortado, mas mesmo assim o telefone continuou mudo durante semanas, pois não eram só os que queriam nos incomodar festejando a notícia que não tinham o novo número, mas também os que queriam ligar para nos dar os pêsames ou dizer algumas palavras de solidariedade.

Depois que levaram o corpo, quando estávamos todos juntos no escritório do meu pai, no segundo andar da empresa da minha mãe, vimos sobre a mesa um envelope fechado, endereçado a Marta Botero de Leyva, a subdiretora do jornal *El Mundo*. Minha mãe lhe telefonou, e ela veio pegar o envelope, aos prantos. Abriu-o. Era seu último artigo: "De onde vem a violência?", intitulava-se, e o jornal o publicou no dia seguinte, como editorial. Nele meu pai tinha escrito, naquela mesma tarde: "Em Medellín há tanta pobreza que, por dois mil pesos, é possível contratar um sicário, para matar qualquer um. Vivemos uma época violenta, e essa violência nasce do sentimento de desigualdade. Poderíamos ter muito menos violência se todas as riquezas, incluindo a ciência, a tecnologia e a moral — essas grandes criações humanas —, estivessem mais bem distribuídas sobre a

Terra. Esse é o grande desafio que hoje se impõe, não apenas a nós, mas a toda a humanidade. Se, por exemplo, as grandes potências deixassem a América Latina buscar, unida, suas próprias saídas, tudo seria muitíssimo melhor. Mas isso já é sonhar, um exercício não violento, anterior a qualquer grande realização. A realização que poderá ser levada a termo por uma humanidade mentalmente saudável, que um dia, nos próximos dez mil anos, nossos descendentes poderão ver, se agora ou mais adiante não nos autodestruirmos".

Escrevo isto em La Inés, a fazenda que meu pai nos deixou, que meu avô lhe deixou, que minha bisavó lhe deixou, que meu tataravô construiu derrubando mato com as próprias mãos. Puxo essas lembranças de dentro de mim como num parto, como quem tira um tumor. Não olho para o monitor, respiro fundo e olho para fora. É um lugar privilegiado da Terra. Ao fundo se vê, embaixo, o rio Cartama, abrindo passagem no verdor. No alto, do outro lado, os penhascos de La Oculta e de Jericó. A paisagem é salpicada com as árvores que meu pai e meu avô plantaram: palmeiras, cedros, laranjeiras, tecas, tangerineiras, mamoeiros, mangueiras. Olho ao longe e me sinto parte dessa terra e dessa paisagem. Há cantos de pássaros, bandos de periquitos verdes, borboletas azuis, som de cascos de cavalo na estrebaria, cheiro de estrume no estábulo, latidos de cachorros aqui e ali, cigarras celebrando o calor, formigas desfilando em fileiras, cada qual com uma minúscula flor rosada às costas. À frente, imponentes, os penedos de La Pintada, que meu pai me ensinou a ver como os seios de uma mulher nua e deitada.

Passaram-se quase vinte anos desde que o mataram, e ao longo desses vinte anos, a cada mês, a cada semana, eu senti que tinha o dever inescapável, não digo de vingar sua morte, mas pelo menos de contá-la. Não posso dizer que seu fantasma tenha aparecido nas minhas noites, como o fantasma do pai de Hamlet, para me pedir que eu vingue *seu monstruoso e terrível assassinato*. Meu pai sempre nos ensinou a evitar a vingança. Nas poucas vezes em que sonhei com ele, nessas fantasmais imagens da memória e da fantasia que afloram quando dormimos, nossas conversas foram mais plácidas do que angustiadas, e em todo caso permeadas daquele carinho físico que sempre cultivamos entre nós. Não sonhamos um com o outro para pedir vingança, mas para nos abraçar.

Talvez ele tenha dito, em sonhos, assim como o fantasma do pai de Hamlet, "lembra-te de mim", e eu, como seu filho, posso responder: "Que me lembre de ti? Sim, pobre fantasma, sim, enquanto tiver sede a memória neste globo conturbado. Lembrar-me? Sim, das tábuas da memória hei de apagar todas as notícias frívolas, as vãs sentenças dos livros, as imagens, os vestígios que os anos e a experiência aí deixaram. Só essa tua ordem se há de guardar no volume e no livro do meu cérebro, sem mais escórias".

É possível que tudo isto não sirva de nada; nenhuma palavra poderá ressuscitá-lo, a história de sua vida e de sua morte não dará novo alento a seus ossos, não trará de volta suas gargalhadas, nem sua imensa coragem, nem sua fala convincente e vigorosa, mas mesmo assim eu preciso contá-la. Seus assassinos continuam livres, a cada dia são mais e mais poderosos, e minhas mãos não podem combatê-los. Somente meus dedos, afundando tecla após tecla, podem dizer a verdade e declarar a injustiça. Uso a mesma arma que ele: as palavras. Para quê? Para nada; ou para a mais simples e essencial das coisas: para que saibam. Para estender mais um pouco a sua presença na memória, antes que chegue a definitiva ausência.

O bom Antonio Machado, pouco antes da queda de Barcelona, quando a derrota na Guerra Civil já era iminente, escreveu o seguinte: "Ignora-se que a coragem é virtude dos inermes, dos pacíficos — nunca dos violentos —, e que, na hora final, as guerras sempre são ganhas pelos homens de paz, nunca pelos atiçadores da guerra. Só é valente quem pode dar-se a esse luxo da animalidade chamado amor ao próximo, que é o especificamente humano". Por isso não mostrei aqui apenas a ferocidade de quem o matou — os supostos ganhadores desta guerra —, mas também a entrega de uma vida dedicada a ajudar e a proteger os outros.

Se recordar é passar outra vez pelo coração, eu sempre o recordei. Não escrevi em todos esses anos por um motivo muito simples: sua recordação me comovia demais para poder escrevê-la. Nas inumeráveis vezes em que o tentei, as palavras saíam úmidas, meladas de lamentável matéria lacrimosa, e sempre preferi uma escritura mais enxuta, mais controlada, mais distante. Agora se passaram duas vezes dez anos, e sou capaz de conservar a serenidade ao redigir esta espécie de memorial de agravos. A ferida continua aqui, no lugar por onde passam as recordações, porém mais que uma ferida já é uma cicatriz. Acho que finalmente fui capaz de escrever o que sei do meu pai sem um excesso de sentimentalismo, que é sempre um grande risco nos escritos deste tipo. O caso dele não é único, e talvez não seja o mais triste. Há milhares e milhares de pais assassinados neste país tão fértil para a morte. Mas é um caso especial, sem dúvida; e para mim, o mais triste. Além disso reúne e resume muitíssimas das mortes injustas que temos padecido aqui.

Faço um triste café preto, ponho o *Réquiem* de Brahms, que se mistura com o canto dos pássaros e o mugido das vacas. Procuro e releio uma carta que meu pai me escreveu daqui, em janeiro de 1984, em resposta a outra em que eu lhe contava que não me sentia bem lá na Itália, que estava deprimido, que de novo queria largar mais um curso e voltar para casa. Devo ter insinuado que até a própria vida me pesava. Sua resposta está numa carta que sempre me deu confiança e força. Transcrevê-la é um pouco despudorado da minha parte, já que nela meu pai fala bem de mim, mas neste momento quero relê-la porque revela o amor gratuito de um pai pelo filho, esse amor imerecido que, quando tivemos a sorte de recebê-lo, é o que nos ajuda a suportar as piores coisas da vida, e a própria vida:

"Meu adorado filho: as depressões na tua idade são mais comuns do que possa parecer. Eu me lembro de uma muito forte que tive em Mineápolis, Minnesota, quando estava com vinte e seis anos, e estive a ponto de acabar com a minha vida. Acho que o inverno, o frio, a falta de sol, para nós, seres tropicais, é um fator desencadeante. E, para dizer a verdade, pensar que de repente você pode mandar a Europa à merda e aparecer aqui com suas malas nos deixa num cúmulo de felicidade, à tua mãe e a mim. A esta altura, você mais do que ganhou o equivalente a qualquer 'título' universitário, e empregou tão bem o tempo em se formar cultural e pessoalmente que é mais do que natural entediar-se na universidade. Qualquer coisa que você venha a fazer daqui em diante, se escrever ou não escrever, se se formar ou não se formar, se vier a trabalhar na empresa da sua mãe, ou no *El Mundo*, ou em La Inés, ou a dar aula num colégio, ou então conferências, como Estanislao Zuleta, ou fizer as vezes de psicanalista dos seus pais, irmãos e parentes, ou for simplesmente Héctor Abad Faciolince, estará tudo bem; o que importa é que você não deixe de ser o que foi até agora, uma *pessoa*, que pelo simples fato de ser como é, não pelas coisas que escreva ou deixe de escrever, ou porque brilhe ou apareça, mas *porque é como é*, ganhou o carinho, o respeito, a aceitação, a confiança, o amor, da maior parte das pessoas que te conhecem. É assim que queremos continuar vendo você, não como futuro grande escritor, ou jornalista, ou comunicador, ou professor, ou poeta, mas como o filho, o irmão, o parente, o amigo, o humanista que entende os outros e que não aspira a ser entendido. Que diferença faz o que possam pensar de você, que diferença faz o brilho das aparências, para nós, que sabemos *quem você é*?

"Por Deus, nosso querido Quinquin, como pode pensar que 'te sustentamos' [...] porque 'esse menino vai longe'? Pois você já chegou muito longe, mais longe do que podíamos sonhar, melhor que tudo o que imaginávamos para qualquer um dos nossos filhos.

"Você sabe muito bem que as ambições que sua mãe e eu temos para *todos* os nossos filhos não são de glória, nem de dinheiro, nem sequer de felicidade, essa palavra que parece tão bonita mas que raras vezes é alcançada, e só por brevíssimos períodos (e que talvez por isso mesmo seja tão apreciada), e sim que pelo menos vocês consigam um *bem-estar*, que é uma palavra mais sólida, mais perdurável, mais possível, mais acessível. Muitas vezes falamos da angústia de Carlos Castro Saavedra, de Manuel Mejía Vallejo, de Rodrigo Arenas Betancourt e de tantos quase gênios que conhecemos pessoalmente. Ou do Sabato e do Rulfo, ou até do próprio García Márquez. Para quê? Lembre-se do Goethe: 'Cinza, meu amigo, é toda teoria (*e toda arte*, eu acrescentaria), mas só é verde a dourada árvore da vida'. O que nós queremos é que você *viva*. E viver significa muitas coisas melhores do que ser famoso, obter títulos ou ganhar prêmios. Acho que, quando era jovem, eu também tinha ambições desmedidas em matéria política, e por isso não era feliz. Só agora, quando tudo isso já passou, é que comecei a me sentir realmente feliz. E dessa felicidade fazem parte a Cecilia, você e todos os meus filhos e netos. A única mácula é a perda da Marta Cecilia. Acho que, depois de muito inventarmos e complicarmos, as coisas são simples assim. É preciso matar esse amor por coisas tão etéreas como a fama, a glória, o sucesso...

"Bom, meu Quinquin, você já sabe o que penso de você e do seu futuro. Não tem por que se angustiar. Você vai indo muito bem, e seguirá melhor ainda. A cada ano melhor, e quando chegar à minha idade ou à idade do seu avô e puder desfrutar das paisagens desta parcela de La Inés que penso deixar para vocês, com sol, com calor, com verde, vai ver como eu tinha razão. Não suporte sua situação para além do que sentir que é capaz. Se resolver voltar, vamos te receber de braços abertos. E se ainda se arrepender e quiser voltar de novo, temos o dinheirinho suficiente para comprar outra passagem de ida e *volta*. Só nunca esqueça que o mais importante é o segundo. Um beijo do teu pai."

Aqui estou eu, de volta, escrevendo sobre ele do lugar de onde ele me escrevia, certo de que ele tinha razão, e de que a vida sem mais (o verde, o quente, o dourado) é a felicidade. Aqui estou eu, na parcela de La Inés que ele deixou para minhas irmãs e para mim. Os tristes assassinos que dele roubaram a vida, e de nós, por muitíssimos anos, a felicidade e até a prudência, não vão ganhar, porque o amor à vida e à alegria (como ele nos ensinou) é muito mais forte que sua inclinação à morte. Seu ato abominável, contudo, deixou uma ferida indelével, pois como disse um poeta colombiano, "o que se escreve com sangue não se pode apagar".

Em outra carta que ele me escreveu, também datada em La Inés, de 1986, dizia o seguinte: "Estou plantando mais árvores frutíferas além das pamplemussas, e espero que não só vocês e a Daniela possam desfrutá-las, mas também os filhos da Daniela". Daniela, minha filha, tinha acabado de nascer naquele mesmo ano, e meu pai chegou a me ajudar a segurá-la de um lado, enquanto eu a segurava do outro, quando ela ia dando seus primeiros passinhos, poucas semanas antes de ele ser assassinado. Há uma corrente familiar que não se rompeu.

Os assassinos não conseguiram nos exterminar e nunca vão consegui-lo, porque aqui há entre nós um vínculo de força e de alegria, de amor à terra e à vida que os assassinos não puderam vencer. Além disso, aprendi uma coisa do meu pai que os assassinos não sabem fazer: pôr a verdade em palavras, para que ela dure mais que sua mentira.

O EXÍLIO DOS AMIGOS

41.

Em fins de novembro de 1987, três meses depois do assassinato do meu pai, ao sair de um ato público no prédio da Assembleia de Antioquia, minha mãe teve a nítida impressão de que iam me matar e me cobriu com seu corpo. Dois sujeitos de mochila avançaram rapidamente em nossa direção; ela se interpôs e ficou imóvel, olhando-os nos olhos. Os sujeitos desviaram. Eu não sei se realmente iam me fazer alguma coisa, mas nós dois sentimos o sangue gelar. Naquela noite, no ato de reconstituição do Comitê para a Defesa dos Direitos Humanos de Antioquia, tinham falado quatro pessoas, eu incluído. Primeiro, o novo presidente do comitê, o advogado e teólogo Luis Fernando Vélez, professor da universidade e ativista do Partido Conservador. Era um homem bom, autor de livros de antropologia sobre os mitos dos índios emberá-katio. Ele não entendia nem suportava o assassinato do seu colega na Associação dos Professores, Héctor Abad Gómez, e queria levar adiante sua bandeira. Ainda conservo o discurso do professor Vélez, que num de seus parágrafos diz o seguinte: "Os portadores da digna bandeira dos direitos humanos em Antioquia encontraram o martírio. Hoje nós, os sobreviventes dessa primeira meta, estamos recolhendo, como uma fervorosa homenagem à memória dos caídos, a bandeira purificada por seu sangue".

Também falaram Carlos Gónima, membro do antigo comitê, e Gabriel Jaime Santamaría, deputado do Partido Comunista. E, representando a família, falei eu. Eu não queria entrar no comitê, e de fato meu discurso foi um informe de derrota. Nele declarei, entre outras coisas:

"Não acredito que a valentia seja uma qualidade hereditária. E o que é pior: também não acredito que possa ser ensinada por meio do exemplo. Tampouco acredito que o otimismo possa ser herdado ou aprendido. Prova disso é que este que agora lhes fala, filho de um homem valente e otimista, está cheio de medo e transbordante de pessimismo. Vou falar, portanto, sem dar nenhum estímulo aos que querem continuar essa batalha, para mim, perdida.

"Vocês estão aqui porque têm a coragem que meu pai tinha e porque não padecem da desesperança e do desarraigamento de seu filho. Em vocês reconheço algo que eu amei e continuo a amar em meu pai, algo que admiro profundamente, mas que não fui capaz de reproduzir, muito menos de imitar. Vocês têm a razão do seu lado, e por isso lhes desejo todo o sucesso na luta, embora esse meu desejo esteja longe de ser um vaticínio, como eu bem gostaria. Estou aqui apenas porque fui testemunha próxima de uma vida de bondade, e porque quero dar um depoimento sobre minha dor e minha raiva pela forma como nos arrancaram essa vida. Uma dor sem atenuantes e uma raiva sem expectativas. Uma dor que não pede nem busca consolo e uma raiva que não aspira à vingança.

"Não acredito que minhas palavras derrotistas possam ter qualquer efeito positivo. Falo agora com uma inércia que reflete o pessimismo da razão, e também o pessimismo da ação. Este é um informe de derrota. Seria vão dizer-lhes que em minha família sentimos ter perdido apenas uma batalha, como a oratória pede que se diga em casos assim. Nada disso. Nós sentimos que perdemos a guerra.

"É preciso banir um lugar-comum sobre nossa atual situação de violência política. Esse lugar-comum tem a força persuasiva de um axioma. Poucos o questionam, todos o recebemos passivamente, sem pensar, sem nem sequer discutir os argumentos capazes de confirmá-lo ou as falhas que possam desmenti-lo. Esse lugar-comum é o que afirma que a atual violência política de que padecemos na Colômbia é cega e insensata. Vivemos uma violência amorfa, indiscriminada, louca? Muito pelo contrário. O atual recurso ao assassinato é metódico, organizado, racional. E mais: se fizermos um retrato ideológico das vítimas passadas, poderemos delinear exatamente as feições das futuras. E com surpresa nos deparar, talvez, com nosso próprio rosto."

Devo dizer que, à exceção de mim, todos os que falaram naquela noite (Vélez, Santamaría, Gónima) foram mortos. E devo dizer que o novo presidente que substituiu Luis Fernando Vélez no mesmo comitê, Jesús María Valle, também foi morto (e o líder paramilitar Carlos Castaño também reconheceu ter ordenado pessoalmente seu assassinato). Em 18 de dezembro de 1987, quando o cadáver de Luis Fernando Vélez apareceu na rua Robledo, eu soube que devia deixar o país se não quisesse ter um destino parecido. Dois dos melhores amigos do meu pai estavam no exílio. Carlos Gaviria, em Buenos Aires, e Alberto Aguirre, em Madri. Outro amigo expatriado numa época um pouco menos sórdida, Iván Restrepo, vivia no México. Telefonei para eles de Cartagena, e o mais receptivo foi o Aguirre. Por isso, no Natal de 1987, cheguei a Madri, via Panamá. Tinha deixado Medellín no dia 18 de dezembro, sem nem sequer passar por minha casa para fazer a mala, e me escondido em Cartagena, na casa dos meus tios e meus primos. Lembro que um amigo deles, da Marinha, me acompanhou até o aeroporto com sua arma bem visível na cintura, até que embarquei no avião rumo ao Panamá, para no dia seguinte voar para Madri. Na madrugada do dia 25, Alberto Aguirre me esperava no aeroporto. Estava com o cabelo comprido, desgrenhado, uma camisa rasgada e, em volta do pescoço, um cachecol cor-de-rosa, de mulher. Carlos Gaviria continuava em Buenos Aires, em condições semelhantes. Eu acabei por me estabelecer na Itália, primeiro em Turim, depois em Verona, onde comecei a dar aulas de espanhol e a escrever livros. O primeiro deles, *Malos pensamientos*, eu viria a publicar anos mais tarde, pela editora da Universidade de Antioquia, graças à ajuda de Carlos Gaviria, já de volta do seu exílio na Argentina. Como se soubesse que minha frágil maturidade ainda precisaria de um pouco de paternidade, a maior herança que meu pai me deixou foram esses dois amigos.

O encontro com o Aguirre, em Madri, foi duro e bonito. Ele estava na Espanha fazia mais de três meses. Imaginem um louco, um louco de cabelo branco e comprido, muito comprido, com um casaco preto emprestado, que nele fica enorme, mal barbeado, com a camisa rasgada numa das axilas, uma sombra de sujeira no pescoço curtido, um buraco na sola do sapato por onde entrava água, com um cachecol cor-de-rosa amarrado na frente da garganta. Caminha pelas ruas e fala sozinho. Fala sem parar, como falam os loucos, e olha para as moças com olhos ardentes, pois não tem mulher e se consola vendo, nunca atravessa as ruas na esquina, e sim no meio do quarteirão. Todos pensam que é louco, eu mesmo, quando o vi, pensei que estava louco. Estamos no final de dezembro, com um frio seco de planalto que racha a pele como o gelo. O louco atravessa a Gran Vía por qualquer lugar. Para os carros e os ônibus, levantando os braços e olhando furioso nos olhos dos motoristas, que buzinam e o xingam, mas freiam. "Isso é o que se chama 'cruzar à toureira'", explica-me o louco, e é verdade, vejo com meus próprios olhos como ele toureia sem capa os carros e os ônibus vermelhos da Gran Vía, de La Castellana, sem falar das ruas Barquillo ou Peñalver.

Entra num bar, senta-se, e os garçons não o atendem. Ao notar que não vêm, bate palmas, como se faz na terra dele. Como não vêm, grita, Escute!, mas não o atendem, então tira os sapatos rotos para que vejam suas meias rotas, apoia os pés na cadeira da frente, tira um jornal mal dobrado do bolso do casaco e põe-se a ler molhando os dedos na língua para virar as páginas. Na mesma hora, afinal, um garçom se aproxima, com ar de quem vai enxotá-lo, mas os olhos do louco o fulminam. Pede um tinto. Quando o garçom lhe traz um vinho tinto, o louco diz, contrariado: "Eu pedi um café! Mas será que vocês não entendem? Me traga um café puro, aguado, americano, como dizem vocês!". Assim muitas vezes, ele me conta, até que o louco resolve só falar em inglês com os garçons. Detestam seu sotaque *sudaca*, suas palavras *sudacas*, sua imprecisão *sudaca*, seus sapatos *sudacas* e, principalmente, sua evidente pobreza *sudaca*. "*Waiter, please, a coffea, an american coffea, if you don't mind.*" Assim melhora, e muito. Pensam que é um turista excêntrico.

Nem sempre parece um louco. Quando está de banho recém-tomado e com a longa cabeleira penteada para trás, costumam confundi-lo com o poeta Rafael Alberti. Às vezes alguns jovens, nos cafés, nos bares, se aproximam dele: "Senhor Alberti, mestre... poderia nos dar um autógrafo?". E o louco diz que sim, pega o papel ou o guardanapo que lhe estendem e rabisca sua assinatura angulosa e bem legível, Alberto Aguirre, seguida de uma exclamação: comam merda! Sempre a mesma dedicatória: Alberto Aguirre, comam merda! De fato, o louco está louco.

Às vezes, pela rua, chora. Ou não chora, simplesmente pensa em algum detalhe do país distante, e seus olhos ficam vermelhos de visões remotas, as conjuntivas se excitam por não ver, e há água escorrendo por suas faces, mas não chora, digamos que chove sobre seu rosto, e ele deixa a chuva molhar, como se nada. E assim como dos seus olhos saem lágrimas salgadas, saem palavras doces dos seus lábios. As pessoas acham que ele fala sozinho, que o louco fala sozinho. Mas não é isso; na verdade ele recita, recita longas tiradas de versos que sabe de cor, do Tuerto López, "Nobre rincão dos meus avós, nada"; de De Greiff, "Amo a solidão, amo o silêncio"; de romances espanhóis, "Gerineldo, Gerineldo, pajem do rei mais querido, quem te tivera esta noite em meu jardim florescido", o que quer que seja. Caminha pelas ruas de Madri e recita. Como um louco? Não, como um exilado.

Repito: estamos na madrugada de 25 de dezembro de 1987. Acabo de cruzar o Atlântico num avião vazio. Está assim na minha lembrança, e é verdade: um Jumbo sem passageiros, perfeitamente vazio, atravessando o Atlântico no dia de Natal de 1987. O Jumbo decolou de Cidade do Panamá, ao entardecer. Os quinze tripulantes vão e vêm, entediados. Pilotos, aeromoças, comissários de voo, e este meu peito. De madrugada, o Jumbo-fantasma, duas luzes vermelhas que se acendem e apagam contra o negro cerrado do céu, aterrissa em Madri, e atraca diante de um tubo do aeroporto. Ainda não é o tempo dos vistos nem das filas na imigração; carimbam meu passaporte sem me olhar nos olhos. Anos mais tarde, quando a Espanha passou a exigir o visto para os colombianos, assinei uma carta jurando nunca mais voltar lá. Eles não entendem por quê: se em 1987 já nos exigissem o visto, nunca, nem por sonho, o teriam concedido (eu não era conhecido, não tinha dinheiro nenhum, não podia provar que estava sendo perseguido), e talvez não conseguisse entrar lá, sem visto, assim como o Aguirre, para salvar o pescoço.

Saio da alfândega arrastando uma mala pesadíssima, cheia de roupa velha. Na saída está o louco, sentado num banco ao lado da porta. Paro, olho para ele, virou um velho nesses quatro meses. Está cochilando, com o queixo apoiado no peito, cerrando com força as pálpebras vermelhas. Veste um casaco preto e puído, um cachecol cor-de-rosa de mulher, o cabelo muito comprido, muito branco, despenteado, uma barba de vários dias. Parece um *clochard* daqueles que usam litros de vinho tinto barato como sonífero. Não fede a vinho. É ele.

Toco em seu ombro, e ele abre os olhos, assustado. Olhamos um para o outro e sabemos que a hora é grave. Poderíamos aí mesmo cair no choro e berrar como bezerros desmamados. Engolimos em seco. Um abraço austero, poucas palavras murmuradas. "Boa viagem?" "Acho que sim, dormi direto, o avião estava vazio e me deitei de comprido." "Vamos pegar um táxi, direto para a pensão." Chegamos à pensão. O louco vive com uma bruxa. Longos caninos, um incisivo a menos, mãos ossudas de unhas sujas que recebem meu dinheiro antecipado por dez dias de cama, café da manhã e sesta. Perto da hora do almoço saímos para caminhar pelo centro. É aí que ele me ensina a atravessar as ruas no estilo dele, "à toureira", e me conta que às vezes suplanta o Alberti. Rimos, e enquanto rimos também reparo em seus sapatos furados. Depois me conta por que os garçons não o atendem.

Inevitavelmente, falamos dos mortos. Sim, continuam matando gente. Já pegaram o Gabriel Jaime Santamaría. Faz uma semana, foi a vez do Luis Fernando Vélez, o teólogo, o etnógrafo, que tinha assumido a bandeira do Comitê de Defesa dos Direitos Humanos. Um valente, um mártir, um suicida, tudo isso. O corpo apareceu perto da rua Robledo, maltratado. Inevitavelmente, falamos do 25 de agosto, o dia fatídico em que a morte nos tocou tão de perto e o Aguirre se escondeu, como um coelho, é ele quem diz, como um coelho, num apartamento.

Desde então não nos vemos: quatro meses exatos sem nos vermos. Ao meio-dia do 24, conta-me, ele tinha falado com meu pai sobre a lista que estavam distribuindo: lá estava a sentença dos dois. Alberto Aguirre, por comunista, porque em seus escritos defende os sindicatos, porque em sua coluna alimenta a revolta. Héctor Abad Gómez, por inocente útil dos guerrilheiros. Alguma coisa assim, não quero repetir textualmente a citação, sinto náuseas cada vez que a leio.

O Aguirre me conta: "Falei com teu pai ao meio-dia da segunda-feira, e ele me disse que a coisa era séria, que devíamos procurar alguém para ver se podiam nos dar alguma proteção". Ficaram de se encontrar na quarta-feira às onze. Não foi possível. O Aguirre, escondido, escreveu seu último artigo. "Há um exílio pior que o das fronteiras: é o exílio do coração", dizia no final. Não voltou a escrever para os jornais durante muitos anos. Ao voltar, em 1992, rompeu seu silêncio com uma série de reflexões distantes, secas, sobre sua experiência: *Del exilio*, chamam-se, e eu as publiquei quando dirigia a revista da Universidade de Antioquia. Agora, enquanto escrevo estas linhas, não consigo achar a revista. Procuro no Google, a nova biblioteca de Babel, mas não há nada a respeito. São coisas que vão sendo esquecidas, embora não tenham se passado muitos anos. Preciso escrever sobre elas, por mais difícil que seja, para que não se esqueça, ou pelo menos para que saibam disso durante alguns anos.

Quero que saibam de outra coisa, de outra história. Voltemos de novo ao 25 de agosto de 1987. Esse ano, tão próximo para minha história pessoal, parece já muito velho para a história do mundo: a internet ainda não tinha sido inventada, não tinha caído o Muro de Berlim, estávamos ainda nos estertores da Guerra Fria, a resistência palestina era comunista e não islâmica, no Afeganistão os talibãs eram aliados dos Estados Unidos contra os invasores soviéticos. Na Colômbia, nessa época, deflagrou-se uma terrível caça às bruxas: o Exército e os paramilitares assassinavam os militantes da UP, também os guerrilheiros desmobilizados e, de maneira geral, todo aquele que cheirasse a esquerda ou a comunismo.

Carlos Castaño, o chefe das Autodefesas Unidas da Colômbia (AUC), esse assassino que escreveu uma parte da história do país com tinta de sangue e pena de chumbo, esse assassino que, segundo parece, foi morto a mando do próprio irmão, disse uma coisa macabra sobre essa época. Ele, como todos os megalomaníacos, tem a desfaçatez de se orgulhar dos seus crimes, e confessa sem pesar num livro sujo: "Eu me dediquei a anular o cérebro dos que na verdade agiam como subversivos de cidade. Disso não me arrependo nem nunca vou me arrepender! Para mim, essa determinação foi sábia. Tive que executar menos gente por escolher bem o alvo. A guerra teria durado muito mais. Agora tenho certeza de que é graças a mim que a guerra começa a acabar. Se para alguma coisa Deus me iluminou, foi para entender essa verdade".

Esse iluminado por Deus, que tão sabiamente pôs fim à nossa guerra (que hoje continua) faz quase vinte anos, diz mais adiante como eram decididos os assassinatos: "É aí onde entra o Grupo dos Seis. Situe o Grupo dos Seis num espaço muito longo da história nacional, como homens do nível da mais alta sociedade colombiana. A nata da nata! Conheci o primeiro deles em 1987, dias depois da morte de Jaime Pardo Leal. [...] Eu lhes mostrava uma relação dos nomes, os cargos e a localização dos inimigos. Qual devemos executar?, perguntava para eles, e o papelzinho ia com eles para um outro quarto. De lá voltava com a indicação do nome ou dos nomes dos que deviam ser executados, e a ação logo era realizada com ótimos resultados. [...] Eram uns verdadeiros nacionalistas que nunca me convidaram nem me chamaram para eliminar uma pessoa sem razão. Eles me ensinaram a amar e a acreditar na Colômbia". Em seguida confessa que matou o Pedro Luis Valencia, uma semana antes de meu pai, com a ajuda da inteligência do Estado; depois admite que matou o Luis Felipe Vélez, no mesmo local e no mesmo dia em que mataram meu pai.

Não vou citar mais esse patriota, que meus dedos se mancham. Mas voltemos a 1987, àquela poça de sangue criada por ele e seus cúmplices. Estamos na esquina das ruas Argentina e Girardot, em Medellín. Uma poça de sangue e um corpo jogado de barriga para cima, coberto por um lençol, como num quadro de Manet que não sei se vocês conhecem, mas se um dia o virem vão se lembrar. Eu estou sentado na beira dessa poça de sangue. Enquanto esse sangue se derrama, como diz o assassino, um cérebro é anulado. "Anular o cérebro" é o eufemismo que o assassino usa para o verbo matar. Mas é perfeito, é disso mesmo que se trata, de acabar com a inteligência. Eu estou aí sentado, e chega um senhor de cabelos brancos, barba branca, desesperado, correndo como um louco. Um senhor que nunca age como um louco, uma pessoa serena, equilibrada, racional. Chega lá, e é nesse momento que eu lhe digo, que lhe suplico: "Some daqui, Carlos! Se esconde! Você tem que ir embora; senão também vão te matar, e não queremos mais mortos!". Ele iria com meu pai e com o Leonardo ao mesmo velório do professor assassinado, mas não chegou a tempo porque o dentista de todos nós, meu, do meu pai, dele, o doutor Heriberto Zapata, se atrasou em suas consultas e o atendeu um pouco mais tarde. Por isso se salvou.

Trocamos algumas palavras, entre as lágrimas e a raiva impotente. Ele logo deixa o local, mas ainda não deixa o país. No dia seguinte, no enterro, com mãos trêmulas mas voz muito firme, é capaz de ler um discurso. Ele intuiu tudo, mas sem poder precisá-lo: estamos diante de um ato de fascismo ordinário. "O apego do Héctor Abad Gómez à ideia altamente humanista do credo liberal fez dele uma pessoa flexível e tolerante, quando na Colômbia só há lugar para os fanáticos." Por fim, recorda as repugnantes palavras de Millán Astray, e as repete, na certeza de que é o mesmo lema dos assassinos: "Viva a morte! Abaixo a inteligência!". A mesma coisa que disse aquele outro: matar para anular cérebros.

Poucos meses depois, esse mesmo senhor de cabelo e barba muito brancos caminha pela avenida de Mayo e para no número 829. Está de terno e gravata, sóbrio, e carrega um livro sob o braço. A porta desse número corresponde a um café, talvez o mais lindo de Buenos Aires, o Tortoni. Os garçons não hesitam em atendê-lo imediatamente, pois esse senhor é a imagem da elegância e da dignidade. Pede um vermute tinto, seco, e um pouco de água com gás. Ninguém lhe pede autógrafos. Abre o livro, e lê, e sublinha, e anota cuidadosamente suas observações. É um diálogo de Platão. Não consigo ver bem qual deles, mas suponhamos que é *Lísis ou Da amizade*. Ali, curiosamente, fala-se das cãs: "Vejamos, diz Sócrates. Se tingissem de alvaiade seus cabelos, naturalmente loiros, seriam brancos na realidade ou na aparência?".

Francamente não sei muito bem o que Sócrates quer dizer nesse diálogo. Estão falando da amizade, do bem e do mal, de alguém que não tinge os cabelos brancos, mas, ao contrário, tinge os cabelos de branco, e parece encanecido sem ter cãs. Sempre que me ponho a ler os diálogos de Platão me atrapalho. Preciso de um professor encanecido como esse de quem estou lhes falando, que não tinge os cabelos loiros de branco, nem os brancos de preto, mas que tem cãs desde moço. Tem a cabeça encanecida como a do louco de Madri.

As cãs estão associadas à velhice, mas também à serenidade e à sabedoria. O senhor do café Tortoni é outro exilado colombiano de cabeça muito branca, que depois de alguns anos regressou ao país e é autor de algumas das sentenças e leis que ainda nos dão alguma esperança de que esta nossa nação não seja completamente bárbara. Carlos Gaviria é um dos poucos que pensam de maneira independente e liberal, quando voltam os temores de que a Colômbia seja novamente tomada pela escuridão reinante no final dos anos 1980. Eu não o vi em Buenos Aires naqueles anos, mas nos escrevíamos com frequência, e quando fui pela primeira vez à Argentina, não faz muito tempo, ele me mostrou seu itinerário cotidiano nos dias do seu exílio, as ruas e os cafés que frequentava. Os parques, os percursos borgianos, as livrarias e os sebos.

Não duvido de que, também agora, haja quem queira "anular o cérebro" de pessoas como Alberto Aguirre e Carlos Gaviria, dois colombianos que partiram para o exílio forçado, e salvaram a vida, e voltaram, e aqui continuam como nossa consciência moral mais livre e necessária. Tudo isso aconteceu não faz muito tempo, em 1987. É verdade que conseguiram "anular o cérebro" de alguns. Mas outros como eles salvaram o pescoço partindo para o exílio, na Espanha, na Argentina ou em outros lugares, e agora voltaram. Tão encanecidos como na época, e mais sábios ainda. Eu a cada dia tenho mais cabelos brancos, se bem que ainda não tantos como eles. Mas quero como eles merecer cada um dos que nascerem em minha cabeça. São dois grandes amigos que herdei do meu melhor amigo, aquele outro cérebro que não pôde partir para o exílio antes de ser anulado pelas mãos sangrentas dos assassinos.

A AUSÊNCIA

42.

Todos somos condenados ao pó e ao esquecimento, e as pessoas que evoquei neste livro ou já estão mortas, ou estão a ponto de morrer, ou no máximo morrerão — ou melhor, morreremos — depois de alguns anos que não podem ser contados em séculos, e sim em decênios. "Ontem se foi, e crás não é chegado,/ e hoje corre sem parar um ponto,/ sou um *foi*, um *será* e um *é* cansado...", dizia Quevedo ao referir-se à fugacidade da nossa existência, que caminha sempre e inexoravelmente para esse momento em que deixaremos de ser. Depois de mortos, ainda sobrevivemos por alguns frágeis anos na memória de outros, mas também essa memória pessoal, a cada instante que passa, está sempre mais perto de desaparecer. Os livros são um simulacro de lembrança, uma prótese para recordar, uma desesperada tentativa de tornar um pouco mais perdurável o que é irremediavelmente finito. Todas essas pessoas que se entrelaçam na trama mais íntima da minha memória, todas essas presenças que foram minha infância e minha juventude, ou já desapareceram, e são apenas fantasmas, ou estamos a caminho de desaparecer e somos projetos de espectros que ainda se movem pelo mundo. Em breve todas essas pessoas de carne e osso, todos esses amigos e parentes que eu tanto amo, todos esses inimigos que devotamente me odeiam, não serão mais reais que qualquer personagem de ficção, e terão sua mesma consistência fantasmal de evocações e espectros, e isso no melhor dos casos, pois da maioria deles não restará mais que um punhado de pó e a inscrição numa lápide, cujas letras se irão apagando no cemitério. Visto em perspectiva, como o tempo da lembrança vivida é tão curto, se julgarmos sabiamente, "já somos a ausência que seremos", como dizia Borges. Nessa ausência e nesse pó elementar ao qual nos reduzimos ele encontra um consolo "sob o cruel azul do firmamento". Se o céu, como parece, é cruelmente indiferente a todas as nossas alegrias e a todas as nossas desgraças, se o universo nem se dá por achado da existência dos homens, reintegrar-nos a um nada do qual viemos é a pior desgraça, sim, mas ao mesmo tempo é também o maior alívio e o único descanso, pois já não sofreremos com a tragédia, que é a consciência da dor e da morte das pessoas que amamos. Mesmo sabendo que ele virá, não quero imaginar o doloroso momento em que também as pessoas que mais amo — filhos, mulher, amigos, parentes — deixarão de existir, que será o momento, também, em que eu deixarei de viver, como lembrança vívida de alguém, definitivamente. Meu pai também não soube, nem quis saber, quando eu morreria. O que ele sabia, sim, e este talvez seja outro dos nossos frágeis consolos, é que eu sempre o recordaria, e que lutaria por resgatá-lo do esquecimento pelo menos por mais alguns anos, que não sei quanto poderão durar, com o poder evocativo das palavras. Se as palavras transmitem em parte nossas ideias, nossas lembranças e nossos pensamentos — e não encontramos até agora um veículo melhor para fazê-lo, tanto que ainda há quem confunda linguagem e pensamento —, se as palavras traçam um mapa aproximado de nossa mente, boa parte da minha memória foi transladada a este livro, e como todos os homens, em certo sentido, são irmãos, porque o que pensamos e dizemos se parece, porque nossa maneira de sentir é quase idêntica, espero ter em vocês, leitores, meus aliados, meus cúmplices, capazes de vibrar as mesmas cordas nessa caixa escura da alma, tão parecida em todos, que é a mente que nossa espécie compartilha. "Recorde a alma dormida!", assim começa um dos maiores poemas castelhanos, que é a primeira inspiração deste livro, porque é também uma homenagem à memória e à vida de um pai exemplar. O que eu buscava era isto: que minhas memórias mais profundas despertassem. E se minhas lembranças entrarem em harmonia com alguns de vocês, e se o que eu senti (e deixarei de sentir) for compreensível e identificável com algo que vocês também sentem ou sentiram, então este esquecimento, esta ausência que seremos poderá ser adiada por mais um instante, no fugaz reverberar dos seus neurônios, graças aos olhos, poucos ou muitos, que alguma vez se demorarem nestas letras.

1ª EDIÇÃO [2011] 1 reimpressão

ESTA OBRA FOI COMPOSTA POR OSMANE GARCIA FILHO EM ELECTRA E
IMPRESSA PELA GRÁFICA BARTIRA EM OFSETE SOBRE PAPEL PÓLEN SOFT
DA SUZANO S.A. PARA A EDITORA SCHWARCZ EM OUTUBRO DE 2021

A marca FSC® é a garantia de que a madeira utilizada na fabricação do papel deste livro provém de florestas que foram gerenciadas de maneira ambientalmente correta, socialmente justa e economicamente viável, além de outras fontes de origem controlada.